浙江省习近平新时代中国特色社会主义思想研究中心研究成果

共同富裕

浙江先行案例

中共浙江省委党校 编著

浙江人民出版社

图书在版编目（CIP）数据

共同富裕浙江先行案例 / 中共浙江省委党校编著.
—杭州 ：浙江人民出版社，2022.5
ISBN 978-7-213-10565-4
Ⅰ. ①共… Ⅱ. ①中… Ⅲ. ①共同富裕-案例-浙江 Ⅳ. ①F127.55

中国版本图书馆CIP数据核字(2022)第054949号

共同富裕浙江先行案例

中共浙江省委党校 编著

出版发行：浙江人民出版社（杭州市体育场路347号 邮编 310006）
市场部电话：(0571)85061682 85176516
责任编辑：陶辰悦 沈敏一 何 婷
责任校对：杨 帆
责任印务：陈 峰
封面设计：王 芸
电脑制版：杭州兴邦电子印务有限公司
印 刷：浙江印刷集团有限公司
开 本：710毫米×1000毫米 1/16 印 张：27.5
字 数：338千字 插 页：2
版 次：2022年5月第1版 印 次：2022年5月第1次印刷
书 号：ISBN 978-7-213-10565-4
定 价：78.00元

前　言

2020年春，习近平总书记考察浙江时赋予浙江"努力成为新时代全面展示中国特色社会主义制度优越性的重要窗口"的新目标新定位。高质量发展建设共同富裕示范区是习近平总书记亲自谋划、亲自定题、亲自部署、亲自推动的重大战略决策，是浙江省忠实践行"八八战略"、奋力打造"重要窗口"的核心任务，是扛起"五大历史使命"的总牵引。

建设共同富裕示范区是一项开创性事业。2021年6月10日，中共中央和国务院发布《关于支持浙江高质量发展建设共同富裕示范区的意见》。6月10—11日，中共浙江省委召开十四届九次全会，审议原则通过《浙江高质量发展建设共同富裕示范区实施方案（2021—2025年）》，明确了当前和今后一个时期推进示范区建设的路线图、任务书。

高质量发展建设共同富裕示范区，承载着国家战略、全球意义、时代价值，是历史逻辑、理论逻辑与实践逻辑相统一的探索奋进历程，需要我们以"实"字为要、"干"字当先，以打大仗的拼劲、打硬仗的闯劲、打胜仗的韧劲，谱写一部以"浙江之干"打造共同富裕示范区的恢宏史剧。一年来，浙江省通过建体系、强推进、抓改革、建机制，完成了示范区建设的开局起步。

其一，构建"1＋7＋N"重点工作体系和"1＋5＋n"重大改革体系。"1＋7＋N"中，"1"是一套指标体系；"7"是经济高质量发展、收入分配制度改革、公共服务优质共享、城乡区域协调发展、社会主义先进文化发展、生态文明建设、社会治理7个先行示范，也被生动地称为“7条跑道”；“N”是一系列具有引领示范作用和普遍意义的突破性抓手。“1＋5＋n”是指有利于共同富裕的体制机制和政策体系，其中，“1”是扩中提低、收入分配，“5”是缩小地区发展差距、缩小城乡发展差距、公共服务优质共享、精神生活共同富裕、共同富裕现代化基本单元，“n”是一系列具有引领示范作用和普遍意义的重大改革。

其二，强化共同富裕重点工作推进。坚持在高质量发展中促进共同富裕，聚焦解决“三大差距”问题，扎实抓好共同富裕重点工作。2021年，浙江城乡居民可支配收入、居民人均消费支出稳居全国省（区）第一；通过实施农业“双强”、乡村建设、农民共富行动，城乡居民收入倍差从1.96缩小到1.94；为山区26县出台“一县一策”，山区26县居民人均可支配收入与全省平均之比从0.725提高至0.732；设区市人均可支配收入最高市与最低市倍差从1.64缩小到1.61。

其三，扎实推进共同富裕制度改革及政策创新。浙江省研究制定了扩中提低、农业转移人口市民化等重大改革方案，推动商业补充医疗保险、乡村集成改革、未来社区等改革取得实效，绿色发展财政奖补机制等一批改革经验向全国推广，各市、县和首批28个共同富裕试点探索形成一批典型。

其四，建立共同富裕领导机制。浙江已成立高质量发展建设共同富裕示范区领导小组，省委及各市、县全部建立社会建设委员会，常态化谋划推进示范区建设。同时成立浙江省委建设共同富裕示范区咨询委，大成集智推动共同富裕理论和实践探索。

根据省委书记袁家军在省委十四届九次全会的讲话精神，共同富裕示范区建设开局一年来，浙江省主要做了以下几项重点工作。

其一，加快缩小地区发展差距。习近平同志在浙江工作时多次强调，要把先富带后富作为全省经济发展的大战略，不断促进区域经济协调发展。区域协调发展是浙江推动共同富裕的独特优势，也是巨大潜力所在。浙江省以“四大建设”为统领，以空间规划一体化为引领，推动资源要素在全省域自由流动、高效配置；按照分类引导、“一县一策”的思路，实施做大产业扩大税源行动和提升居民收入富民行动，推动山区26县跨越式高质量发展；拓展迭代山海协作的方式、载体和内涵，推动先富带后富政策制度集成、数字化系统集成、帮促力量集成。

其二，加快缩小城乡发展差距。浙江省突出以人为核心，以改革为动力，形成“组合拳”打法。通过市民化集成改革，深入推进以人为核心的新型城镇化；通过实施新一轮乡村集成改革和强村惠民行动，高质量实施乡村振兴战略；以都市区和县城为主要载体提高人口承载和公共服务共享水平，健全城乡融合发展体制机制，重塑以工补农、以城带乡，构建城乡新格局。

其三，加快缩小收入差距。坚持体现效率、促进公平，在优化收入分配上主动作为，强化初次分配的基础作用，千方百计拓宽居民增收渠道；发挥再分配的调节作用，探索稳定和扩大中等收入群体的新机制，推动低收入群体持续较快增收，形成以中等收入群体为主体的橄榄型社会结构；全面打造“善行浙江”，大力发展枢纽型、资助型、行业性慈善组织，推行“人人慈善”的现代慈善理念和机制，充分发挥第三次分配的作用。

其四，推动全生命周期公共服务优质共享。通过强化均等、普惠、便捷、可持续的理念，以数字赋能、制度创新为动力，迭代升级为民办实事长效机制，打造民生“七优享”金名片：“浙有善育”“浙里优学”“浙派工匠”“浙里健康”“浙里长寿”“浙里安居”和“浙有众扶”。

其五，打造精神文明高地。通过坚持物质文明和精神文明相协调，加强社会主义核心价值观引领，不断提升全社会文明素质；实施传承红色基因薪火行动，大力弘扬红船精神，构建浙江人红色精神谱系，激励全省人民在共同富裕道路上奋力前行；大力实施百城万村文化惠民工程，实现公共文化服务共享均等、可持续、高质量；打造江南特色的文化创新高地。培育"浙江有礼"省域品牌，营造人与人之间相互尊重、相互关心、相互帮助、和睦友好的社会风尚，构建以文化力量推动社会全面进步新格局。

其六，建设共同富裕现代化基本单元。面向美好生活、面向现代化、面向未来，浙江将示范区建设目标任务转化为未来社区、乡村新社区的功能场景，落实到生产生活基本单元。一方面，深入实施未来社区"三化九场景"推进行动，激励社区创新创业创造，推进公共服务优质共享，实现社区整体智治，在全省域推进城镇未来社区建设。另一方面，开展未来乡村建设试点，建成一批引领品质生活体验、呈现未来元素、彰显江南韵味的示范性乡村新社区，让共同富裕惠及每一位社区居民。

建设共同富裕示范区没有经验可以借鉴，没有教科书可以参考，这意味着要永葆一股革命加拼命的强大精神勇闯"无人区"，更要在"摸着石头过河"的探路中找到抵达彼岸的"桥"和"船"，在实干巧干创新干中用源源不断的"浙江案例""浙江素材""浙江经验"丰富和发展共同富裕的理论内涵、实践范例，率先蹚出一条促进全体人民实现共同富裕的浙江路径。共同富裕示范区建设开局一年来，全省各地涌现了许多典型案例。中共浙江省委党校响应社科赋能，发挥智库作用，选编共同富裕先行案例，就是为了总结各地的实践探索，形成可复制可推广的经验。本书共选取浙江省有关市、县（市、区）和乡镇在探索有利于共同富裕的体制机制和政策体系方面最新的典型案例49个。希望这些案例能充分体现共同富裕示范区建设的实思、实践、实效，切实为实现共同富裕提供好浙江示范，努力开辟干在实处、走在前列、勇立潮头的新境界。

目 录

CONTENTS

第一篇 缩小地区差距

第二篇　缩小城乡差距

第三篇　缩小收入差距

第四篇 公共服务优质共享

第五篇 打造精神文明高地

第六篇　建造共同富裕现代化基本单元

第一篇

缩小地区差距

长期以来，浙江北接平原、南多山林、东临东海、西多山林的省域自然地理极大地影响并塑造了以浙西南地区为主体的26个原欠发达县。习近平同志在浙江工作时多次强调，要把先富带后富作为全省经济发展的大战略，不断促进区域经济协调发展。关于如何缩小区域差距，省委书记袁家军在中共浙江省委十四届九次全会的讲话中指出："一要加快省域一体化。以'四大建设'为统领，以空间规划一体化为引领，推动资源要素在全省域自由流动、高效配置。二要推动山区26县跨越式高质量发展。按照分类引导、'一县一策'的思路，系统性推进数字赋能、创新赋能、改革赋能、开放赋能、生态赋能、文化赋能，实施做大产业扩大税源行动和提升居民收入富民行动。三要创新实施山海协作升级版。四要创新实施对口工作升级版。推动山海协作理念、方法向省外拓展，发挥我省民营经济、数字经济、市场发达等先发优势，深入推进东西部协作和对口支援，用心用情加强对省外欠发达地区的帮扶，推进工作项目化、项目体系化、体系品牌化，打造对口工作金名片。"

本板块主要选取浙江省促进区域经济协调发展的十个典型案例，包括杭州市滨富特别合作示范区、淳安县大下姜联合体，泰顺县、长兴县、丽水市、衢州市、景宁畲族自治县、台州市大陈岛等地缩小区域差距案例。

设立特别合作区，探索共同富裕跨区产业协作模式

浙江有“七山一水二分田”之说，全省地形起伏较大，西南海拔千米以上的群山盘结，令山区发展特别困难。杭州虽是省会，但同样存在东强西弱问题，西部山区经济发展相对滞后，东西发展差距较大。杭州市富阳区处于钱塘江中游富春江畔，是杭州以东带西、拥江发展的桥头堡。富阳区富春江南岸的灵桥、大源等乡镇的造纸行业曾经严重污染富春江水质，为了从源头上防治污染，富阳全面腾退造纸企业，这几乎砍掉该区1/4的GDP、1/3的财政收入，百姓就业和收入受到影响，急需加快“腾笼换鸟”和区域转型。与此同时，富阳东面面积仅73平方千米的高新区（滨江区）聚集了全省一大批的高新技术和上市企业，遇到了产业高速发展、区域空间不足的瓶颈。为此，杭州市委、市政府推动成立滨富特别合作示范区，充分发挥滨江产业优势和富阳空间优势，加快富阳新兴产业培育，释放滨江发展空间，协调区域发展，缩小地区差距。

在长三角一体化发展背景下，2019年7月30日，杭州市委十二届七次全会提出，要健全市域内企业正常流动信息平台和共建共享机制，建设滨江与富阳特别合作示范区。8月28日，杭州高新区（滨江）富阳特别合作区挂牌成立。杭州高新区（滨江）富阳特别合作区（以下简称“滨富特别合作区”），是继深圳和汕尾合作设立的深汕特别合作区、南京和淮安合作设立

的宁淮特别合作区之后的全国第三个、全省首个特别合作区。滨富特别合作区位于富阳区灵桥镇，总面积5.8平方千米，北起富春江，西至小源溪和杨元坎村，东、南至杭新景高速，距离滨江区约20千米，车程约30分钟，杭新景高速（灵桥互通）、杭州二绕（大源互通）、中环高速（里山互通）、杭黄高铁富阳站、规划地铁四期近在咫尺，交通十分便利。滨富特别合作区将充分发挥滨江产业优势和富阳空间优势，以错位发展、特色发展、共享发展为目标，坚持合作共赢、优势互补、权责清晰、创新机制的原则，积极培育智能物联、数字健康、数字制造等产业，合力建设成为区域合作发展示范区、自主创新拓展区、产业有序转移承载区，为实现共同富裕树立全新样本。

一、主要做法

滨富特别合作区是结合滨江、富阳的实际情况提出的一种全新跨区协作模式。按照合作框架协议，合作期暂定为20年，10年内两区不参与收益分配，全部收入用于当地发展，GDP、投资等政府内部考核统计指标重复计入各区，由两区共同组建特别合作区管委会作为运营主体。特别合作区成立两年多来，始终贯彻杭州市委“更高格局、更大视野、更实行动”的工作要求，运用改革思维、改革办法构建特别合作区发展新格局，聚焦重点产业项目开工、加快项目引进落点，全力破解难题、加强保障，优化区域发展体制机制，大力推进数字经济和新制造业发展“双引擎”驱动，打造跨区域高质量发展的合作样板，探索实现共同富裕的新路径。

（一）全力探索高效运行机制，为区域融合发展输出合作经验

滨富特别合作区积极探索高效运行机制，着力在推进“人合、事合、力合”上下功夫、想办法、求突破，取得了初步成效，为“全域融合发展、城乡一

体建设”提供经验。主要体现在以下方面：

一是机构融合促人合。2020年8月，特别合作区管委会在市委编办的指导下，加快行政机构及下属事业单位机构设置。12月底，两区组织部门研究，确定首批11名干部（滨江区2名，富阳区9名）调入特别合作区管委会，归口滨江区管理，加快完善机构规范化运行和干部任用机制。同时，两区主要领导及组织部门开展望闻问切式谈心谈话、主题党日团日等活动，推动从机构、场所的“物理整合”向思想、人心的“化学融合”转变，缩短机构融合产生的磨合期。二是协商议事求事合。建立两区主要领导会商制度，主要研判招引产业定位、政策支持、合作体制机制等；建立两区联席会议制度，两区分管区领导根据实际工作需要，定期或不定期商议特别合作区项目推进的难点、堵点问题；建立特别合作区管委会与富春湾新城管委会沟通协调会议制度，及时对接解决项目推进过程中的供地、基础设施建设、公共配套等具体问题。三是协同攻坚谋力合。围绕富芯半导体等重大项目推进，两区第一时间跨区域协同作战，成立主要领导亲自挂帅、分管区领导牵头抓总的项目推进专班，倒排计划表，量化作战图，每日报送项目进度，破解节点难题。如正泰新能源项目受空间规划指标制约，两区班子成员多次赴省发改委、省自然资源厅，通过申报省重大产业项目获得531亩土地指标奖励。

（二）全速推进大项目落地投产，共同打造先进制造业示范基地

滨富特别合作区着力在重大、高端项目推进上主动跨前一步通力合作，落实“强招引、补短板、快落地、见实效”机制，合力打造高起点的先进制造业示范基地。一是优抓项目招引。依托滨江智能物联、数字制造产业新生态，聚焦龙头企业衍生裂变项目和上市公司发展方向，两区共商引进标志性、引领性及对国家产业命脉具有特殊意义的高端制造业大项目。建立

“大后台＋急先锋”的工作机制，实施项目带动战略。招商分队联动两区各产业部门平台，密切关注正泰等领军大规模制造业、拟上市公司核心制造业项目、有外迁意向企业等，逐户敲门招商。二是抢抓项目建设。先后组建项目服务小专班和全生命周期推进大专班，以小专班为纽带，密切跟踪项目，主动发现问题；以大专班做统筹，协调各方资源，全力攻坚克难。围绕项目建成投产“一件事”，明确任务、问题和时间节点“三张清单”，从做地、供地、技术前期、审批等各环节，系统性推动项目审批，能前置的尽量前置，能并联的绝不串联，释放政策直达的叠加效应，实现项目落地建设的最快速度。三是强抓产业生态。按照尊重工艺、节约土地、产城融合原则，围绕富春湾新城整体规划定位，探索城市工业发展模式，在确定项目落点后，深入研究企业生产工艺和生产线布局，打造未来工厂和智能工厂的表现形态。目前，富芯半导体、正泰新能源、宏华数码等新制造业项目均按省“未来工厂”建设要求打造。充分发挥“链主型”企业在杭州市域范围内的产业链主导地位、上中下游核心凝聚力，谋划特别合作区创新创业生态，形成更高能级的产业集聚。

（三）全程协同破题合作共赢，推动两区合作实现跨越式发展

作为全省唯一的特别合作区，滨富特别合作区坚持杭州市域统筹，整合两区力量、资源和政策，促进平台共建、优势互补、政策叠加，不仅成为杭州市优质项目的稳定器、主战场、展示区，也成为“跨区协作，多方共赢”的生动实践。一是有效解决滨江“有产少地”难题，发挥创新产业引领作用。特别合作区瞄准滨江区内有拓展生产基地需求的项目和有意移出杭州或滨江的好项目，主动承接滨江资本、技术、人才、信息等要素的梯度转移，推动形成杭州市域范围内“总部＋生产基地”的联动发展模式，促进先进制造业规模化、特色化、集群化发展，实现高新产业资源溢出与区域领军企业衍

生发展的有序流动。二是有力破解富阳"有地少产"难题,带动富春湾新城快速转型升级。结合项目落地情况,对区域内的规划用地布局、路网体系、开发强度、公共服务配套建设等形成三年行动计划,将特别合作区打造成集创智研发、智慧制造于一体的产业功能区和宜居宜业宜游的生活服务区。目前,已启动富春湾大道(二期)、灵桥互通迁改、滨富路等交通路网工程,此外,省人民医院、青鸟国际学校、杭黄未来社区的相关建设工作也在具体落实中。未来,富春湾新城有望形成互联互通、舒适宜居的城市配套体系,加快实现共同富裕。三是有力推动杭州新制造业层级提升,打造辐射全省的创新策源地。特别合作区促进了滨江创新资源与杭州富春湾新城空间资源相结合,打造一个承接高新产业溢出的重要平台,从以往的以"亩均论英雄"导向直接迈入"集约性、高新化"的发展阶段,推动产业层级的跨越式提升。同时,该区域积极与"两区一廊"深入对接,吸引创新成果在特别合作区就近落地转化,打造新产品新技术落地应用的最佳试验场。比如,陈纯院士科技成果转化项目——宏华数码喷印装备和耗材生产基地项目已落地合作区,建成后将成为全球最大的工业喷印数字化装备基地。

二、示范看点

短短两年多时间,滨富特别合作区建设取得傲人成绩,从机构组建到体制机制创新,从资源保障再到项目不断落地,已形成了稳步发展的态势。截至2021年3月,已签约落地宏华数码、东方通信、富芯半导体模拟芯片、奇汇电子提花机、百芯电子和正泰太阳能电池等8个新制造业项目,其中省重点产业项目2个、市重点产业项目3个、省市县长项目工程3个,已供地产业项目总投资206亿元,项目总投资约470亿元,带动滨江、富阳的转型发展。特别合作区正全力探索跨区产业协作的改革新模式,加快形成

“大杭州、高质量、共富裕”的发展新格局。

（一）滨富特别合作区贡献跨区协作的新样本

为解决我国发展不平衡不充分的问题，党的十八大以来，相继提出了京津冀协同发展、长江经济带发展、粤港澳大湾区建设、长三角一体化发展等重大区域发展战略；同时，出台了《关于支持“飞地经济”发展的指导意见》等具体政策文件，支持各地创新“飞地经济”合作机制。2021年，为加快建设共同富裕示范区，浙江出台《关于进一步支持山海协作“飞地”高质量建设与发展的实施意见》《关于建设数字经济“飞地”平台的指导意见》等政策，促进产业跨区协作，发挥地区比较优势，优化资源配置，完善发展成果分享机制。国家高新区是推动高质量发展的重要载体，对示范引领全国更高水平的改革开放有重要作用。2021年7月，浙江省政府出台《关于加快推进高新技术产业开发区（园区）高质量发展的实施意见》，提出要促进区域协同创新发展，强化辐射带动作用。选取在杭州高新区（滨江）和富阳区的特别合作区先行先试，有利于为其他省市通过跨区合作缩小地区差距、推动共同富裕提供示范样本，为推进城乡一体化发展作出新贡献。

（二）滨富特别合作区开创高质量发展的新路径

滨江区有产业发展需求，富阳区有空间要素优势，两区合作符合彼此的发展需要。滨江区能够为企业拓展发展空间、做大做强产业能级，更好地建设世界一流高科技园区；富阳区能够加快产业引进、推动产业高质量发展、城市高质量转型。滨富特别合作区主动承接滨江区资本、技术、人才、信息等要素的梯度转移，积极引进标志性引领性重大产业项目落地，既稳住了滨江区的产业链，也带动了富阳区加快新旧动能转换、实现产业转型升级，推动富阳区由县域经济向都市型经济跨越。两区合作，为杭州优化资源配置，实现高质量发展开创了新路径，有效推动数字经济和新制造业“双引擎”融合发展，高新企业可在滨江布局研发端，在滨富特别合作区布局核心制造，带动周边地区，布局上下游供应链，形成核心制造产业生态，为全国提供以协作促发展的新路径。

（三）滨富特别合作区示范共同富裕的新模式

与富阳区地理相近的滨江区发展能级相对较高，2020年滨江区的GDP、人均GDP、高新技术产业增加值等均为富阳区的数倍。富阳区正处于产业发展、城市建设、社会治理全面转型的关键期，处于发展质量、发展速度、发展环境全面竞跑的关键期，推动产业转型升级由量变到质变的跃升任务异常艰巨。滨江区准备通过构建“主城区总部研发＋特别合作区核心制造、大规模生产基地＋周边地区元器件配套”的跨区产业协同发展模式推进特别合作区建设，引进的先进制造业和带动的配套产业链将推动富阳区产业转型升级和百姓就业的扩大、收入的提升。特别合作区建设可促使当地产业结构乃至就业、人口结构发生转型，也促使全市城乡统筹机制、先富带后富的帮扶机制等实现模式创新。

三、启示前瞻

杭州主动承担全国性改革试点任务，加快建设滨富特别合作区，积极探索跨区产业协作新路径，全力打造完善政府协作机制、缩小地区发展差距、均衡百姓公共服务的共同富裕新样本，对我国进一步实现均衡协调发展和满足人民美好生活需要具有十分重要的意义。

（一）跨区“制度共建”，才能完善政府协作机制，明确共富目标

滨富特别合作区由滨江、富阳两区共同组建管委会，管委会下设一办三部，即综合办、招商稳商服务部、工程建设部、行政审批部，人员由两区共同调派，日常运营中充分融合两区意见。同时，通过不断完善两区主要领导会商制度、两区联席会议制度等三个层级联席会议制度，共同协商形成特别合作区《用地挂牌出让审批流程》《企业注册住所登记申报承诺制》《地块管理标准化意见》等一批制度，推动特别合作区工作事项顺利开展。按两区合作框架协议规定，十年内包括工业项目土地出让金、市级税收返回等收益全部留存管委会，以支持合作区发展。作为全省第一个特别合作区，滨富特别合作区以跨区协作机制创新来谋求高效发展，在利益分配领域体现推动实现共同富裕的政治责任，起到了良好的示范作用。

（二）跨区“产业共创”，才能缩小地区发展差距，构筑共富基础

滨富特别合作区叠加两区优势，已经开始布局富芯半导体、正泰太阳能电池等大项目，涉足芯片电子、新能源等战略性新兴产业，在带动区域所在的富春湾新城快速转型升级的同时也有力地推动了杭州制造业层级的提升。比如，滨江的宏华数码主业是数码喷印软件研发，其喷印装备和耗材生产基地项目现已落地特别合作区，建成后将成为全球最大的工业喷印数字化装备基地。到2025年，如若特别合作区各项工作得以顺利推进，将累计招引产业项目30个、投资额570亿元，工业产值100亿元，新增就业1万人（见表1）。特别合作区通过产业共创，有利于发挥各区资源优势，突破区域发展瓶颈，切实缩小各区发展差距，为实现共同富裕夯实经济基础。

表1　滨富特别合作区"十四五"期间主要经济指标

序号	指标名称	2021年	2022年	2025年
1	规上工业总产值(亿元)	5	10	100
2	累计新增产业用地(亩)	500	1000	3229
3	累计引进产业项目(个)	5	11	30
4	累计引进项目投资额(亿元)	200	250	570
5	累计新增就业(人)	700	2200	10000

（三）跨区"服务共享"，才能均衡民生保障水平，落实共富成效

随着滨富特别合作区产业项目的引入，大量人才实现集聚，这种人口结构的变化将倒逼公共服务水平的提升。为更好地实现引人、留人，合作区逐步提升文、教、卫和住房保障等公共服务水平，使之缩小与滨江的差距，以避免产业转移中企业落差大、员工不满意等问题滋生。如针对富芯半导体项目人才落地难的实际情况，两区成立人才服务专班，帮助台湾籍员工办理居住证，目前，滨江区已帮助解决30套人才住房。得益于两区干部的公共服务理念交流和两区服务资源共享，特别合作区的公共服务水平将率先提升，进而引领富春湾新城和富阳区的接续发展。在数字化改革大潮中，借助各类平台，两区将更快实现公共服务的共建共享，从而让企业、员工和当地百姓都能够确切感受到推进共同富裕的确切实效。

（常敏）

大下姜联合体模式引领共同富裕

淳安县下姜村是六任省委书记的联系点，2003—2007年，时任浙江省委书记习近平曾四次来到下姜村实地考察，和乡亲们一起探索脱贫致富的路子。实现共同富裕，是习近平同志对下姜村及淳安县人民的关怀和期望。在六任省委书记的关怀下，下姜村“两委”坚持落实习近平同志提出的“四种人”要求，带领群众走出了一条在不改变原生态、不迁移原居民、不破坏原风貌条件下的发展之路，村民也在其中感受到了实实在在的发展成果。

如何让周边地区的村庄共享下姜发展的经验，一起走上共同富裕的道路，是一个重大课题。下姜村地处枫树岭镇边缘，临近大墅镇，下姜周边地区在实现协同发展中面临诸多的问题，如平台各自为政、资源共享不畅、产业发展重复、品牌打造不力等。

2019年5月23日，中共淳安县委在认真调研的基础上提出以体制突破引领全方位突破的思路，成立“千岛湖·大下姜”联合体，推进淳安县乡村振兴进入一个新阶段。下姜村村民曾经给习近平总书记写信汇报了这个做法，2020年4月19日，浙江省人民政府办公厅转达习近平总书记的口信，希望下姜发扬先富带后富的精神，带动周边地区实现共同富裕。这既是习近平总书记对大下姜联合体的一种肯定，更体现他对淳安人民加快实现共同富裕的期望。从既有成效来看，大下姜联合体建设已入选全国首批村级乡村振兴典型案例，并先后获评杭州市、浙江省改革创新最佳实践案例，成为浙江省新时代美丽乡村十大模式之一。此外，大下姜联合体的创新做法多次得到了省、市领导的批示肯定，省委书记袁家军也作出批示予以肯定。

一、主要做法

（一）大下姜联合体的基本内容

第一，确立联合体的指导思想。指导思想是：坚持以习近平新时代中国特色社会主义思想为指导，认真贯彻落实省委、市委关于切实做好大下姜区域乡村振兴的指示精神，把发展深绿产业作为大下姜乡村振兴的主引擎，以“1+4”规划为基础，探索更加符合大下姜乡村振兴的发展路径，全力争当全省乃至全国乡村振兴的示范标杆。

第二，明确联合体的主要目标。主要目标如下：将枫树岭镇下姜村、枫树岭村、源塘村、薛家源村、汪村村等28个村和大墅镇大墅村、孙家畈村、桃源凌家村、洞坞村4个村作为大下姜联合体主要区域范围（根据发展情况和群众意愿逐步增扩），建立政府、村社、群众、市场共建机制，重点在促进联动、助力增收和探索创新上下功夫，努力建成“产业兴旺、生态宜居、乡风文明、治理有效、生活富裕”乡村振兴的生动实践样板。

第三，部署联合体的重点任务。联合体的重点任务包括以下四个方面。一是平台共建，包括公共服务平台、宣传推介平台、产品销售平台三大平台实现共建。二是资源共享，包括文化资源、发展资源、数据资源实现共享。三是产业共兴，包括共兴培训业、乡村旅游业、农林业、文创业。四是品牌共塑，包括塑造品牌形象、建立品牌标准、加大品牌宣传。

第四，强化联合体的保障措施。一是强化组织保障。设立大下姜联合体大党委(理事会),下设党委办公室(工作组)和产业组。二是创新机制保障。建立党委办公室(工作组)周例会制度、大党委(理事会)月度工作交流制度、工作督查交办制度,建立专题研究协调机制。三是强化要素保障。加强发展空间保障、人才保障、资金保障。

(二)大下姜联合体的主要做法

第一,党建引领,打造一流团队。坚持党对乡村振兴的领导,成立大下姜联合体党委,认真贯彻统筹、协调、督查、落实职能。建立擂台比拼机制,开展"最强党支部"评选活动,锻造基层战斗堡垒。积极吸收"四有"新人充实村"两委"干部队伍,满足新时代基层党建需求。

第二,生态优先,加快发展步伐。紧紧抓住党中央提出和实施的乡村振兴战略以及省、市、县各级党委、政府出台的一系列政策文件等有力机遇,依托"绿水青山就是金山银山""心无百姓莫为官"和"四种人"要求等政治优势和发展红利,顺势而为、乘势而上,加快区域联动高质量发展步伐。

第三,规划指引,努力补齐短板。抢抓大下姜在省市县委、政府试点"窗口"机遇,先后发布《下姜村及周边地区乡村振兴发展规划》和交通发展、旅游发展、农业产业发展、村庄建设四个专项规划。近三年,大下姜通过规划实施,补齐农村短板,全面推进红色文化传承、基层党建引领、现代农业提振、乡村旅游富民、交通内联外畅、美丽乡村提升六大工程建设,有力地推动了大下姜各项事业的发展。

第四,市场主导,激发经营活力。坚持向改革要动力,向创新要活力,先后组建下姜实业公司等村属企业和覆盖32个村的大下姜振兴公司,深化乡村职业经理人聘用制度,积极探索与实践村企"联姻"、入股联营等乡村经营模式,阶段性推进民宿"五统一"分客机制和"加盟制",带动村级集体经济"消薄"和低收入农户增收,让老百姓共享改革发展成果。

第五,服务至上,推进增收共富。坚持“先富帮后富,区域共同富”,积极探索生态公益林集体部分补偿收益质押贷款机制,深入实施“我们一起富”行动,建立村集体党建“消薄”基地,举办“书记进城卖山货”系列活动,开展“巾帼助农网络直播”等带货活动,建成覆盖32个村的“大下姜”物流配送服务专线,拓宽百姓增收渠道。

第六,特色为重,优化产业布局。坚持因地制宜,分源打造特色产业带,用不同产业带把不同源片产业统筹起来特色发展,不断强化“人无我有、人有我优、人优我特”的核心竞争力,形成下姜旅游培训产业带、铜山片中药材产业带、夏峰片红高粱产业带、白马片农特产品产业带四大特色产业集群。

第七,品牌赋能,促进价值转化。坚持品牌共塑,统一对大下姜区域品牌进行策划和形象设计,开展“下姜村”“大下姜”等系列商标注册,推出“下姜村”牌百花蜜、地瓜干、山茶油等农产品,编制农林产业、乡村旅游等标准,建立大下姜农产品品牌销售中心和农特产品体验店,举办大下姜红高粱丰收节等品牌推介活动,提升品牌价值,促进农民增收。

第八,治理创新,营造和谐氛围。设立大下姜智慧治理中心,建立群众评议团制度,搭建按需问诊和点单调处平台,提升层治理能力。运用智慧治水、智慧安防等现代科技提高应急效率,维护区域和谐稳定,为群众营造安居乐业的生活环境。

二、示范看点

(一)绿色产业发展强劲

第一,大培训产业日趋成熟。成立下姜村基层党员干部党性教育基地,建成孙家畈村、源塘村等6个特色教学村和凤林居、抹茶庄园等6处教学点，创设“梦想大讲堂”，举办“乡村振兴第一课”开讲活动，开发“三同”“五大振兴”教育课程。2018—2020年，累计完成培训2.5万人次，实现培训收入1000余万元，其中，2020年完成培训82期、8900人次。

第二，乡村旅游蓬勃发展。2018—2020年，累计接待游客330余万人次，住宿游客约18.5万人次，实现旅游收入1.62亿元以上。

第三，农林产业稳步推进。形成夏峰片红高粱、白马片农特产品、铜山片中药材等特色产业集群。

第四，文创产业呈现活力。成功创建市级研学营地。积极引入影视摄影业态，中央电视台大型脱贫攻坚政论专题片《摆脱贫困》第八集《再启新程》在大下姜完成全景拍摄，以下姜村为原型的电视剧《我们在梦开始的地方》在浙江卫视和江苏卫视等热播，在大下姜取景的电影《我和我的家乡》在2020年国庆期间上映，下姜村因此获“中国摄影艺术乡村”称号。

（二）人居环境明显改善

第一，生态环境质量持续向好。2018—2020年，大下姜区域森林覆盖率持续保持在86%以上，河流水质始终保持I类标准。农户生活垃圾源头分类率、农村生活垃圾无害化处理率和农村生活垃圾资源化利用率分别实现100%、100%和85%的目标，农村生活污水纳管率达到94%。沿湖沿线巡查成为常态化，淳杨线获评中国十大最美农村路。枫树岭镇获评省美丽乡村示范乡镇，下姜村获评省高标准垃圾分类示范村，大下姜联合体中50%的行政村达到省新时代美丽乡村标准。

第二，基础设施实现跨越发展。连接枫树岭镇10余个村的枫常公路改建工程建成通车，初步形成了大下姜联合体各村之间的交通网络。大下姜共享水厂建成运营，保障了周边地区2.9万人的饮用水安全；下姜天然气集中供气站建成运营，让下姜村和枫树岭村先行用上经济、便捷、绿色能源；

大下姜建成5个5G站点和11个物联网站点，让下姜村在全国农村率先实现5G网络全覆盖。

第三，民生服务保障扩面提标。下姜村率先建成了卫生室直联省城医院专家远程会诊的智慧医疗系统。2020年，完成大墅中心卫生院扩建工程和大墅幼儿园室外活动场地改造，健全城区中小学名校与大下姜中小学校结对互动交流机制；开通大下姜巡回医疗车服务，家庭医生规范签约率达50.5%，其中核心村达到53.34%；养老服务照料中心覆盖率达到100%。

（三）区域共富前景可喜

第一，乡村经营模式初显成效。2018年以来，大下姜区域先后成立下姜实业公司、遂安烧酒厂、大下姜振兴公司等镇村属企业，有效推动村集体资产运营，持续举办“书记进城卖山货”活动，拓宽乡村经营思路，开创乡村职业经理人运营模式的先河。完成“下姜村”“大下姜”等48件常见农产品品类商标注册，其他275件商标注册申请得到受理。创新村企“联姻”、入股联营模式，注册下姜瑶记公司，设立大下姜农产品销售中心，年收购大下姜农产品800万元以上。大下姜振兴公司开发了地瓜干、土麦面等产品，推动了农产品进商超，6个月实现经营收入317万元、利润40余万元的目标，入选全国12家绿水青山就是金山银山（中国）旅游商品联盟成员单位。

第二，区域共富目标初步实现。据统计，2020年大下姜区域22个村集体经济总收入2016万元、经营性总收入930万元、农村居民人均可支配收入31078元、低收入农户人均可支配收入13893元，同比分别增长3.08%、0.52%、7.9%，16.8%，全部完成“3020”“消薄”任务，其中15个村实现“5030”“消薄”目标，与全省同步迈入高水平全面小康社会。与2017年相比，集体经济总收入、经营性总收入、农村居民人均可支配收入分别同比增长121.54%、156.20%、45.95%。据淳安农商银行枫树岭支行反映，该行

2020年12月底个人储蓄存款余额同比2019年增长5.29%,较2017年12月底增长36.2%。

(四)改革创新成果丰硕

第一,带动发展机制不断创新。2018年,下姜村率先以现金、资源等形式入股组建下姜实业公司,在全国范围招聘职业经理人,并制定了《民宿联盟发展规则》,建立有偿加盟制,确保民宿服务品质,累计发展民宿76家。同时,开展“我们一起富”行动,实施强村富民、强村带弱村、先富带后富、周边融合带动四项工程,选取24个“强村”和驻镇单位结对帮扶8个相对“弱村”,安排区域内380余名先富人群与610余户低收入农户结对。

第二,乡村治理举措不断翻新。创立了“信访代办”“平安管家”“下姜管家”等工作机制并不断深化,大下姜智慧治理平台和基层治理“一中心四平台一网格”建设推动形成大下姜“双核三治”治理模式,开启大下姜一体化乡村治理新探索,区域内越级上访量逐年下降。

第三,联动发展模式不断推广。形成了一个机制、三种模式、五项标准和五大案例。一个机制,即联合体联动机制,总结了平台共建、资源共享、产业共兴、品牌共塑和机制联、平台联、项目联、产业联、市场联、品牌联、载体联、服务联等“四共八联”成果;三种模式,即“绿水青山就是金山银山”转化的发展模式、党建引领的共富模式、乡风文明的治理模式;五个标准,即《美丽乡村指导手册》《乡村旅游服务准则》《农林产业生产标准》《生态保护运维规程》《红色教育培训规范》;五大案例,即产业振兴、人才振兴、文化振兴、生态振兴、组织振兴五方面案例。这些在淳安北部、西南部等区域的产业发展和项目建设等领域得到复制推广。

三、启示前瞻

（一）大下姜联合体突出了党委对乡村振兴的领导

大下姜联合体成立党委和理事会，由县人大常委会副主任兼任党委书记和理事长，突出了党委在区域经济和社会发展中的领导和统筹作用。一方面，有利于在联合体范围内全盘考虑，提高决策水平，避免同质化竞争造成的市场供需失衡。如联合体中的桃源凌家村洗衣坊项目的设立和实施，就能满足枫树岭镇、大墅镇乃至安阳、汾口、中洲等乡镇酒店民宿洗涤服务，从而可以避免周边其他乡镇上类似项目造成投资浪费。另一方面，有利于更快协调推进跨乡镇工作和整合项目资金，如大下姜水厂建成后将为淳杨线沿线四个乡镇的2.9万人供水，从而解决了周边四个乡镇的饮用水问题，大大节约了资源，提升了效率。

（二）大下姜联合体突破了行政区域实现抱团发展

大下姜联合体的主要内涵是引导以下姜村为核心的周边村落联合在一起，心往一处想，劲往一处使，发扬先富帮后富精神，带动周边村落走共同富裕之路。由于这个区块涵盖两个乡镇，在发展中存在条块分割问题，通过组建大下姜联合体，可以突破行政区域的分割，实现联合发展。同时，大下姜联合体可以把条件相对较好的村与条件相对较差的村联合在一起，把条件相对较差村的资源通过较好的村发挥出效益，推动优势互补。为此，以下姜村为核心的两个乡镇的32个村共同出资成立了杭州千岛湖大下姜振兴发展有限公司，有效提升了区域整体的产业发展能力，使整个联合体所有成员走上共同富裕之路。

（三）大下姜联合体突现了市场主体的决定性作用

党的十九大提出要让市场在资源配置中起决定性作用，在大下姜联合体的发展中，也十分注重发挥市场的决定性作用。一是注重培育市场化商标体系的建设，确立了“下姜村”“大下姜”等两个主要品牌，编制了五个标准加强品控管理，尝试通过建立科学的农产品种植、加工规程来保证农产品品质。二是注重培育和引入市场主体。2019年，下姜村与市级农业龙头企业——瑶记实业公司合作成立下姜瑶记公司，并授权其使用“下姜村”商标，有效带动大下姜农产品销售。此外，还按照2019年中央一号文件关于推动农村三产融合发展的精神，引进了多村联建的丰家源酒厂，推动夏峰片红高粱种植、加工、销售产业链建成。后期还计划探索建立健全更加细化的产业分会，如地瓜干分会、山茶油分会、葛根分会、红高粱酒分会等，还会持续培育和引入市场主体，充分发挥市场主体在大下姜联合体发展中的决定性作用。

当然，大下姜联合体在实际运行中也存在一些矛盾和问题，需要进一步研究、探索和提升，如联合体内企业规模与实力有待加强、现代农业发展的路径需要探索、大下姜品牌建设有待强化、农产品科技含量有待提升等。这些问题也是下一步大下姜联合体谋发展、求突破的重要方向。

（吕志明）

生态大移民：下得来、稳得住、富得起

泰顺县地处浙、闽两省交界，素有“九山半水半分田”之说，是典型的山区县。泰顺境内有海拔千米以上高峰179座，大小溪流百余条。长期以来，多山的自然环境导致了人口分布小聚集、大分散，人口散居又引发了基础设施重复建设、中心城镇辐射功能受限、资源严重浪费等结构性问题。山高路远、交通落后，自然灾害频发等成了泰顺发展的绊脚石，出现了一方山水难养一方人的困境。

20世纪中期，泰顺曾经是全国592个重点贫困县之一。经过“八七”扶贫攻坚和“百乡扶贫计划”，泰顺县于1997年成功摘掉了贫困县的帽子，2002年实现13个欠发达乡镇基本脱贫，2015年实现浙江重点欠发达县摘帽。21世纪以来，泰顺县集聚力量挪穷窝，想方设法拔穷根，不断探索扶贫攻坚的着力点，找寻山区群众共同富裕的新路子。

2003年12月，浙江省委书记习近平到温州调研，12月14日，他考察了泰顺县司前畲族镇峰门整乡异地搬迁脱贫点和西旸镇下山脱贫安居新区。习近平同志详细询问了搬迁农户建房成本、就业门路和收入来源等情况，充分肯定了泰顺县整乡搬迁的扶贫模式。他指出，下山脱贫是推进人口集聚、加快城镇化进程的有效途径，在实施过程中要切实解决好下山农民的出路问题，让他们“下得来、稳得住、富得起”。

18年来，泰顺县深入贯彻习近平同志“下得来、稳得住、富得起”的指示精神，通过大规模下山移民，持续推进新型城镇化建设，走出了一条群众下山奔小康的共同富裕之路。泰顺的做法为我国山区县域经济发展、共同富裕提供了浙江样本。2018年11月，国家发改委在全国生态保护和修复大会上推广泰顺的做法；2019年10月，农业农村部进一步将泰顺县列为人口集聚与农民致富改革试点。泰顺生态大移民的做法得到全国各级、各地的广泛关注，实践成果也被《人民日报》、新华社、《浙江日报》等媒体报道。

一、主要做法

泰顺县生态大移民主要通过创新“搬迁方式、治理模式、产业转换机制”和做好“搬、稳、富”三篇文章，形成了山区群众实现共同富裕的新模式。

（一）做好“搬”的文章

第一，整合优惠政策，吸引群众搬。群众下山首要的也是核心的问题是要解决购买新房的资金。泰顺县主要通过整合政策、贴息贷款和补助三种途径解决。一是出台优惠补助政策。整合中央和省市县关于异地搬迁、灾后重建、宅基地复垦、农民建房、地质灾害搬迁、抗震安居等搬迁安置政策，提供了优厚的下山移民补贴。二是加大金融支持力度。持续配套提供贷款贴息政策和水电、通信、电视等费用减免政策，给予搬迁户50%的贷款贴息补助，贴息期限最长达15年。三是鼓励货币化安置。对在县城或中心镇购买安置小区以外新商品房的，按照应享受建筑面积房价款的20%予以补助（每平方米补助最高不超过2500元），同时还享受异地搬迁补助资金以及县统筹补助政策。

第二，提供多样化服务，让群众安心搬。综合考虑农户收入能力、可支配能力、消费能力等，引导搬迁范围内的对象有计划地向县城、中心镇等区域梯度转移。通过排摸，将移民对象划分为省重点扶贫帮扶村整村搬迁农户、地质灾害隐患区搬迁户、自然保护区搬迁户、建档立卡的低收入农户、重大工程拆迁户、CD级危房户、2019年以来新发生自然灾害导致原房倒塌户、2019年村级规模调整撤并村有意愿搬迁农户八大类，在全县范围建立了59个安置点，可满足各类搬迁户的需求；创新安置方式，提供自行购房、集中安置、就近安置、共有产权、廉租房等供群众选择；对农村困难家庭、无房家庭建立档案，实行一户一表一档，并录入浙江省农村房屋信息管理系统，全程跟踪、精准管理，确保移民安置过程中应搬尽搬、不漏一户。

第三，整合职能，专班运作搬。按照职能相近、部门合并的大部门设置原则，将原先涉及十多个部门的“农村人居环境”“抗震安居工程”“地质灾害避让搬迁”“大拆大整”专项行动等八大重点工程整合，成立以县委书记为总指挥、以县长为指挥、以分管副县长为副指挥的泰顺县生态搬迁建设工程指挥部，抽调相关单位人员实行集中办公、实体运作，高规格、高力度推进包含生态搬迁工程建设和农村人居环境整治提升等工作在内的20项重点任务，实现政策一个部门定、资金一个口子出，改变“政出多门”的状况。

（二）做好“稳”的文章

第一，就业促稳。群众移民下山要有稳定的就业渠道和收入。泰顺深入开展生态农业、来料加工、家政服务、养老护理等实用技能培训，提高搬迁群众致富技能，2013年以来累计完成农村实用人才培训2.15万人次；给下山群众优先安排农村保洁、环保、公路养护、护林等岗位，2017年以来累计安排就业岗位986个，拓宽群众就业渠道；科学规划产业发展空间，分别在泗溪、雅阳、司前畲族镇等重点搬迁地打造廊桥经济、氡泉经济、畲乡经济等地方特色经济圈，鼓励有条件的农户开办农家乐、民宿，帮助搬迁群众充分就业；在县城移民区就近布局占地面积800多亩的小微创业园、竹木产业加工园和来料加工点，实现搬迁群众“家门口”就业。

第二，民生促稳。选取县城和各乡镇最优地段搭建无区域生态移民区、抗震安居小区、异地避灾小区等，引入专业房企和物业公司代建代管，提升市场化程度及社会化水平，改变以往安置小区低端无序、无人管理的状况。完善生态搬迁小区周边体育馆、医院、学校、农贸市场、公交车站等公共配套设施，全方位解决好搬迁群众就业、子女教育、医疗服务、社会保障、健身娱乐等基本公共服务，为搬迁群众安居乐业提供坚实的民生保障。

第三，权益维稳。针对移民下山后非常关注的山上收益和迁入地权益问题，泰顺推行“权随人走”的农民权益保障机制，移民原来拥有的土地、山林承包经营权不变。通过土地流转、山林权流转、产权租赁等举措盘活农民资产，使村民的资源增值、收入增加，打消村民下山的后顾之忧。同时在安置地推动公共服务均等化，下山群众在就医、就业、入学、社保等方面享受与迁入地居民同等待遇。

第四，治理促稳。为了推动下山群众更快更好地融入新社区，泰顺创新社会治理模式，通过“红色管家”、党建联盟、党员楼长、红色驿站等形式，开展各类文化活动等，大力促进搬迁后群众交流融合。大力推进村社党组织建设和基层治理深度融合。在村级组织办公场所设立需求登记窗口，受理群众需求，按照难度将问题分为A、B、C三类，实行党员领办、组团协办、支部承办，并按“五议两公开”程序对办理结果进行一事一议、定期评议。

（三）做好“富”的文章

第一，发展特色优势产业。一是大力推进高山农业。每年安排5000万元以上专项资金扶持茶叶、猕猴桃、黄栀子等特色产业，落实1500万元以奖代补资金用于低收入农户自主发展高山蔬菜、中药材、畜禽养殖、中蜂等产业，成功打造了“泰顺山友”农产品区域公共品牌和“三杯香”茶叶品牌。其中，“三杯香”品牌价值达14.68亿元。二是高质量发展生态工业。在农民异地搬迁安置小区和扶贫重点村就近布局小微创业园。大力发展光伏产业，顺利完成22.8兆瓦装机容量的“光伏小康工程”建设并网发电，年固定收益813万元。三是加强乡村旅游业。出台《泰顺县进一步加快推进旅游主业化发展扶持办法》《2020年泰顺县游客招徕奖励办法》，每年安排旅游发展专项资金不少于3600万元，统筹2亿元用于基础建设投入，允许旅游景区（点）、星级饭店、旅行社等旅游企业探索以特许、营运、收费等经营权和股权抵押贷款方式进行融资，并加强信贷支持力度，优先扶持重大旅游项目。

第二，提升下山群众的生产技能。一是健全育才机制。聚焦旅游、文创、生态农业等泰顺乡村振兴特色产业发展需要，制定健康产业、旅游产业、实用人才、工艺美术等人才培养计划，多维度培育农村实用型、技能型、创新型人才队伍，在此机制下累计培训下山移民5.47万人次。二是招引项目推动移民就业。推进温州市鹿城区七都街道山海协作、泰顺—重庆总部科创园两个“人才飞地”平台的建设，促进人才集聚、推动项目落地、带动产业发展，近三年共招引项目回归47个，协议总投资648.67亿元，创造了大量的就业机会。三是利用农业合作社培训农民。在特色行业建立农业合作社，借助龙头企业培训农户，扩大农业生产，从而实现了既延伸产业链又扩大生产规模的愿景。2018年，在养蜂大王严立超的带领下，泰顺县成立了中蜂养殖协会，有158户养殖大户加入协会，蜂农“抱团”发展。为了增加养殖户，严立超在自己的百花蜜蜂合作社开课收徒，教下山移民养蜂，每年组织养蜂技术培训五期，受训蜂农1000多人次。在协会和合作社的带动下，养蜂户越来越多，产业越来越强，影响越来越大。现在，泰顺蜂蜜包装精美、自成品牌,衍生品还有蜂蜜香皂、蜂蜜唇膏等。如今,“甜蜜事业”越做越大,百花蜜蜂合作社还打造了泰顺县首个蜜蜂科普观光园,创成了温州市科普教育基地。严立超和村民们都相信,只要大家一起努力,共同富裕的路子就会越走越宽广,生活也会如蜂蜜一样越来越甜蜜。

第三,多渠道帮扶群众致富。一是创新帮扶机制。从2003年起探索“一户一策一干部”的帮扶机制。机关干部、乡镇干部、村干部与贫困家庭结对,激发农户脱贫增收的内生动力。二是重新分配村级集体收入。明确村级集体经济收益30%归村集体、70%分配给本村低收入农户。三是搭建增收致富平台。依托泰顺—鹿城山海协作农特产品直销平台和阿里巴巴村淘项目,打造线上、线下相融合的产品直销网,实现278个村电商网点全覆盖;在全县19个乡镇搭建求职用工供需平台,对企业缺工岗位进行统计分类,为低收入农户提供就业服务。

第四,多途径让存量资产增值,推动实现农户增收。一是整理复垦宅基地。将搬迁腾出的大量农村存量建设用地统一复垦,将经常性收入超收部分和土地出让金净收益100%返还给乡镇。二是山林流转“化零为整”。鼓励村集体以出租、合作等方式利用闲置农房、宅基地、土地、山林发展休闲农业、乡村旅游、民宿、农家乐等,使低收入农户与景区开发主体、龙头企业、合作社等建立紧密的利益联结机制,增加农民财产性收入。其中,较有代表性的是三魁镇。该镇推出村民以地入股的“瑞雪模式”,村民搬迁后山林地集中流转、租赁给农业开发公司,每年获得租金、股权、劳务等分红。此外,百丈镇洪秀村采取“专业合作社+家庭农场”“公司+基地+农户”等经营模式,规模化发展猕猴桃、杨梅、樱桃和茶叶种植等高效农业,使127名村民土地流转分红实现了倍增。

二、示范看点

泰顺生态大移民的做法统筹解决了制约山区群众共同富裕的结构性问题,其示范意义主要体现在四个方面。

(一)推动了人口集聚,加速了山区县域城镇化进程

泰顺县人口少,居住分散,老百姓散居的生活方式是妨碍山区群众共同富裕的首要因素。要实现共同富裕,就要推进以县城和中心城镇为载体的城镇化建设,发挥城镇产业集聚、公共服务、辐射带动等功能,彻底破解城乡二元结构和缩小城乡差距。因此,将山区群众整体性、大规模向中心城镇迁移是加速山区县城镇化的首要任务。

泰顺持续推进生态大移民18年,累计建成县级生态搬迁小区59个,安置群众26583户93644人,大移民让约占全县总人口1/4的群众实现"乾坤大挪移"。目前,全县37万人基本实现了1/3外出、1/3集中到县城、1/3集中在各中心城镇这一较为理想的人口布局,县城的城镇化率从2000年的28.7%提高到2019年的66.3%,人口的大集聚为下一步经济社会的加速发展奠定了坚实基础。同时,大移民把群众从地质灾害点等安全隐患区域转移出来,为应急排险、工程治理扫清障碍,稳步推进山区村民安居乐业。

(二)增加了村民收入渠道,加快了山区群众共同富裕的步伐

过去,村民分散深居山里,既缺乏增收的途径又没有致富的信息。偏远山区的困难群众安于现状,更缺乏脱贫致富的意识。整乡搬迁后,在集聚区,政府支持和发展新兴产业,促进创业带动就业,大力支持灵活就业。同时,统筹各类职业技能培训,健全就业公共服务体系,提高下山移民的就

业质量。完善重点群体就业支持体系，帮扶困难人员就业。通过有效市场和有为政府等手段为村民提供增收致富的信息、技能和机会，实现村民和村集体收入的快速增长。

据统计，农村常住居民人均可支配收入从2017年的15532元增长到2019年的18805元，低收入农户人均可支配收入增长到11156元，增长15%，278个村集体全部实现总收入15万元以上、经营性收入6万元以上；2020年实现所有村集体总收入20万元以上，且经营性收入达8万元以上。

（三）节约了财政资源，补齐了民生短板，实现了基本公共服务均等化

大移民让过去摊大饼式分配财政资金的方式成为历史。县里将有限的资源聚焦民生、集中使用，补齐基础设施和公共服务短板。全县中心城镇的公共产品和公共服务获得了质的提升。下山移民人人享受到了教育、医疗、卫生、就业、社会保障各方面均等化的民生服务。集中安置有效减少了留守儿童，保障了社会稳定。大移民节约了财政资源，偏远乡村不再需要投入大量水、电、路、学校、医院等建设，累计节约财政资金约9.1亿元，县里将更多的资源投放到民生领域，2019年下达社会保障和就业资金5.75亿元，同比增长11.6%。

（四）节约了土地资源，优化了生态环境

下山村民集中安置节约了2/3以上的土地资源。通过对宅基地复垦、盘活，有效地破解重大项目落地规划空间不足、安置点建设资金缺口大等问题，走出了一条农民持续增收、耕地大幅增加、环境有效改善、政企多方受益的土地整治开发利用新路。近三年通过宅基地复垦新增耕地面积871.7亩，实现低效用地再开发1154.1亩。

人口集聚以生态保护为导向,将居住在乌岩岭国家自然保护区、珊溪库区等重点生态区域和水源保护地的群众有序迁离,关停了畜禽养殖、石材加工等污染产业,淘汰了落后产能,有效减轻了生态环境压力。特别是珊溪库区周边村居整村搬迁后,温州700万名市民喝上了干净、放心的饮用水。自2005年开展全国生态环境状况评价以来,泰顺县生态环境质量一直位列浙江省前茅,曾九年位居全省第一。2019年,泰顺成功创建国家生态文明建设示范县。

三、启示前瞻

(一)以人民为中心的根本立场是破除各种障碍、推进工作走向成功的法宝

将村民从祖祖辈辈居住的大山里拽下来是艰难的。一方面,要解决村民下山后的生存问题;另一方面,还要解决村民自给自足、小国寡民的思想问题,后者更难。破解这些难题只有坚持以人民为中心的发展思想,只要把增进民生福祉作为发展的根本目的,不断改革完善政策体系,就会获得越来越多的群众的支持。群众从"不愿搬"到"抢着搬"转变,实现了山区群众共同富裕和环境保护的双赢。

(二)改革的硬骨头需要完善攻坚机制,坚持一张蓝图绘到底

18年来,泰顺历届党委、政府高度重视生态移民工作,把"下得来、稳得住、富得起"当做山区经济社会发展的指导方针,久久为功,持续发力,坚持一张蓝图绘到底和一届接着一届干。工作中,泰顺县始终把生态大搬迁作为第一民生工程,通过改革打破部门壁垒,抽调各职能部门人员集中办公、

实体运作，实现政策一个部门定、资金一个口子出，常态化攻坚，不遗余力推动生态大移民。

（三）完善基层社会治理，做好移民下山的“后半篇文章”才能让群众“住得稳”

下山群众从山民向市民转变的过程不会一蹴而就。完善迁入地的基层社会治理体系，有利于他们住得更加舒心、安心和放心。泰顺通过党群共建、资源共享、邻里共助、文明共建夯实安置小区的治理基础，给下山群众提供一个可以托付身心的家园。通过健全党组织领导的自治、法治、德治、智治融合的城乡基层治理体系，完善基层民主协商制度，建设人人有责、人人尽责、人人享有的社会治理共同体，让下山移民早日融入城镇社区，完成从农民向市民的身份转变和意识转变。

（四）产业转换是下山移民共同富裕的金钥匙

立足特色资源优势，以区域公共品牌打造、全产业链构建、产业平台融合等举措提升产业竞争力和附加值。加快产业集聚发展，推动特色优势产业由一产独秀向三产联动转变，将山区资源优势有效转化为产业优势、经济优势。同时，紧扣产业链、建强人才链，发挥乡土、乡情、乡愁的纽带作用，引导乡贤、泰商返乡投资和社会捐助，发挥三次分配的作用，推动泰顺经济与人的共同发展。

（张红军）

培训乡村振兴带头人
培育共同富裕“领头雁”

乡村振兴，关键在人；共同富裕，富民为要。2004年6月2日，浙江省委书记习近平到长兴县委党校视察，指出“农村支部书记培训班非常重要，这也是县级党校的重要任务。基础不牢，地动山摇”。17年来，长兴县委党校牢记总书记嘱托，突出系统化、专业化、精准化，每年坚持开展村书记集中培训，努力脱思想之贫、解能力之困、寻发展之策，进一步把培训理念、培训模式、培训资源输出到省内外欠发达地区，在助力脱贫攻坚、推动共同富裕的道路上贡献了党校力量。长兴县委党校的相关做法得到中央领导的批示及国内媒体的广泛关注，还在中央组织部、国务院扶贫办组织召开的东部片区脱贫攻坚干部教育培训工作推进座谈会上作典型经验交流。

早在2003年，浙江省委就出台了《中共浙江省委办公厅关于全面开展农村基层组织“先锋工程”建设的意见》，强调“以提升素质、提高能力为重点，切实加强对农村基层干部教育培训”。根据文件精神，长兴县委为进一步强化农村基层党组织建设，组建了由县委书记、分管党群的副书记、组织部部长三人亲自带队，由农村基层组织建设联系会议成员单位有关同志参加的农村基层组织建设专题调研组。通过深入调研，调研组意识到“队伍强不强，主要靠班长”，一个党支部能否具有坚强的战斗力，能否发挥好基层党组织的战斗堡垒作用，在很大程度上取决于是否有一个得力的“班长”。为此，围绕“选好人、育好人”的原则，必须抓好“班长”的政治理论、业务知识、党建知识的学习，这是强化基层党建工作的关键环节。但是，在一些基层党组织的走访中，发现还存在一些问题。如少数村书记做新形势下群众工作的本领不高、推进乡村振兴战略的能力不强、以人民为中心的思想意识不强、凝聚团队全力攻坚的能力不强，还有少数村“两委”关系不顺等。为此，县委决定把村书记培训作为重要抓手和有力手段，推进农村党组织建设，不断增强农村党组织的创造力、凝聚力和战斗力。此后，长兴县委党校每年都组织全县村书记、村主任进行轮训，通过十多年持之以恒、连续不断的专题培训，为助推乡村振兴、推动实现共同富裕实施注入了新动力。

一、主要做法

一直以来，长兴县委党校始终致力于将村书记培训视为各项工作的重心，持之以恒地推进村书记培训，加大专题课程开发力度，制定教学计划，通过理论课程与现场教学相结合的方式，把党的最新理论成果向基层干部传播开来，把乡村打造成坚实的战斗堡垒。

（一）高标站位，像培训领导干部一样培训村书记

长兴县委始终把村书记培训作为推动乡村振兴的一项战略工程，放到全县工作大局中去谋划和推进。一是“培训方案县委拍板”。突出高规格谋划、高标准落实，牢固树立“乡村兴，村书记必须强；乡村美，村书记必须专”的工作理念，坚持把村书记培训列入每年干部教育培训主体班次，县委书记审定教学计划，县委常委会专题研究培训方案，财政经费全额保障，形成县委组织部牵头抓总，县委党校具体承办，县纪委监委、县农业局、县民政局、县财政局等部门密切配合的协作联动机制，17年来累计培训村书记

5773人次，培养了一茬又一茬乡村振兴“领头雁”。二是“培训师资应高尽高”。全面落实“领导干部上讲台”，探索形成了县委书记开班动员、县长结业总结、县委和县政府分管领导及相关职能部门负责人专题讲座的授课模式，17年来县领导带头授课130余次。同时，为提升培训层次，专门邀请中国农业大学、同济大学、北京大学、上海大学、浙江大学等高校的知名专家教授为村书记授课，让“乡土”接上了“天线”。三是“培训内容紧扣主题”。突出党的理论教育和党性教育，特别是党的十八大以来，坚持把习近平新时代中国特色社会主义思想作为培训的重中之重，安排专题学习《习近平谈治国理政》《习近平关于“三农”工作论述摘编》等。2020年习近平总书记考察浙江后，县委党校第一时间将习近平总书记考察浙江时的重要讲话精神纳入培训课程，突出“重要窗口”教育，引导村书记树立“窗口”意识、强化“窗口”担当、展现“窗口”形象。

（二）靶向施策，以精准滴灌满足个性化培训需求

长兴县委党校始终坚持因人施教、因需施训，实现培训需求与培训供给的无缝对接，以精准化培训提升针对性和实效性。一是突出“一年一主题”。着眼提升培训精准性，每年深入调研，广泛征求县领导、部门、乡镇（街道、园区）意见建议，充分了解各村、各位村书记的培训需求，科学设定培训主题和教学菜单。针对需求每年突出一个主题，实施差异化培训，比如，2016年是“美丽乡村建设优秀带头人”，2017年是“新任村书记能力素质”，2018年是“乡村振兴战略”，2019年是“扶贫协作”，2020年是“决胜全面小康”。不同的主题、不同的内容，对准了学员胃口，满足了学员需求。二是把握“一村一侧重”。围绕培训主题，根据各村经济基础、村级集体经济实力，将村书记分为一、二类和三、四类，对两类不同的村书记，依据“统分结合”的原则，进行分类分层精准培训。同时，按照“1＋X”的培训方案（“1”

为党性教育、警示教育等理想信念教育类必修课,“X”为政策法规、实用技术等能力提升类课程),进行按需分类培训。比如,“决胜全面小康”培训班,除了将习近平新时代中国特色社会主义思想作为必修课,还分别设置了乡村旅游如何破解旅游资源从无到有的困境发展、乡村旅游如何实现从有到优的转型升级等两门差异化课程,通过按需分类培训,让村书记“对号入座”,根据实际有针对性地比较遴选、学习借鉴,真正起到学以致用的效果。三是坚持“一期一特色”。变“单向灌输”为“互动交流”,积极推行“体验式”“案例式”“参与式”“访谈式”培训,带领学员到新四军苏浙军区纪念馆等红色教育基地,接受党性教育,进一步坚定理想信念,牢记初心使命;组织学员到田间地头、项目工地、先进村等第一线,让“土专家”现身说法,为学员启迪思路,开阔视野;注重发挥村书记“学”与“教”的双重角色,设置“优秀村书记上台讲课”环节,介绍治村经、致富经,用身边人身边事激发村书记干事创业的热情。

(三)扬优补短,把长兴培训模式输出到结对地区

长兴县委党校始终秉承资源共享、大气开放的理念,主动“跳出围墙”参与融入大战略大发展,把村书记培训经验做法输出到省内外结对地区,助力脱贫攻坚。一是“联合办班”办出高质量。依托长兴优势资源和办班经验,坚持以村书记“联合办班”扶志扶智。2018年,举办长兴—木里东西部扶贫协作农村致富带头人培训班;2019年进一步拓展范围,主动对接邀请举办长兴—木里—庆元扶贫协作村书记培训班;2020年持续巩固强化,举办长兴—木里—庆元决胜小康村书记专题培训班。累计培训两省三地村书记188人次,探索出了一条跨地区协作联动互鉴、联训扶贫的新路子。二是“联姻结对”结成共同体。借助连续17年培训村书记的品牌效应,与安徽广德党校、怀远党校,江苏句容党校、高淳党校,山东邹平党校、高密党校

等18所县级党校签订村书记培训结对共建协议,共享优质师资、现场基地、培训信息、教学课程,广泛接受异地教学。近三年来,先后有安徽省明光市全域旅游培训示范班、江苏省丹阳市老区开发促进会乡村振兴专题培训班、山东省临沂市河东区中青年干部培训班、湖北省黄冈市乡村振兴专题班、江西省万安县乡村干部培训班、广东省县(市、区)长“实施乡村振兴战略”专题研讨班等45个班次4600余人次来长兴开展现场教学,提高了长兴培训的影响力和美誉度。三是“联营创收”创出大效益。坚持扶智扶质相结合,主动牵线搭桥,帮助建立适销对路的农产品营销点,助农增收。利用举办东西部扶贫协作农村致富带头人培训班的机会,促成长兴与木里农村致富带头人、木里农投公司签订连续三年农产品认购协议,联合成立“携手奔小康四川木里特色馆”,累计销售木里农特产品700多万元,2018年以来,接受培训的木里县村书记共培育羊肚菌种植、野生蜂蜜加工、电子商务销售等产业12个,实现销售收入近2000万元,累计帮助478名群众增收300万元,真正让软培训产生了硬效益。

二、示范看点

十多年来,长兴县委党校坚持把加强村书记培训作为强化村级领导班子建设的重要抓手,深化共同富裕实现机制,以促进履职为重点,切实提升村书记队伍的素质和能力,村书记队伍在推动发展、服务群众、凝聚人心、促进和谐等方面的能力大大增强。

(一) 突出政治站位,培植铁一般的理想信念

通过深入学党章党规、学习近平新时代中国特色社会主义思想,让村书记真正做到理论上更加清醒、政治上更加坚定,尤其在坚决拥护和贯彻

上级党委的决策部署方面，看齐意识更强。如市级“美丽乡村建设优秀带头人”、太湖图影旅游度假区横山桥村原书记温雪峰，为大家舍小家，放下自己的纺织厂，把全部精力投到乡村发展上，演绎新的“图影速度”。2015年，原煤山、槐坎、白岘三个乡镇撤并，所涉24个村的村书记坚决贯彻县委决策部署，第一时间组织召开村“两委”会、村民代表会议，第一时间签字盖章上报撤并指导组。

（二）夯实能力素质，打造贴地式的发展模式

通过多年来开展集中轮训、分类培训、实战历练等多种形式的培训，村书记在因村制宜推动发展方面，思路更加清晰，步伐更加坚实。如北汤村，在村书记汪海浪的带领下，在短短数年间，从一个村集体收入不到3万元的“市级贫困村”跃升为村集体年收入200万元的省、市明星村，村集体经济实现了从无到有、从有到优、从优到强的持续升级。又如雁陶村原书记董林祥，面对“湖羊美食街”这块吕山乡集镇的金字招牌，充分利用毗邻集镇的交通区位优势，提出打造精品民宿项目、力争成为吕山的旅游休闲示范村和特色民宿村的发展目标，精准发力让雁陶村日新月异。再如回车岭村原书记曾善烽发挥园区所在地优势，与附近的方家庄村、滩龙桥村等5个村联合申报和平仓储园区标准厂房建设项目，抱团式发展不仅缓解了园区企业仓储不足问题，120万元的厂房年租金还进一步壮大了村集体经济。

（三）坚定生态理念，以美丽村庄换取美丽经济

通过培训，让乡村振兴战略在村书记队伍中入脑入心，也更加明确了生态振兴在乡村振兴战略中的重要位置。坚持生态优先、绿色发展，让良好生态成为乡村振兴的重要支撑点，这已经成为长兴广大村书记推动农村发展的共识。如煤山镇新槐村，面对荒山、旧楼、石矿，原村书记林顺芳坚

持优化产业布局，推动农业产业与资源环境相互协调、相互促进，以“三个银行”（绿色银行、商贸银行、企业银行）为切入点，化资源为资产，让老百姓走上生态致富的发展之路。又如水口乡通过践行“绿水青山就是金山银山”理念，大力推进景区建设，形成了独具特色的乡村旅游发展道路。其中顾渚村每年缴纳税收600多万元，村集体经济收入从60多万元增加到270多万元，有效地壮大了村级财力，提高了美丽乡村经营水平。在保护中发展、在发展中保护，长兴通过发展立体农业、乡村旅游、文化康养等产业，加快推进农村产业融合发展，让“绿水青山”带来源源不断的“金山银山”。

（四）着眼乡风文明，塑造和美善治的新型乡村

乡风文明，乡村才会美丽；乡风文明，我们才会离文明社会更近一步。长兴县大力开展乡风文明建设，通过推行移风易俗整治、完善村规民约、开展文化活动引领等形式，探索美丽乡村建设新模式，以文明促乡风，以乡风促发展，逐渐形成了勤俭节约、文明和谐的新风正气。如夹浦镇丁新村，在原村书记臧小强的带领下，全面推行“全天候联系、全方位服务”的“双全服务”工作法，以看得见的行动、摸得着的实惠满足群众多样化需求。同时，还坚持按制度办事，让群众来监督，将丁新村从原来夹浦镇14个行政村中的后进村转变为长兴县新农村建设十大先进村之一，从原来的上访村转变为夹浦镇党委、政府的放心村。又如林城镇上狮村，在原村书记陈永新的带领下，坚持为公用权，实行村财务收支集体会签制，将上狮村从一个村委班子不团结、村财政混乱、村委存在着种种弊端的“问题村”，变成全国文明村、省级民主法治村。

三、启示前瞻

长兴县委党校通过多年的实践探索，在村书记培训、结对县村书记无偿培训等方面久久为功、不懈坚持，有效提高了村书记带领群众脱贫致富奔小康的本领，为推动实现共同富裕提供了可资借鉴的经验。

（一）各级领导高度重视对“领头雁”的培养

开展村书记培训、跨地区扶贫培训是中央和浙江推动区域协调发展、推进共同富裕建设的重大举措。多年来，长兴县委始终把村书记培训作为推动乡村振兴的一项战略工程，放到全县工作大局中去谋划和推进，长兴县委党校始终把村书记培训班放在重要位置。“基础不牢，地动山摇”，从2002年以来，村书记培训每年列入党校主体班次，县委书记亲自修改审定教学计划，县委常委会专题讨论研究确定实施方案，明确县委常委、组织部部长和分管农村工作副县长为主体班牵头领导，县委组织部、县民政局、县委党校为牵头部门，各乡镇（街道、园区）都安排一名班子成员全程跟班。培训期间，县委书记、县长带头授课，县委常委和其他县领导结合分管工作开展专题辅导。长兴县委党校牢记习近平总书记嘱托，持续开展村书记精准化培训、精准化对口帮扶，也表明基层村书记培训应搭建一个能够增进了解、学习提高、交流沟通的平台，培植一批共富型“领头雁”。

（二）重点引导农村带头人思想上的转型

对于基层党校来说，由于自身的地位和角色，没有资金、没有资源帮助贫困地区，只有充分发挥自身特殊作用，从扶志、扶智和扶能入手，努力做到“授人以渔”。因此，在共同富裕的新征程上，党校要在思想扶贫、能力扶贫上发挥作用，努力脱思想之贫、解能力之困、寻发展之策，全力培育打造“在党为党、懂农爱农”的村书记队伍，让越来越多的村书记成为治理能手、致富高手，越来越多的“布鞋”变“皮鞋”、“穷村”变“富村”。长兴县委党校十多年来持之以恒开展村书记培训的经验表明，实现共同富裕首先要从思想上脱贫，让村书记鼓舞斗志，在基层工作中充满信心，对于他们发挥好带领群众实现共同富裕的作用是极有意义的。

（三）高度重视培训内容的针对性、时效性

习近平总书记指出：“要加强基层党组织建设，选好配强党组织带头人，发挥好基层党组织战斗堡垒作用，为乡村振兴提供组织保证。”站在新时代的新起点，长兴县委党校牢记习近平总书记的指示，在村书记培训上，坚持因人施教、因需施训，实现培训需求与培训供给的无缝对接，以精准化培训提升针对性和实效性。通过创新举办三县“扶贫协作”村书记培训班，以“需什么就学什么、缺什么就补什么”为培训原则，以壮大村级集体经济、帮助低收入农户增收致富的长兴实践、长兴经验为培训内容，坚持理论知识与现场教学相结合、专题教学与经验介绍相结合、教育培训与实践参与相结合，给村书记搭建了一个交流互鉴、学习提高的平台，取得很好的培训效果，为脱贫攻坚贡献了党校力量。培育共同富裕“领头雁”，要注重靶向施策、因势利导，多投入“启发式”“案例式”培训，让学员学有所悟、学有所思、学有所得。

（四）从严加强对村书记培训的管理和监督

长兴县委党校坚持贯彻“党校姓党”和“从严治校、从严治学”，敢于碰硬当真，坚持“以查促学、以管求效”，从严加强对村书记培训的管理和监督，力求培训取得实效。对于站上讲台的教师，长兴县委党校制定教师上

讲台“十不准”,列出负面清单,实行考核一票否决,对外请老师也实行课前告知、课中监督、课后评价的机制。对于台下听课的学员,培训期间采取封闭式管理的办法,严格考勤、考纪和请销假制度,认真执行考勤情况通报制度;严肃课堂纪律,上课不准吸烟、不随意讲话和外出;培训期间无事不准外出,原则上不得请假,确属客观原因的,必须经过乡镇党委出具事由证明和县委组织部批准。培训结束后,将每年村书记培训班的出勤率、优秀率等情况在全县进行通报,并纳入乡镇、村年终考核、评先评优的重要标准,表明村书记培训要多从思想源头抓起,让培训实现从被动应对转向自主学习。

(姚源平　殷荣林　于佳秋　尹维杰)

山海协作：精准帮扶绘就共富新蓝图

山海协作工程是习近平同志在浙江工作时作出的重大决策部署，是“八八战略”的重要内容之一。深入实施山海协作工程，是解决地区发展不平衡不充分，推动区域协调发展的有效举措。进入中国特色社会主义新时代，浙江省第十四次党代会报告中明确提出，要“充分发挥山海并利优势，着力打造山海协作工程升级版”。2018年1月，《关于深入实施山海协作工程促进区域协调发展的若干意见》出台，进一步明确工作目标和要求。2月召开的浙江省农村工作会议上，时任浙江省委书记车俊指出，要“深入实施山海协作工程，全面实施低收入农户全面小康计划，大力消除集体经济薄弱村三年行动计划”。山海协作工程在新时代已内在地与脱贫扶贫、“消薄”等时代主题有机嵌合起来，获得了新意涵与新使命。

嘉兴平湖市地处浙江省杭嘉湖平原东北部，南濒杭州湾，东临上海市，县域经济发达；丽水青田县地处浙江东南部，境内溪谷纵横、山峦连绵，素有“九山半水半分田”之称，是著名的华侨之乡。早在2003年，平湖市就与青田县结成友好县市，2015年正式成为山海协作结对县市，两地在结好结对的十余年时间里始终保持着良好的协作关系。2016年以来，平湖给予青田帮扶资金达到693万元，主要用于扶持农户饮水保障、通村道路硬化、桥梁修复等基础设施建设，协作模式比较传统单一，以“输血型”为主。2017

年6月,平湖市结合本地工业经济发达、土地指标严重紧缺和青田县生态良好、资源丰富但村级集体经济薄弱的现实,将青田县156个经济薄弱村复垦的300亩土地指标,“飞”到平湖最热门的区块、国家级平湖经济技术开发区的德国产业园建设“飞地”产业园,以此促进经济薄弱村的发展壮大。此举拓宽了浙江省山海协作工程的实践外延,形成精准帮扶理念下的山海协作“飞地抱团”模式。

2021年6月,中共中央、国务院出台了《关于支持浙江高质量发展建设共同富裕示范区的意见》。浙江省经过多年发展积累和实践探索,已成为全国区域发展最均衡、城乡收入差距最小的省份之一。然而,山区26县依然与全国、全省平均发展水平存在差距,其中一些县城镇居民人均可支配收入仍低于全国平均水平。差距即是潜力。深入推进山海协作工程,念好新时代“山海经”,推动山区26县跨越式、高质量发展,正是浙江探索建设共同富裕示范区的重中之重。山海协作“飞地抱团”模式作为一种有效的精准帮扶模式,实质是先富带后富帮扶机制的有益探索。它的普及和推广,对当前缩小城乡区域发展差距,实现共同富裕具有重要的借鉴意义。

一、主要做法

平湖市和青田县,打破原有行政区划限制,全方位整合资源要素,在平湖经济技术开发区共建全省首个跨县(市)山海协作“飞地消薄”项目(规划用地面积300亩,首期用地50.3亩,投资额1.95亿元,2018年3月项目启动,2019年12月全面竣工使用),导入共同谋划、共同建设、共同经营、共同享有的开发机制,形成唇齿相依的命运共同体,使面向大海、紧邻上海的平湖与倚靠青山、坐拥绿水的青田结成一条心、拧成一股劲、共下一盘棋、同筑一个梦,真正实现同频共振、共创双赢。

（一）党建引领，绘就“消薄”共赢蓝图

平湖市和青田县两地党委、政府将帮扶“消薄”工作作为重要的政治任务来抓。市（县）委书记亲自谋划推动，围绕深化山海协作、“消薄”共奔小康达成共建集体经济发展项目、增加农村经营性收入的合作共识，绘就了一张山海协作、资源互补、合作共赢的“消薄”蓝图。平湖市和青田县在建设山海协作“飞地”产业园的基础上，建立耕地占补平衡指标、旅游疗休养以及招商引资等合作共享机制，实现招商引资、民生改善、产业开发等多个领域的深化合作。同时，依托平湖的资金、技术、人才等优势和青田优越的自然生态和华侨、石雕等历史人文资源，共同打造平湖、青田山海协作生态旅游文化产业园，全面做深做实山海协作精准帮扶，实现可持续发展。

（二）抱团发展，做强“消薄”共赢项目

在平湖青田山海协作“飞地”产业园项目合作中，青田县组织265个村集体抱团成立农村集体经济联合发展公司，平湖通过挂牌出让方式将“飞地”产业园用地出让给青田农村集体经济联合发展公司，耕地占补平衡指标由青田落实。青田农村集体经济联合发展公司在国家级平湖经济技术开发区分期建设包括科创中心、科技孵化器、众创空间等平台在内的产业园，首期用地面积50.3亩，建设总建筑面积41821.35平方米的高标准厂房3幢，重点引进高科技型企业和信息、环保、高端制造业等省八大万亿产业，推动形成了两地发力、百村组团办大事的格局。

（三）“三供三保”，创新“消薄”共赢机制

创新推出项目建设“三供三保”机制，由青田县供土地指标、供钱投资、供人管理，平湖市保障落地、保障招商、保障收益，确保项目早产出、早收

益。成立平湖青田山海协作“飞地”产业园项目联席会议制度，由双方主要领导作为召集人定期召开会议，共同研究解决项目推进过程中的重大问题。建立干部和专业技术人员互挂互派制度，互派6名干部挂职，确保两地产业园建设一班人马、一抓到底。专门成立平湖青田山海协作“飞地”产业园项目推进领导小组，组长由平湖市领导担任，副组长由市委组织部、市发改局、平湖经济技术开发区三家单位主要领导担任，并结合“最多跑一次”改革开通项目审批“绿色通道”，开展干部“红色代办”，保障项目高效流转、联审联办，快速服务项目落地。

（四）稳定收益，输好“消薄”共赢活血

为化解“远水难解近渴”的矛盾，根据协议约定，采取包租固定回报和基金扶持的方式保证村级集体经济快速收益、长期收益。“飞地”产业园项目一期投资额1.95亿元，2019年8月建成，前五年青田县265个村每年可获得实际投资总额的10%，即1950万元的投资固定收益；后五年的帮扶资金为厂房实际租金加园区企业税收地方所得部分的50%。“飞地”产业园项目的建设，实现了对青田经济薄弱村兜底“消薄”，截至2018年底，青田县经济薄弱村已经实现全面转化。

二、示范看点

山海协作“飞地抱团”模式实施以来，产业园为青田县参投的经济薄弱村年增收约1620万元，村年均增收6.11万元。该模式也因此先后入选浙江省26条改革典型经验、浙江省精准扶贫十大案例和浙江省共同富裕28个试点项目等，并被写入浙江省委、省政府出台的《关于推进村级集体经济“飞地”抱团发展的实施意见》，在全省推广。山海协作“飞地抱团”模式的

创新之处，在于将山海协作工程与集体经济薄弱村的发展壮大直接关联，突出以山海协作推进集体经济薄弱村脱贫致富，实现以局部重点扶持脱贫带动全域协调发展，开辟了山海协作精准帮扶的新思路新途径，有效解决了城乡区域经济发展不平衡、薄弱村兜底后反弹等难题，具有重要的现实意义。

（一）发展壮大村级集体经济，是实现共同富裕的一帖良方

山海协作“飞地抱团”模式，创新建立“三供三保”机制，帮助青田县156个经济薄弱村实现“精准脱贫”，是村级集体经济发展从“输血”到“造血”再到“活血”的成功飞跃，是平湖市作为沿海经济相对发达地区担当帮扶带富责任的重要举措，是推动集体经济薄弱村全面整转、高水平全面建成小康社会的迫切需要。“飞地”强村模式，不仅给青田县带去了经济收益，更重要的是带去了新思路和新理念。目前青田已在县域范围内复制推广平湖的“飞地”模式，极大地促进了本地村级集体经济的发展壮大。

（二）全面深化山海协作，是推动区域协调发展的一把钥匙

山海协作“飞地抱团”模式，将平湖“海”的区位、产业、技术等优势与青田“山”的要素、资源、生态等优势结合起来，让青田的“绿水青山”变成“金山银山”，切实解决区域之间发展不平衡、不充分的问题，是两地坚定不移地走“八八战略”指引路子的生动实践，是创新拓展区域协调发展工作内涵的有益尝试，对于全省乃至全国深化山海协作、推进区域统筹发展都具有积极的示范意义。

（三）巩固党在农村的执政基础，是推进乡村振兴战略的一个创举

组织振兴是实现乡村振兴的根本保障，没有坚强有力的基层党组织就

不可能实现全面振兴的目标。山海协作“飞地抱团”模式，坚持党建引领，党委牵头，政府部门具体实施，撒下一把“黄金米”，增强了村级班子的凝聚力战斗力，让村党组织在推动农村改革发展、带领农民致富、服务改善民生、推进美丽乡村建设、维护农村和谐稳定等方面的领导作用更加明显，农村基层基础更加稳固，为实现农业强、农村美、农民富的奋斗目标提供源源不断的新动能。

三、启示前瞻

当前，随着浙江省高质量发展建设共同富裕示范区的推进，解决地区差距成为探索实现共同富裕的主攻方向之一。平湖市探索的山海协作“飞地抱团”精准帮扶模式，立足两地实际，创新机制，做到靶向明确，对症下药，实现了“四个转变”和“四个突出”，走出了一条先富帮后富和区域协调发展的新路子，为推进山区26县跨越式高质量发展，开展东西部对口协作工作，加快缩小城乡区域发展差距，迈向共同富裕提供了生动的实践样本。

（一）帮扶思路注重从“一时脱困”向“长效脱贫”转变，突出帮扶效果的可持续性

长期以来，传统的山海协作以公共基础设施的项目居多，“造血”型或者帮助“活血”型项目偏少，这种思路虽然使帮扶对象的道路交通基础设施不断完善，教育、医疗等公共服务供给水平得以提高，但也出现脱贫奔小康的“耐力”不够、后劲不足的困局，很多是“一锤子买卖”，脱贫成效经受着“可持续”的考验。平湖的“飞地”模式，以股份制的形式共同推进产业融合、空间耦合、资源整合、要素聚合、功能复合，让生态的归生态、产业的归产业，形成了山海并利、山海共赢的良好发展局面，“山”和“海”共同走向高

质量发展。“飞地抱团”模式已经从单一的项目投入转向多元的产业发展，实现了从“一时脱困”向“长效脱贫”的转变。

（二）帮扶方式注重从“粗放漫灌”向“精准滴灌”转变，突出帮扶策略的针对性

过去，受地方政府的认知和主观能动性发挥等因素的影响，山海协作侧重于通村道路硬化、桥梁修复和文化设施建设等民生项目扶贫。这种方式由于缺乏针对性，难以从根本上解决贫困。平湖与青田通过“飞地抱团”，跳出“大水漫灌”式的协作，坚持从实际出发，因地制宜地找症结、开方子。如针对低收入农户缺乏脱贫资金的实际，2018年平湖和青田探索开展山海协作“飞地”项目低收入家庭持股增收工作，帮助低收入农户获取稳定收益，开辟了低收入农户增收新渠道。山海协作“飞地抱团”以更加明确的目标、更加对路的政策、更加有力的举措和更加扎实的行动，实现了扶真贫、真扶贫、真脱贫。

（三）帮扶机制注重从“我给你取”向“同心协力”转变，突出帮扶主体的能动性

协作不是援助，而是互助，协作成效的取得离不开协作双方基层党员干部主观能动性的发挥和调动。过去的山海协作过于注重物质层面的给予，忽略了精神层面的共振，影响了协作成效。山海协作“飞地抱团”模式的创新之处，在于平湖在帮助青田消灭“薄弱村”的过程中，对于“飞地”产业园强村项目，并不是由自己一手包办，而是双方在遵守“三供三保”机制下展开；双方还成立了产业园项目联席会议制度，由双方主要领导作为召集人定期召开会议，共同研究解决项目推进过程中的重大问题。上述机制通过充分发挥各自的比较优势，让落后地区的发展扎实建立在自身有利条

件的基础之上，充分调动了青田村干部的积极性，提高了其发展能力。据调查，青田县参与“飞地”项目的265个村，瞄准闲置的校舍、宅基地、房前屋后杂地，全力复垦挖潜。这既实现了土地资源的集约高效利用，又保护了青田的生态环境。

（四）帮扶领域注重从“跨界走亲”向“全域走心”转变，突出帮扶过程的引领性

山海协作要发挥党建的引领作用，实现党建引领在协作领域的全覆盖和协作过程的全贯穿。平湖和青田以“大党建”思想为引领，纵向上构建起市县“飞地”、镇街结对、村企共建的“1＋9＋X”对口专题合作机制，形成纵向到底多层级对接；横向上相继签订教育、卫生健康、旅游、总工会、人力社保、农业经济、文化战略、侨联等多份战略合作协议，构建了平台共建、项目共孵、资源共享、利益共创的协作体系，实现横向到边全领域推进。这种全方位、多领域、立体化的“全社会”协作，促进了要素顺畅流动转移和村级集体经济发展壮大，让农村基层党组织有钱办事、有能力办事，激发了村干部的干事激情，全面提升基层党组织的组织力，筑强基层战斗堡垒，强化基层党组织的领导核心地位。

（曾现锋）

借力山海协作，加快步入发展快车道

山海协作工程是浙江省推进区域协调发展的一项重大战略，最早于2002年开始实施，至今已有20个年头。在全面建设社会主义现代化的历史征程中，浙江发布《支持山区26县跨越式高质量发展意见》，形成了全省范围内的山海协作升级版。衢州在山海协作升级版建设中，通过共建乡村振兴示范点、建设“消薄飞地”、展开消费帮扶的政府主导模式与山海协作产业园企业发挥市场作用的企业帮扶模式，使协作地区人均收入显著提高，成为打造共同富裕示范市的典型样本。

衢州山海协作工程的发展有着较长历史，先后经历了“两个转移”阶段（2002—2006）、资源与产业合作阶段（2007—2012）和共建山海协作产业园阶段（2013—2017）。2018年开始，衢州山海协作工程开始迈入攻坚阶段。据有关部门统计，2020年度，衢州市新签约山海协作产业项目236个，其中亿元以上项目62个；实现消费帮扶1.63亿元，实现培训转移就业9155人次。2021年，《衢州高质量发展建设四省边际共同富裕示范区行动计划（2021—2025年）》发布，提出：“打造山海协作升级版……开展山海协作乡村振兴示范点建设，深入实施教育、医疗卫生‘山海’提升工程，加快构建全方位、多层次、宽领域的山海协作新格局。”这为共同富裕背景下的衢州山海协作模式的升级奠定了政策基础，并引领新时期的山海协作新实践。

一、主要做法

山海协作工程经过20年建设积累，衢州经济步入发展快车道，呈现出加快发展的好势头。在浙江省山区26县跨越式高质量发展政策的背景下，衢州市进一步与杭州、宁波、绍兴、嘉兴等市携手同行，通过多种创新举措，推动山海协作工程谱出发展新篇章。

（一）山海协作工程的创新做法

第一，推进山海协作产业协作和市域融合。产业协作方面，衢州在以往引进海康威视、金瑞泓微电子、华友钴业等山海协作重大项目的基础上，继续加大引进力度。市域融合方面，正在不断推进杭衢一体化的基础设施建设，杭衢高铁（衢州段）正在加速建设，钱塘江诗路之旅也完成首航并常态化运行；衢甬合作不断深化，正在加强衢江港区、四省边际多式联运枢纽港等港口物流合作。

第二，推进山海协作产业园建设升级。2012年，衢州市的柯城—余杭、衢江—鄞州、龙游—镇海、江山—柯桥、常山—慈溪山海协作产业园被列为省级山海协作产业园。2015年，衢州打造了全省首个非工业协作示范区——开化—桐乡山海协作生态旅游文化产业示范区，至此衢州6个县（市、区）全部完成山海协作工程的对接。衢州的5个工业产业园将继续加大基础设施投入，提高社会性投入的比例，继续在省级工业类产业园绩效评价上获得优异成绩。生态旅游文化产业园方面，以开化—桐乡山海协作生态旅游文化产业示范区为例，该区是浙江省目前16个非工业山海协作园区中最早探索生态旅游文化产业项目的园区，按照“一园多点”布局，已有多个项目正在建设推进中，其中文化创意休闲街项目计划通过招引社会资本进行开发建设；在打造“多点”进程中，该园将开化县的一些村庄列入山海协作产业园第二类多点补助计划，进行治水造景、修桥筑路。无论是工业产业园还是生态旅游文化产业园，在山海协作产业园建设中都将产业数字化、智慧化改造作为重要抓手，积极打造百亿级产业园。

第三，完善山海协作“产业飞地”新模式。山海协作“产业飞地”是在省大湾区新区、省级高能级平台等相关产业发展平台中，为山区26县布局面积不小于1平方千米、以先进制造业为主的“飞地”。2016年，衢州海创园正式在杭州开园，成为浙江首个跨行政区建设的创新“飞地”，形成“孵化在杭州，产业在衢州”的新模式。衢州市贯彻落实《浙江省人民政府办公厅关于进一步支持山海协作“飞地”高质量建设与发展的实施意见》精神，衢州市协作中心（现为市招商投资促进中心）于2021年3月初赴杭州、绍兴、宁波、嘉兴等地，实地考察相关平台园区，与结对市、县开展面对面交流。目前，衢州市6个县（市、区）均已达成山海协作“产业飞地”框架协议，形成6个山海协作“产业飞地”：柯城—杭州临平，衢江—宁波鄞州，龙游—杭州钱塘，江山—绍兴柯桥，常山—宁波慈溪，开化—绍兴滨海新区。其中，慈溪—常山山海协作“产业飞地”成为全省首个实现项目开工的“产业飞地”。通过建设“产业飞地”，有助于“飞出地”开辟税源增收渠道、促进产业融合整合、增强内生发展动力，为打通“绿水青山就是金山银山”转换通道、加快推进跨越式高质量发展探索新模式、搭建新载体、开辟新路径。

（二）县（市、区）域的典型做法

在衢州，各县（市、区）通过采取不同举措展开新时期的山海协作实践。

在“山海协作—乡村振兴”示范点建设方面，柯城区与杭州共建乡村振兴示范点，形成了“柯城区林木期权认购—杭州协作”的绿色期权模式和

“张西村共享型乡村旅居产业—余杭区协作”的张西模式，使村民人均年收入由万元以下增加到数万元。2020年11月，柯城区又通过实施余杭—柯城山海协作“消薄飞地”项目，共投入扶贫资金3284万元，量化股权到86个欠发达村，购买余杭未来科技城柯创园3609.16平方米物业，作为柯城区在余杭区的“消薄飞地”。柯创园通过招引企业入驻，获得稳定的物业租金和税收收入，并确保每年收益反哺欠发达村。

在挖掘乡村特色资源方面，龙游县通过做宽“特色＋产品＋农业”，赋能乡村产业链条。以“两江走廊诗画风光带”片区镇海—团石山海协作乡村振兴示范点为例，龙游县对团石村特色农产品进行品牌化、精品化，至2021年9月已实现农特产品销售额25万余元，全年预计带动村集体经济增收10余万元。以临安—浦山乡村振兴示范点为例，该示范点乡村体验点（如乡旅景点、农家乐、民宿等）等文旅项目，引导组合形成具有市场导向的农文旅套餐产品，至2021年9月，浦山村景区已实现经营性收入600余万元，全年预计带动村集体经济增收30余万元。

在社会协作领域方面，开化县形成了典型做法。该县加大自身建设力度以及与结对地区的教育医疗合作。以开化—桐乡山海协作产业园为例，该产业园由“一园”和“多点”组成，其中“一园”中的县公共文化广场由图书馆、博物馆、文化馆、青少年宫、城市规划展示馆、档案馆构成，项目占地面积约49.7亩，于2018年3月开工建设，目前已有两个馆正式运营。开化县推进新时代城乡教育共同体建设，调整升级20对共建型教共体，43所农村小规模学校和乡镇初中提前一年实现“互联网＋义务教育”全覆盖。推进县级公立医院综合改革，推进“医共体＋医联体”两体共融。县人民医院与浙江大学医学院附属第二医院再续五年合作，县妇幼保健院成为浙大医学院附属儿童医院协作医院。

二、示范看点

衢州山海协作工程在以往发展和2021年模式升级的基础上取得了一定成效，对衢州经济社会发展产生了深远影响，同时也为浙江省高质量发展建设共同富裕示范区提供了重要示范。

（一）山海协作通过推动衢州经济发展，缩小了浙江各地区之间的差距

通过山海协作，实现结对帮扶，促进了衢州农业发展尤其是贫困农村加快发展。以杭州市结对帮扶衢州市衢江区为例，近年来的帮扶和经济合作力度越来越大。在帮扶方面，从2009年起，杭州市设立财政专项资金对衢江区农业进行帮扶。另外，杭州市所辖的区、县和街道每年也有一定数量的帮扶资金，帮助衢江贫困乡镇进行新农村建设。在产业合作方面，根据衢江的资源优势，杭州市政府部门有针对性地组织粮食、肉类、竹制品、柑橘、苗木、蔬菜等农产品加工和贸易流通企业到衢江开展对接，寻找优势互补的对接点。在经贸合作方面，杭州市优质农产品迎新春大联展免费为衢江重点农业企业提供展销摊位，为衢江的农产品打入杭州都市经济圈创造机会。

通过山海协作，加快产业转移，促进衢州工业经济加快发展。工业越来越成为衢州经济增长的主要带动力量。然而，衢州工业基础比较薄弱。在山海协作中，衢州市着力在工业项目上与发达地区展开合作，借助发达地区的优势资源加快发展。从成效来看，2020年，全市新签约山海协作产业项目236个，其中，亿元以上项目62个，10亿元以上项目8个，到位资金173.82亿元（含前两年项目结转到位资金），完成全年任务的115.88%；实现

消费帮扶1.63亿元,完成年度任务的163%;实现培训转移就业9155人次,完成年度任务的228.88%。

(二)山海协作通过加快衢州产业转型,丰富了浙江产业共富的路径

山海协作工程以大平台建设推动了产业集约化发展。2002年以来,为了有效节约资源和保护环境,实现集约化发展,衢州市突出规划引领,重点推进省级开发区和重点乡镇工业功能区建设,形成了以“市区工业新城—省级工业园区—乡镇工业功能区”为主体的工业空间平台体系,产业发展的空间不断拓展,园区基础设施投入和企业投入、园区产值规模不断攀上新台阶。

山海协作工程以大产业培育推动了经济转型升级。衢州市充分利用已有的产业和资源基础,有目的地从发达地区引进一批龙头型、科技型、资源集约型和环境友好型项目,培育新的主导产业,推动传统产业的技术改造和升级换代。如衢州的光伏太阳能产业,就是通过引进山海协作项目培育而成的。山海协作助推衢州产业转型升级取得明显成效,培育壮大了以氟硅新材料、先进装备制造、电子信息和新能源为主导的四大战略性新兴产业,改造提升了金属制品、特种纸、新型建材、绿色食品四大传统优势产业。四大战略性新兴产业产值占工业总产值的比重和新产品产值均得到较大增长,同时产业转型升级也带来了生态环境的巨大改善。

(三)山海协作通过提升衢州社会发展水平,提高了浙江公共服务领域的均衡度

与发达地区开展多层次的合作,促进了衢州教育事业的发展。在政府层面,2012年8月,衢州市教育局与宁波市教育局签署了教育山海协作框架

协议，确定了连通两市教师资源网、各级各类学校结对、教育人才挂职、协作共建综合实践基地、宁波帮助指导建设衢州网络教育电视台等合作项目。从学校层面，大学、中学、小学直至幼儿园，都与发达地区开展了多种形式的合作。2020年7月，浙江大学工程师学院衢州分院实验实训基地和衢州研究院中试实验室建设工程在衢州绿色产业集聚区正式开工，现已正式成立，已有数十名硕士研究生入驻；与中央美院共建的中央美院附属衢州中学项目开工建设；与温州医科大学成功签署战略合作协议。

与省内名院共建，整体提升了衢州医疗水平。卫生事业的山海协作，快速提升了衢州市的医疗水平。2020年4月，衢州市与树兰（衢州）医院项目举行签约仪式，总投资4亿元；衢州市携手阿里巴巴集团钉钉公司，量身打造衢州钉钉未来医院医共体协同服务平台，在医联体市级医院和县域医共体成员单位全面上线运行，有效服务于医联体、医共体行政办公、人事、业务培训的一体化管理，被列入省政府数字化转型创新示范项目。杭衢两市卫健委通过签署新一轮合作协议，围绕数字化、信息化合作，全面开展了医疗健康信息化（钉钉未来医院）协作，取得了一定成效。

"走出去"的同时"引进来"，引进了发达地区的科技资源。以衢州海创园为例，其选址的杭州未来科技城具备海创基地、人才驿站、招商窗口、形象载体、融资平台等功能，成为人才"工作生活在杭州、创业贡献为衢州"的山海科技协作新模式。衢州慧谷工业设计产业基地选址衢州绿色产业集聚区，吸引全省乃至全国有影响力的工业设计机构入驻。"创新飞地"是山海协作的主平台和产业转型的重要引擎。衢州大力推动海创园、科创园、"绿海飞地"等"飞地"建设，将"最多跑一次"体系导入平台，进一步打通人才政策体系，推进人才（企业）服务综合体建设，完善项目"孵化＋加速＋产业化"全产业链创新孵化培育体系。目前，海创园二期基本完成结构主体施工；3个"飞地"现有企业81家，科研平台2家，硕博人才119人。

三、启示前瞻

（一）山海协作工程的实施推进，要采用合适的协作方式

促进区域经济协调发展是我国社会主义现代化建设的重要任务，是政府和社会各方面的共同责任。具体来讲，在山海结对帮扶的具体方式上，山区县通过各种途径把本地区的资源、生态优势同发达地区的资金、人才、技术等优势有机结合起来，而发达地区在协作中拓展自身的发展空间，进而为内部产业结构的优化升级创造条件，输入地和输出地将各自的比较优势转化为现实生产力，这有效地加速了两地之间的产业协作和融合。

（二）山海协作工程的成效取得，要处理好政府与市场的关系

政府、市场和社会是推动区域协调发展的力量。山海协作发展势头之所以一浪高过一浪，就是因为既注重发挥政府的推动作用，也注重发挥市场的主导作用，做到了两者的协调统一。山海协作工程不是简单的“单向帮扶”，更不是“富帮穷”，而是要在协作中充分实现互利多赢。协作中要注重市场机制的决定作用，把山区县的资源、生态等优势与沿海地区的资金、人才等优势进行深度结合，调动输入地和输出地的积极性，在优势互补、合作共赢中实现互动发展。在山海协作工程的发展过程中，相关工作除了要讲经济，也要讲政治。衢州山海协作工程所获得的发展和取得的成效，在很大层面上靠的是政治责任。政治责任是包括山海协作工程在内的党委、政府一切工作的核心动力。具体而言，“山”和“海”两方都要在政治上树立大局观，做好区域协调发展这篇大文章。为此，输入地和输出地两方都要负有共同的政治责任，只有把政治和经济结合起来，山海协作才会有源源

不断的动力。

（三）山海协作工程的长远运行，要关注可持续发展这篇文章

由于发达地区和加快发展地区分属不同的行政区域，各自有着不同的经济利益和政绩追求。单方援助是区域协调发展的低级形式，衢州山海协作最初也经历了这样一个过程。比如发达地区为衢州地区的教育、卫生、慈善事业捐款捐物，帮助贫困乡村修建康庄大道和村级组织活动场所或援建一些项目。然而，这种扶贫式的协作，加快发展地区缺少内在的持续动力；加快发展地区感觉扶贫资金是杯水车薪，无法满足“造血”的需要。为此，在山海协作工程升级中，加快发展地区要进一步提升内在发展动力，通过自身“造血”和外部“输血”的深度结合，实现协作的可持续发展。

（四）山海协作工程的发展升级，要纳入区域协调发展的战略布局

必须要在立足当前的基础上着眼长远，随时拓宽发展思路，要在实施山海协作工程中树立战略思维。客观来讲，由于空间区位、资源要素、历史基础等多方面原因，同一个省级行政区域内，总有发展快的地方和发展慢的地方，正如“十个指头有长短，荷花出世有高低”一样，区域之间的发展差距也会长期存在。在社会主义现代化的历史征程中，难点、重点都在山区县。为此，要在实施山海协作中扩展发展思路，以改革创新为动力，推动山海协作再上新台阶。

（成鸿静）

传承大陈岛垦荒精神
建设民富岛美的“东海明珠”

缩小地区差距，加快实现区域协调发展，是浙江高质量发展建设共同富裕示范区的三大主攻方向之一。大陈岛位于台州湾东南方，距台州市中心54千米，是台州市椒江区唯一的海岛镇，一江山岛战役、大陈浩劫、青年垦荒三大历史事件使其成为浙江最有故事的红色岛屿，但因距离陆地较远、基础设施落后、公共服务短缺等多种因素，大陈岛的经济社会发展状况较长时间落后于台州总体水平。近年来，为缩小陆岛发展差距、让海岛居民共享更多发展成果，台州市牢记习近平总书记建设“小康的大陈、现代化的大陈”的嘱托，弘扬大陈岛垦荒精神，以新发展理念为引领，坚持陆海统筹、山海互济，通过打造畅通高效的陆岛交通开启致富路、共建海岛旅游与特色渔业富裕岛民、加强生态保护建设美丽海岛、突出发展成果共享增强获得感、弘扬垦荒精神实现精神富有等有效举措，走出了一条产业强、海岛美、人民富、民生优、文化兴的新时代海岛高质量发展的共同富裕之路，持续推动大陈岛向民富岛美的“共同富裕先行岛”迈进。

2020年，大陈岛海洋经济总产值8.17亿元，财政总收入2125万元，分别为2006年的3.3倍、9.3倍；接待游客14.5万人次，农家乐（民宿）200多家，旅游总收入1.6亿元，居民人均可支配收入达53839元，60项小康指标全面完成；先后被评为全国文明镇、国家AAAA级旅游景区、全国百家红色经典景区等。60多年前满目疮痍的大陈岛，变成了今天民富岛美的“东海明珠”。

一、建设民富岛美大陈岛的主要做法

（一）不断完善关键基础设施，开启致富路上“第一公里”

以加强陆岛交通、水、电的建设为支撑点，全面提升基础设施保障水平。一是开通陆岛、岛际航班，新增对外交通客货运船只，缩短陆岛时空距离。2006年，开通“庆达号”快速客轮。2017年，引进“海钜号”双体高速客轮，上、下大陈恢复常态化通航。2018年，新开金清至大陈航线，陆岛行程缩至45分钟，开通具备夜航能力的“东镇山”号客轮，大幅降低居民往返椒江至大陈的费用。二是分段、分步建设岛上交通。历时15年完成环岛公路建设；2012年，成立大陈岛公交公司，实现公交运营常态化；2018年，新能源景区观光车替代燃油汽车，实现游客一票制和岛民免费乘坐。三是新建或完善水、电设施，为开发建设提供动力支撑。2007年，引入社会资本，建成总装机容量25.5万千伏的风电项目。2009年，35万伏海底电缆实现成功并网，有效缓解了岛上居民“用电贵、用电难”的困境。近年来，持续改、扩建自来水厂、新建海水淡化项目，更新完善供水管网建设，不断提高饮用水水质。

（二）积极发展海岛旅游和黄鱼养殖，持续做大创富增富产业

大力实施旅游景观开发，持续完善旅游软、硬件设施建设。2011年以来，相继建成和开放军事记忆体验区、青春广场、渔民公园、和平广场、垦荒广场等一批特色景点。2017年，对乌沙头、甲午岩核心景区、梅花湾景区进行提质升级，开工新建青垦文化旧址公园、青垦文化纪念馆、两岸乡情文化公园等人文景点。同时，不断完善旅游标识、旅游公厕、综合码头、公交班

次与站点、停车场等旅游配套设施,提高游客旅游便捷性、满意度。积极争取发展渔家乐的优惠政策,扶持民宿发展,成立渔家乐(民宿)行业协会,强化食品安全卫生日常巡查,确保渔家乐、饭店食品安全卫生。

做大做强黄鱼养殖,延长黄鱼产业链。通过技术升级、品质升级,推动大陈岛黄鱼养殖从普通网箱到深海抗风浪网箱的转变,实现"更健康、更优质、更环保"的生态养殖理念。黄鱼养殖企业的成立和养殖项目的大量落地,新增了养殖、捕捞、运输等环节的用工需求,极大解决了转产转业渔民的再就业问题。以黄鱼养殖体验、农家乐餐饮、捕捞与美食制作直播、黄鱼彩绘、体验黄鱼文化等方式,不断延长黄鱼致富产业链。

(三)加强生态保护和城镇综合治理,建设生态宜居海岛

始终把保护海洋生态环境作为开发建设中的重要任务。早在"十一五"时期,大陈岛就确定了"建设生态海岛、美化海岛,发展生态产业"的工作思路,设立面积为21.6平方千米的"洋旗—竹屿"省级海洋生态特别保护区,成立特别保护区管理机构,保护岛礁资源。"十二五"时期,完善生态保护规划,积极推进生态工程建设,深入开展"811"环境保护新三年行动,按照"生态岛、休闲岛、能源岛、青春岛"的要求,提高产业准入门槛,着力改善生态环境。"十三五"时期,推动绿色低碳发展,积极创建国家级首座零排放生态示范岛,启动2020年蓝色海湾生态修复工程,开展海上垃圾常态化管理。

持续推进环境综合治理,镇区面貌再露新颜。在开展环境卫生整治活动的基础上,"十一五"时期完成农村生活污水处理设施建设,实施垃圾减量化分类,对外招标垃圾生化处理终端项目;2016—2018年,持续开展小城镇环境综合整治,成立专职管理队伍,清理、回收废弃渔网具,开展线路上改下、道乱占、摊乱摆、车乱停等整治活动,并将综合整治从下大陈向上大陈岛和背街小巷延伸;2018年,启动垃圾分类工作,安装空气监测系统,启

动“污水零直排乡镇”创建和下大陈垃圾无害化处理中心。

（四）突出发展成果共享，着力增进民生福祉

千方百计解决人民群众最关心、最直接、最现实的问题，努力使民生改善得到制度化安排、长效化推进、项目化落实。不断调整和优化教育布局，持续提高办学条件和教学水平。“十一五”时期，大陈实验学校与椒江实验小学结成教育共同体，“十二五”时期新改造大陈实验学校，逐步改善办学的软、硬件条件和教育水平，2015年，符合条件的29位适龄儿童在椒江入学登记，提前三年完成岛上扫盲任务。医疗卫生方面，以大陈岛卫生院建设为重点，通过院区改造、增加医护人员编制、加大医疗设备投入、医疗卫生一体化工程和5G远程医疗等举措，不断提高岛上公共卫生和医疗服务水平、应对突发公共卫生事件的能力。社会保障方面，积极推动城乡居民社会养老保险和医疗保险全覆盖，完善城乡居民大病医保制度，着力解决“失海渔民”的社保难题；优化完善社会养老服务体系，加快建设大陈敬老院；持续加大社会救助力度和覆盖面，切实兜稳、兜好民生底线，使困难群众生存有尊严、生计有保障、生活有盼头。

（五）打造党性教育基地，弘扬垦荒精神，实现精神富有

台州市整合市、区、镇三级力量，在学习井冈山、延安、南湖、四明山等党性教育基地建设经验的基础上，于2017年成立大陈岛党性教育基地，分别设立大陈岛校区和陆上校区，深入挖掘和弘扬大陈岛垦荒精神。市、区两级党校主要负责垦荒精神专题课、现场教学课、激情教学等课程的开发，大陈镇和椒江区旅游集团负责岛上现场教学点和教室的硬件提升，大陈岛党性教育基地负责培训班的教学管理和后勤保障。积极争取省市级党校、团校系统等多个部门的支持，如设立教学基地，让更多党员领导干部、共青

团员、青少年走上大陈岛，感悟垦荒精神；党员干部和党校老师向岛上居民讲解垦荒队员的事迹和垦荒故事，让岛上居民更多了解大陈岛垦荒历史和垦荒精神；同时，通过垦荒精神教学基地的运行，带动大陈岛农家乐和民宿行业的发展。

二、民富岛美大陈岛的示范看点

（一）基本建成了支撑共富发展的现代基础设施体系

形成畅通高效、保障有力的现代基础设施体系。一方面，陆岛交通呈现立体化、规模化。拥有客运船舶7艘，每日运力高达2200人次；航运企业6家，航船共17艘；码头14座，兼备客货运码头、渔业专用码头、货运渔业共用码头；直升机机场1个。岛上交通呈现网络化、便捷化，形成由环岛公路、环镇路、上大陈岙里路等主次干路和旅游步道构成的岛上交通网络，新能源公交车、公共自行车、共享电单车等绿色交通工具把各景区串成线、连成片。另一方面，水电通信的保障能力持续增强。2016年，实现两条海底电缆连接上、下大陈岛；2017年，完成新一轮的电网改造，供电可靠性和供电能力进一步增强；2019年，开通5G信号，目前正着力推进多条海底光缆铺设，力争实现免费WiFi全岛覆盖、“一部手机畅享全岛”。另外，岛上淡水供给能力显著增强。4座水库总库容达到35.6万立方米，2019年，实现上、下大陈岛自来水户户通。

（二）打造了带动岛民创富、增富的渔旅融合产业

深水大型铜围网养殖逐步形成产业集群，获评国家AAAA级景区。2020年，从事黄鱼等相关行业的公司及合作社增至13家，海水养殖年产量

增至1.9万吨，渔业总产值8.17亿元，成功获评省级特色农业强镇；大陈岛居民接待游客14.5万人次，居民人均可支配收入达到53839元。一是景区数量与质量同步提升。2020年，修葺一新的垦荒纪念碑、青少年宫、乌沙头海边栈道、甲午岩核心景区、大陈乡贤馆和印象餐厅基本建成并对外开放，综合码头、两岸乡情文化公园一期已完工验收，青垦文化旧址公园、青垦文化纪念馆、垦荒碑景区提升工程均已进入收尾阶段。二是推进旅游配套设施建设更加完善。2020年，民宿、农家乐增至45家(其中市三星级农家乐12家)，其中“有家民宿”成为台州市唯一一家省级金宿，总床位数1340张，可日接待1800余人次就餐。

（三）营造了海岛绿色生态和美丽人居环境

一是海岛更绿、海水更蓝。截至2020年，彩色森林建设总面积达542亩，森林覆盖率达到60%，人均绿地面积达到25平方米以上，完成对全岛树种登记挂牌；蓝色海湾生态修复工程项目总投资2.4亿元，周围植被恢复项目已完工，保护性修复、加固、改造海岸线近4000米。2012年，成功创建国家级生态镇、省级森林公园、省级海洋开发与保护示范岛；2017年，创成省级地质公园。二是“五美”大陈的魅力彰显。大、小浦水库清淤工程和传统村落环境设施改造工程已竣工验收，集镇区污水管网改造及污水站扩容提质工程已全部完成并投入使用，美丽街道、美丽庭院、美丽公路、美丽村庄和美丽家庭建设成效明显，镇区面貌再露新颜，人居环境得到大幅提高。2020年，成为新时代美丽城镇建设省级样板；2021年，成功创建国家级卫生镇和国家级文明镇。

（四）显著提升了岛上居民的获得感、幸福感

一是医疗卫生服务更加便捷。2017年，完成“健康一卡通”建设；2018

年，开展60岁以上老人免费接种流感疫苗，大陈卫生院获评全国群众满意乡镇卫生院；2020年，建成“三医联动”便民服务点，只需20分钟即可享受买药报销一站式服务，常态化送药进海岛，实现就医、购药不出岛，上大陈社区卫生服务中心建成投用。二是社会保障更有温度。2015年，妥善解决“失海渔民”的社保问题；2018年，大陈敬老院正式营业；2019年，实施居家养老服务，为下大陈80周岁以上老人、老垦荒队员等45人提供免费就餐，为“低保户”、孤寡老人等13户木结构房屋免费改造电气线路。三是便民服务更加高效。2017年，成立“渔小二”代办员队伍，创新推行“最多跑一次”海岛特色便民举措，基本实现“在岛居民家门口办、离岛居民不回岛办”，受到省、市领导的充分肯定；2018年，有效解决困扰多年的码头、银行和菜场等民生问题；2020年，启动自助终端便民服务，实行“一网融合、三级联动”的办理模式，将政务服务网延伸到村一级，实现村村通网。

（五）形成了以大陈岛垦荒精神为标志的精神文化

垦荒精神在更高层次、更广层面得到传承弘扬，社会各界掀起垦荒精神学习热潮。2017年成立的大陈岛党性教育基地，开启了学习、宣传垦荒精神的新起点，培训班次数量逐年快速增加，学员来源地从台州到全省再到全国，先后完成300多个班次上岛红色教育培训任务，已成为具有较强影响力的独具海岛特色的垦荒精神党性教育基地。目前，拥有5个国家级教育基地和10个省、市级教育基地，浙江省主要领导、台州市主要领导多次登上大陈岛瞻仰垦荒纪念碑并看望老垦荒队员，台州市和椒江区四套班子多次上岛接受主题教育，全国各地4.5万余名党员团员、少先队员上岛接受红色精神洗礼。从2017年开始，连续五年举办大陈岛垦荒精神研讨会；2018年，《我的大陈岛》入围文化部戏曲剧本孵化计划；2019年，大陈岛垦荒精神上升为台州城市精神；2020年，出版台州第一本大陈岛垦荒精神教育读本

《少年梦·垦荒志》。

三、建设民富岛美大陈岛的启示与前瞻

大陈岛在努力建设“两个大陈”过程中积极探索共同富裕之路的有效实践，为浙江乃至全国海岛地区坚持科学规划先行、充分挖掘本地资源优势、持续壮大共同创富增富产业、补齐公共服务发展短板，进而加快共同富裕进程，提供了较好的经验借鉴和示范作用。同时，大陈实践也将有效推进大陈岛加快争创“现代化海岛建设示范区”和“共同富裕先行岛”的进程。

（一）党委、政府高度重视，提供坚强的组织保障

习近平总书记“一次上岛、两次回信”，非常关心大陈岛的开发建设，为大陈岛的未来发展指明了总体方向；浙江省委、省政府主要领导多次到大陈岛指导工作；市、区两级牢记习近平总书记嘱托，从政策、资金、干部队伍等方面不断加大对大陈岛走向共同富裕的支持力度。2010年8月，椒江区委、区政府出台《关于进一步加快大陈岛开发建设的若干意见》，明确大陈开发建设的指导思想、总体目标和要求，以及26条扶持政策。2016年，台州市委、市政府出台《关于大力弘扬大陈岛垦荒精神加快“小康的大陈、现代化的大陈”建设的若干意见》，对大陈岛开发建设提出了更高的要求。2018年3月，台州大陈岛开发建设管理委员会党工委、台州大陈岛开发建设管理委员会成立，为大陈岛大开发、大建设、大跨越提供了坚强的组织保障和更大的发展平台。2020年以来，台州市和椒江区为大陈岛持续选送工作经验丰富的优秀年轻干部。

（二）党员干部敢拼敢干敢创新，不断提升岛民的幸福指数

党员干部始终冲在大陈岛开发建设、解决问题、破解困难第一线。为更好地服务群众、企业和拉动投资，“十一五”时期，上、下大陈分别成立便民服务中心、党员180服务中心。2017年，创建由机关干部组成的“小二团队”，作为“渔小二”，帮助居民代办医保报销、发票代开、取钱汇钱等事项，及时为群众解决实际问题；作为“游小二”，充当导游，提供全程讲解服务；作为“店小二”，在招商引资中发挥热情、周到服务，联系38个项目、23家团队上岛勘查。大陈镇41位党员干部的平均年龄为35.2岁，在岛上5年以上的有6人，10年以上的有4人，他们像60多年前上岛的垦荒队员一样，深深扎根大陈岛，把自己的青春贡献给祖国的大陈岛，用辛苦换取百姓的幸福。一批又一批的党员干部，时刻把百姓装在心中，用实际行动把大陈岛建设得越来越美，让百姓更安居更幸福。

（三）科学规划海岛发展蓝图，引领海岛当前与未来发展

如今的大陈岛，之所以能够呈现出产业强、岛民富、生态美、红色文化兴、公共服务优的局面，是因为始终坚持海岛开发建设要规划先行，统筹推进生态保护、经济发展、文化振兴和发展成果共享。早在“十一五”时期，就相继编制完成《大陈岛（镇）总体规划（2008—2025）》《大陈岛总体发展概念规划》《大陈岛控制性详细规划》和《大陈镇土地利用总体规划》，科学绘制了未来发展的蓝图。根据近些年内、外部环境新变化，提出要“以国际化的视野，推进全域旅游化开发，加快建成‘两个大陈’”的新要求。先后编制完成《椒江区大陈镇城镇总体规划（2017—2035）》《“十四五”大陈岛开发建设研究》，明确提出了“一区五岛”的发展新蓝图——现代化海岛建设示范区、中国红色旅游第一岛、海峡两岸交流合作示范岛、零排放生态美丽岛、现代

化数字智慧岛、幸福宜居平安岛，要把大陈岛打造成为面向未来和国际品质的长三角国际旅游度假区、浙江省港产城湾一体化发展的海上明珠、台州市对外开放的前沿阵地。

（四）着力构建现代海岛产业体系，持续延伸共富产业链

加快形成以现代海洋渔业、海岛全域旅游为主导的现代海岛产业体系。不断创新黄鱼养殖模式，打造国内外知名的黄鱼深水生态养殖基地，把“大陈黄鱼”品牌创建成国际知名的海产品品牌，同时通过更高规格举办大黄鱼文化节、深度开发渔业养殖观光游、形成一批文化创意类创客空间等方式，让“养殖＋旅游”带动居民致富的道路越走越宽。大力推进全域旅游兴岛，邀请顶级设计专家参与旅游策划，以国际化的视野开展海岛公园规划，加快海岛旅游“全景”建设、“全时”体验、“全业”提升，规划建设国际海钓大本营、国际邮轮港、国际帆船游艇俱乐部等大型国际性旅游项目，着力打造长三角国际旅游岛金名片。不断新建海边栈道、观景平台、网红打卡点等自然风景点、观光点，深入挖掘青垦文化、人文历史，新建具有教育性、观赏性、体验性的人文场馆和景观，让大陈岛旅游资源更加丰富、更有品质、更具吸引力。同时，积极引导、鼓励岛上居民充分参与大陈岛的开发建设，充分盘活闲置农房和土地，建设品质更高、内容更丰富、形式更多样的民宿、农家乐、便利店、酒吧、海上捕捞休闲游等，以共同创业的方式建设更加富有、更加美丽的大陈岛。

（杨红新　郑丽）

“跨山统筹”引领市域一体化发展

丽水作为典型山区市，全市九县（市、区）均为浙江山区26个加快发展县，依山而居、靠山而作、划山而治的山地特征明显，突出表现为发展的“散、薄、弱、少”。一是布局散——发展要素分散。虽然拥有诸多旅游风景区、历史文化遗址、传统村落等特色资源，但散落在高山与村落中，交通可达性弱，资源开发利用程度低。丽水全市有142个乡镇，城乡空间格局松散，人口集聚度偏低、城镇规模偏小，丽水城镇化率2020年仅为63%，低于全省城镇化率7个百分点。二是产业差——经济基础薄弱。产业层次较低，高新技术产业、战略性新兴产业增加值分别占工业增加值的33.9%、16.4%，远低于全省平均水平。丽水企业规模偏小，中小微型企业居多，缺乏有竞争力的上市公司和龙头企业。高能级产业平台少，尤缺“万亩千亿”产业平台，主要园区的产业、创新集聚能级不高。三是中心弱——引领作用不强。2020年，市本级的GDP仅占全市的20.8%，R&D经费支出仅占全市的14.1%，对市域的辐射和服务能力较弱，且仅有一个市辖区，在全省乃至全国均属特例。四是空间少——发展空间受限。丽水全市适宜建设的空间仅占全市域土地面积的9.1%，建成区面积占比也仅为2.53%。随着城市扩张和产业发展，丽水发展空间捉襟见肘。

上述四大特征，使得市域发展面临要素投入分散、规模效益低效、经济循环不畅等问题，影响了丽水现代生态经济体系的构建，制约了丽水的发展。为此，丽水新一届市委提出“跨山统筹”市域一体化发展战略，谋划破解空间布局不优、要素配置分散、统筹协调不力等问题，着力缩小地区差距、城乡差距、收入差距。

一、主要做法

“跨山统筹”作为丽水统筹集聚发展的战略思想和实践探索，开启了“一带三区”市域一体化试点新征程。

（一）顶层设计

第一，重视谋篇布局。在2019年2月丽水市委召开的“绿水青山就是金山银山”发展大会上，明确提出市域一体化的“一带三区”。“一带”即东部莲都、青田、缙云三个县(区)，突出产业主导、创新驱动、组团打造生态经济示范区，加快形成百万人口、千亿GDP的市域发展核心带；“三区”即西部九个县(市)，突出文化引领、差异发展，组团打造龙庆经典文创、遂松乡村振兴、云景特色风情三个聚落区块，建设凸显山水神韵、人文底蕴的特色发展示范区。

第二，重视规划编制。2020年2月，丽水成立了由市委书记担任组长的“一带三区”规划编制推进工作领导小组，统筹指导和综合协调“一带三区”发展规划编制实施。2021年1月，《丽水市“一带三区”发展规划》出台。

第三，重视决策推进。2020年8月，出台《中共丽水市委关于大力推进跨山统筹，全面加快区域协调发展的决定》。之后的《浙江省国民经济和社会发展第十四个五年规划和二〇三五年远景目标纲要》中明确支持丽水“跨山统筹”一体化发展。2021年7月，浙江省高质量发展建设共同富裕示范区领导小组办公室印发的《关于公布高质量发展建设共同富裕示范区首批试点名单的通知》确立丽水市“跨山统筹”市域一体化发展作为缩小地区差距的试点市。

（二）组团推进

第一，推进“一带”强强联手的集聚发展。一是构筑中心城区发展新格局。中心城区突出“山水生态城市”理念，实施“东扩、西进、北展、南拓”城市发展战略，构筑以瓯江为脉和激活北城、提升南城、开发新城（碧湖田园城）的“一脉三城”发展格局，推进中心城赋能扩容升级，打造百万人口城市。二是坚持东部莲都、青田、缙云一体发展。围绕一城支撑、点面联动的浙西南科创中心建设等，进一步强化东部“两县一区”的快旅漫游交通互联互通等，强化中心城区与南翼青田区块、北翼缙云区块空间的一体化统筹、设施网络化建设、功能差异化布局、产业协同化发展。三是实施生产力平台体系重塑。围绕平台二次创业，实施丽水经济技术开发区的东扩西进，缙云、青田平台空间整合、园区集聚，全力打造千亿级规模高能级产业战略平台和百亿级规模产业骨干平台，培育先进产业集群，聚力发展生态工业。

第二，推进“三区”特色组团发展。一是经典文创龙庆聚落发展区块。深入实施《聚焦“重要窗口” 聚力跨山统筹 加快打造龙庆聚落发展区的实施意见》，依托龙泉、庆元步入国家公园创建和衢宁铁路开通新时代，“激活”剑瓷、廊桥、香菇、竹木等特色资源，“串珠”构建环国家公园文创大走廊，实施经典文创的无中生有、有中拉长。二是遂松乡村振兴聚落发展区块。出台《遂松聚落区块一体化发展实施方案》，以乡村振兴为主题，推进红绿融合、休闲旅游、康养度假三条特色乡村振兴发展带建设，构建市域联动金义都市区、融入长三角一体化发展的西大门。三是特色风情云景聚落发展区块。以云和、景宁两县共同发布的《云景聚落发展区块建设实施方案》为遵循,以“特色风情”为主题,培育发展有优势的生态、民宿等特色产业;推进云景公共服务设施共建共享,建立健全城乡融合发展体制机制,进一步推动两县融合一体化发展的水平。

第三,强化“一带三区”统筹协调机制。一是坚持规划统筹协调。统筹编制《丽水市“一带三区”发展规划》《丽水市国土空间规划》等,积极构建土地、财政、教育、人才、招商等方面的全市域一体的融合发展。二是探索共建发展模式。积极探索共建产业园区、“飞地经济”等合作模式,有序推动产业跨区域转移和生产要素双向流动,促进产业深度对接、集群发展。三是建立跨县协调机制。通过建立重大事项、重大项目共商共建机制,加强区域间重大基础设施统筹建设,共享公共服务设施,强化社会治安协同管理,加强重大环保安全事件联合管控与应急处置,探索协同治理新模式,引导区域市场联动发展等,建立健全跨县域的协调机制。

(三)项目协同

第一,交通互联互通。推进G4012溧宁高速公路景宁至文成、义乌至龙泉(庆元)、缙云至江山(广丰)等高速公路项目建设,构建“一带三区”高速公路内环线。积极谋划“莲青缙市域发展核心带高速公路环线”,加快建设乐清至青田、苍南至庆元等高速公路项目,构筑“一带三区”高速公路外环线。同时支持云景围绕地域相连、人缘相亲、产业相近、文化相融的实际,先期开展两县交通互联互通的试点,并于2021年2月开通云景县际公交班车专线;自2021年11月,高速公路(云景段)ETC小客车实行差异化收费。

第二,旅游合作联盟。以瓯江山水诗路为主轴,推进旅游资源跨区域整合和旅游业态跨界融合,构筑山水城市旅游和青缙品质休闲、龙庆经典文创、遂松田园牧歌、云景民族风情四个旅游功能板块,打造若干红色旅游精品区块和“红绿融合”发展示范区。重点围绕百山祖国家公园创建,“串珠”百山祖国家公园下的文创园区—特色小镇—基地—村落，突出挺进穿越、古窑瓷韵、刀剑侠影、蘑幻菇林、百山天籁、艺术写生、蒙学礼教、廊桥遗梦、影视拍摄、匠心百工等主题，构筑百山月影、繁星璀璨的经典文创聚落化布局，建设环百山祖国家公园文创大走廊。突出景宁全国唯一畲族自治县优势，积极谋划建设云景一体化发展的快速通道，两地携手创建AAAAA级景区城，并以云和梯田创AAAAA级景区为撬动，串联云和仙宫、中国“畲乡之窗”、木玩小镇、那云·天空之城、百鸟朝凤等景区和景点，实现“景景相连”“全面连接”“统筹运营”，高品质打造中国畲族风情旅游合作联盟。

第三，科创区域协同。按照丽水浙西南区域体系“一心一带三区多点”总体布局要求，集聚集约布局全市优质创新资源。“一心”，即中心城区，着力打造浙西南科创中心。“一带”，即丽水科创示范发展带，整合汇聚创新资源，支持莲都、青田、缙云全力打造全市创新发展“引领极”。“三区”，即丽水科创协同发展区，围绕龙庆、遂松、云景三个聚落发展区块的特色发展，突出科技创新，积极构建各具区域特色的协同创新发展新机制。“多点”，包括省级以上经济技术开发区、工业园区、农业园区等节点联动创新。同时通过“人才飞地”“科创飞地”等项目协同，积极参与长三角科技创新共同体建设。

第四，生态协同共治。一是深化生态环境协同治理。实施瓯江流域山水林田湖草沙生态保护修复工程，开展以百山祖国家公园为核心的自然保护地体系建设，推进九龙国家湿地公园建设，创建云和梯田国家湿地公园，高质量推进国土绿化美化行动。二是协同创新生态产品价值实现平台。在龙泉市兰巨区块和庆元县黄田竹口区块，依托百山祖国家公园创建优势，分别建设生态产品价值实现机制创新平台建立，构建以高水平生态文明建设和高质量绿色发展为重点的创新平台，做大产业、扩大税源，带动富民增收，着力破解生态产品价值转化率不高、区域发展不均衡不充分等问题。

二、示范亮点

丽水围绕加快推动共同富裕能力和基础的“跨山统筹”市域一体化试点，聚集缩小地区差距，在统筹资源开发、优化生产力布局、完善基础设施配套、优势组合等方面形成示范亮点，不仅对全省共同富裕示范区建设起到重要作用，而且也将为全国与丽水属于同样类型、处于同样发展阶段的加快发展地区探索实现共同富裕之路提供宝贵借鉴。

（一）统筹资源开发

强化发展高质高效。丽水树立一体化、协同化、差异化发展的思维，构建“一带三区”发展新格局，努力破解大山阻挡、纵横分割所导致的各自为政、各行其道、各成一摊，在更大时空范围内统筹资源开发、生产力布局、设施配套、交通建设等，推动生产力由散到聚、以聚促变，聚力打造具有区域竞争力的新增长极，进而培育形成区域发展整体规模优势和特色差异品牌。

（二）优化生产力布局

强化发展空间、产业平台、创新资源的市域统筹。丽水通过“跨山统筹”，实施生产力区域重构和生产要素重组，深度参与跨区域产业合作、价值链分工，更好地承接长三角一体化带来的产业梯度转移，重塑产能布局、产业形态和区域竞争格局。在促进市域人口、产业、设施等集聚集约发展的同时，既给生态留出修复空间，又给经济腾出发展空间，还能为生态修复留出足够空间，实现发展与保护的相得益彰。

（三）完善设施配套

强化市县一体、城乡一体的公共服务优质共享。按照重大基础设施配置与人口、经济、城镇规模等相适应的原则，丽水统筹推进交通、水利、能源、信息等设施网络建设和生态治理等重大工程设施的一体化布局、集约化配置。大力实施新基建，推动物联网等新型基础设施和智慧应用超前布局、协同发展。通过优化城市公共服务设施与公共活动空间布局，提升市域公共服务设施水平，推进市县一体、城乡一体的公共服务优质共享。

（四）实现优势组合

强化强强联合、特色结合、优势组合。丽水“跨山统筹”构建全域“一带三区”发展新格局，既考虑各县的经济发展水平，又统筹各县的特色发展，更突出各县的人文历史底蕴，重点在不打破行政隶属的前提下，市直统领、各县协同，规划引领、明确分工，推动产业平台、创新平台、旅游联盟、“双招双引”等项目协同，力促聚变反应，最终由项目协同走向制度创新，努力打造高水平生态文明建设和高质量绿色发展的样板区和最佳实践地。

三、启示前瞻

丽水“跨山统筹”市域一体化试点，既在规律认识、党的领导、顶层设计、项目协同、制度设计等方面具有启示性，又在建设成为共同富裕美好社会山区样板上具有前瞻性。

（一）规律认识是关键

集聚与平衡是区域经济高效与公平发展的必然要求，丽水“跨山统筹”市域一体化试点，其意义要通过“集聚”走向最后的“平衡”。从集聚角度看，加强发展空间、产业平台、创新资源、交通建设等方面的市域统筹，推动实现生产力由散到聚、以聚促变，着力解决空间布局不优、整体竞争优势不强等问题。从平衡角度看，“一带三区”既攥指成拳，又优势组合，实现重点突破和特色差异发展，以期达到工业化与城市化的结合，夯实共同富裕的现代产业基础，并实现与擦亮生态底色、花园乡村建设等目标的共建共享。

（二）党的领导是根本

丽水“跨山统筹”市域一体化试点实践的根本，就是坚持党的领导，以市委全会形式出台《大力推进跨山统筹，全面加快区域协调发展的决定》，明确目标任务、发展举措等，号召引领全市干部群众，以久久为功、锲而不舍和一张蓝图绘到底、一任接着一任干的“精气神”，注重统筹有力、协同有方、竞争有序、合作有效，“咬定青山不放松”，积小胜为大胜，以期不断开创“跨山统筹”市域一体化的新局面，锻造丽水加快推动共同富裕的能力。

（三）顶层设计是基础

强化以《丽水市“一带三区”发展规划》《百山祖国家公园全域联动发展规划（2021—2025年）》等为引领，突出规划执行刚性和上下联动韧性，统筹优化空间、集聚产业发展、协同创新驱动、扭住交通互联、共治生态环境、共享公共服务，以“一体化统筹、协同化推进、差异化发展”为基本原则，实现空间布局优化、主体功能聚焦、要素配置集约、整体协同并进，加快“一带”一体化协同、“三区”组团式发展，系统重塑空间、产业与人口，聚力打造山区共同富裕极具竞争力的新增长极。

（四）项目协同是路径

以“协同”为要，推动发展格局共筑、生态环境共护、生态经济共兴、城乡品质共升、示范区共创、重大标志性工程共建六个方面协同创新。努力推进生产力协同布局、平台协同共建和产业协同发展，进而建立具有丽水鲜明特色的现代化生态经济体系和区域协同创新体系，全力实现全域统筹，激活区域发展潜能。

（五）制度设计是保障

只有在区域协调发展上积累形成更加完备有效的制度体系，才能推动“跨山统筹”市域一体化试点。为此，市委在高水平推进市域治理现代化进程中，特别注重建立健全统筹“一带三区”发展领导体制和工作机制，创新区域组团发展、协调联动的体制机制以及具有区域竞争力的创新引领机制，坚决破除制约市域一体化发展的行政壁垒和体制机制障碍，建立土地、资金、教育、编制等要素统筹配置机制，完善全市“双招双引”协调机制，进而为“跨山统筹”市域一体化提供强劲的内生动力。

（陈敬东　杨琳　罗婵）

山海协作“飞地抱团”的精准“消薄”模式

山海协作工程作为“八八战略”的重要组成部分，是习近平同志主政浙江时作出的重大决策部署，是新时代破解区域发展不平衡不充分问题、推动山区26县跨越式高质量发展的重大战略举措，也是推进共同富裕示范区建设的必然要求。在“消除集体经济薄弱村”攻坚战中，青田借鉴平湖在全国最早实施“飞地抱团”强村的经验，针对县内265个位置比较偏僻、基础设施滞后、村级集体经济发展整体较为滞后的薄弱村，与平湖市共同携手，创新提出跨区域“飞地抱团”产业合作模式，有效破解了“青田经济薄弱村增收”和“平湖缺少建设用地指标”两大困境，真正实现精准“消薄”、精准扶贫，为共同富裕示范区县域样板打造奠定了坚实的基础。该模式获得了时任浙江省委书记车俊的批示肯定，并入选浙江2019年改革创新最佳实践案例，国务院扶贫办发文在全国范围内推广。青田县265个经济薄弱村自主集资、1万多户低收入家庭广泛筹资，到平湖建设“飞地”产业园，产业园一、二期项目分别投资1.6亿元、2亿元，一期3幢高标准厂房已竣工，建成后，参与投资的集体经济薄弱村每年村均增收5万元以上，低收入家庭每年户均增收1000—2000元，走出了一条壮大村级集体经济的新路子，为青田实现共同富裕增添了新动能。

一、主要做法

（一）迅速行动，抢抓机遇探新路

2017年6月，国家发改委发布《关于支持“飞地经济”发展的指导意见》后，青田县主动与山海协作对口支援市——平湖市联系协商，于当月21日与平湖签订了《关于平湖——青田山海协作“飞地”产业园合作协议》。

第一，优势互补，实现山海双方共互利。平湖是嘉兴打造全面接轨上海示范区的“桥头堡”，全市利用外资和外贸出口连续十年双双名列全省（县）市“十强”，却面临着发展空间、土地指标等资源要素日益紧缺的问题。青田是“九山半水半分田”的山区县，偏远山区的村庄基本都是集体经济薄弱村，连片可开发用地稀缺，但土地指标仍有富余。双方充分发挥各自优势，启动跨市“消薄”山海协作计划，利用青田下山脱贫腾出的土地指标在嘉兴平湖建设“飞地”产业园，以指标换资金、以资金换物业、以物业换收益；嘉兴则补足用地指标短板、拓展发展空间、吸纳山区人口、夯实产业基础。

第二，平台共建，谋求合作共赢同发展。平湖和青田结合各自资源优势，先后签订了《山海协作工程协议》《山海协态旅游文化产业园共建协议》《山海协作“飞地”产业园合作协议》三个协议，商定在平湖经济技术开发区欧洲（德国）产业园规划建设“两创中心”、共建“飞地”产业园，通过产业园集聚产生的经济效益帮助青田265个集体经济薄弱村壮大集体经济。同时，双方还在土地指标、旅游疗养、招商引资等多个领域开展合作，在耕地占补平衡指标、招商引资、人才交流、旅游市场等方面共建合作共享机制，通过鼓励工商资本上山下乡、集体经济进镇入城，不断深化两地之间的互动、互通、互融,开辟山海协作的新路径,为两地发展增添新动力。

第三,资源共享,充分发挥山海并利优势。两地充分认识青田与平湖同为浙江对外开放的典型县,青田人善于“走出去”,平湖人更注重“请进来”,改变以往山海协作的传统模式,依托平湖独特的区位优势和青田丰富的侨商资源,同时在平湖、青田两地各建一个产业园以及其他机制上的共建共享,谋求合作共赢共同发展,携手打造山海协作“飞地”产业园,开创跨地市“飞地抱团”发展壮大村级集体经济的先河,积极为全省山海协作闯出新路子、“消薄”工作创出新经验。

(二)“三供三保”,创新推行有规章

作为一种打破行政区划界限的新区域经济发展模式,青田与平湖在前期筹备中,就彼此合作的关键条款、细节部分进行了多次深入探讨,探索构建起青田“供土地指标、供开发机制、供人管理”、平湖“保障落地、保障招商、保障收益”的“飞地”开发机制,助力青田农村集体经济薄弱村捆绑增收。

第一,明确运营体系。在推进平湖青田山海协作“飞地”产业园项目中,青田方面由县国资公司牵头,县财政注入1000万元村级集体经济发展资金成立青田强村联合投资发展责任公司,鼓励薄弱村以自有资金、贷款资金、土地复垦折抵等形式入股参与,组织265个集体经济薄弱村带着300亩土地指标,以及1.6亿元首期项目建设资金,在平湖最热门的区块、国家级平台平湖经济技术开发区的德国产业园建设“飞地”产业园,建成后主要对接引进农业高科技企业和省八大万亿产业,产权归青田强村联合投资发展责任有限公司所有。

第二,确定收益形式。平湖方面通过挂牌出让方式将“飞地”产业园用地出让给青田强村联合投资发展责任有限公司,出让地价按工业园区供地市场估价、耕地占补平衡指标由青田落实。产业园招商以平湖为主,双方

招商局共同负责。收益保障上,“飞地”产业园建成验收后起算,前五年采用包租固定回报的方法,平湖每年给予青田强村联合投资发展责任有限公司实际投资总额的10%作为投资固定收益,参建村总收益年均1600万元,每年为参建村集体经济增收6万元以上;后五年按租金加收地方所得部分50%奖补给青田强村联合投资发展责任有限公司,实现固定“血源”异地一体化“输血造血”。

第三,建立保障机制。为了推进项目早落地、早见效,两地成立山海协作“飞地”产业园项目联席会议制度,由双方县(市)委主要领导作为召集人定期召开会议,共同研究解决项目推进过程中的重大问题。建立干部和专业技术人员互挂互派制度,确保“飞地”产业园建设两地一班人马、一抓到底。

(三)举一反三,多元创新扩成效

受益于“飞地经济”的启示,青田县提出要拓宽思路、立足县情,充分调动各类资源,既要“飞出去”,也要“飞回来”。要在全县大力推行“飞地经济”模式,多元化创新“造血”方式,为村级集体经济发展注入持久动力。

第一,邀请平湖市参与青田山海协作生态旅游文化产业园开发建设。产业园采取“一园多点”的开发模式和空间布局。“一园”作为核心区,选址于青田山口镇,园区总规划面积1887.5亩,承载浙江经典历史文化旅游景区、中国石雕文化产业集聚区、世界雕刻石集散中心等功能。“多点”则根据青田生态、石雕文化和华侨资源三大资源优势进行布局,将其“串珠成链”,与“一园”遥相呼应、互促互动。计划到2022年,努力把产业园建成青田加快绿色发展、推进争先进位大赶超的重要平台,成为丽水乃至全省示范区。同时,双方就参与建设的方法、合作的方式进行洽谈。

第二,推行“村‘两委’+乡贤会”模式。建立村级“乡贤会”组织,鼓励各类人才“飞回”乡村任职创业。2018年村级组织换届时，全县共有355名在外乡贤回乡担任“村官”，其中有国外创业经历的“华侨村官”187名“飞回来”，为村级集体经济发展注入了“新鲜血液”。

第三，推行“固定资产租赁”模式。积极引导各村盘活山河、林地、办公等集体资产，邀请能人“飞回来”承包经营，实现保值增收。如青田县在章村乡开展“河权改革”，将辖区的河道经营权承包到户，带动村级集体经济增收30多万元。

第四，推行“山石旅游带动”模式。扶持集体经济薄弱村发展侨家乐、养生养老等乡村旅游产业，吸引在外华侨“飞回来”发展旅游产业或回乡养老，实现村级集体经济“绿色”增收。

二、示范看点

青田平湖山海协作跨市“消薄”、合作双赢共奔小康的新路子，是进一步促进两地同频共振、合作共赢，推动全面实现更高质量的区域协调发展，全力打造全省山海协作升级版的成功典范。

（一）从“协作方”到“共同体”，开启精准脱贫新思路

平湖与青田导入共同谋划、共同保障、共同获益的开发机制，变以往以单一资金保障为主的传统结对帮扶形式为资金保障、产业扶持并重的合作新机制，两地本着“各自掏出口袋中最好的东西”的合作原则，深入分析平湖产业配套成熟和青田土地指标充裕的优势，创新提出“飞地抱团”产业合作模式，即通过采取跨区域“飞地”模式在平湖联合共建抱团项目，既壮大了青田薄弱村的集体经济，又补充了平湖的用地指标、助推了平湖的产业发展，将山海协作从传统的“你给我取”“短期扶贫”转化为“自主争取”“长

远扶贫”，实现了“1+1>2”的目标。

（二）从“传统输血”到“精准活血”，铺筑共创致富新路径

移植平湖在“飞地抱团”项目中低收入家庭持股增收的经验做法，青田通过“家庭自筹一点、银行贷款一点、集体支持一点、青商捐助一点、华侨乐捐一点、党员干部募捐一点、结对帮扶一点、慈善捐助一点、财政补助一点、向上争取一点”的“十个一”举措筹集“低收入家庭帮扶资金”1.7亿元，入股建设“飞地”产业园二期项目，每年按入股资金10%的回报率将收益发放到户，全县1万余户低收入家庭每年可增收1000—2000元，约1.9万人受益。同时，建立产权界定、股权设置、股权管理、收益分配、资金管理等一整套制度，并设立帮扶对象准入、动态调整以及退出审核机制，确保帮扶政策精准实施到位，切实做到“真扶贫”与“扶真贫”、“输血”与“造血”相结合，不断提升扶贫质量。

（三）从“跨地走亲”到“全域走心”，牵动全域思想大解放

平湖、青田坚持开放合作，不断深化两地在产业、文化、旅游、干部人才等方面的全方位、全领域、深层次合作交流，牵动了全域思想大解放。一是两地在市县层面共同建设“飞地”产业园的基础上，构建起市县“飞地”、镇街结对、村企共建的“1+9+X”对口专题合作机制，实现多层级对接和协同发力。二是实现产业、教育、卫生计生、旅游、总工会、人力社保、农业经济、文化战略、侨联等领域多项战略合作协议，实现多领域的全面推进。三是充分调动两地干部队伍的积极性，实现两地干部互派互学，实现人才、资金、技术、经验、市场要素的共建共享，实现联动共治融合式发展。

三、启示前瞻

平湖、青田深化山海协作，共建“飞地”产业园，开辟了山海协作精准帮扶的新思路、新途径、新征程，有效破解了区域经济发展不平衡、集体经济薄弱村收入难以提高、低收入家庭脱贫后返贫等难题。在青田、平湖的发展实践中，主要有以下几点启示。

（一）山海协作“飞地抱团”模式是全面深化山海协作、推动区域协调发展、实现共同富裕的一把金钥匙

山海协作工程是“八八战略”的重要组成部分，是推进浙江省区域协调发展和扶贫攻坚的重大战略举措。山海协作“飞地抱团”模式，既能创新拓展工作的内涵，也能使我们的工作得到更充足的动力。两地双向“互飞”，将平湖“海”这边的区位、技术、人才等优势与青田“山”那边的资源、生态、环境等优势相融互补，让青田的“绿水青山”变成“金山银山”，切实解决区域之间发展不平衡、不充分问题，是两地坚定不移走“八八战略”指引路子的生动实践，是创新拓展区域协调发展工作内涵的有益尝试，对各地推进区域协调发展、实现共同富裕具有积极的借鉴意义。

（二）山海协作“飞地抱团”模式是提高群众幸福指数、打赢精准脱贫攻坚战的一剂良方

党的十九大报告指出，要坚决打好防范化解重大风险、精准脱贫、污染防治的攻坚战，使全面建成小康社会得到人民认可、经得起历史检验。消除贫困是全面建成小康社会的基础，深度贫困是当前脱贫攻坚短板中的短板。平湖、青田通过“飞地”产业园，帮助青田“低保户”“低保边缘户”实现

从“被动输血”到“造血”再到“活血”的成功飞跃，是打好低收入群众增收攻坚战、高水平全面建成小康社会的迫切需要。“飞地抱团”模式，不仅给青田带来了经济收益，更重要的是带去了新思路和新理念，目前青田已在县域范围内复制推广平湖的“飞地抱团”模式。

（三）山海协作“飞地抱团”模式是巩固党在农村的执政基础，推进乡村振兴战略的一个创举

习近平总书记指出，要以乡村产业振兴、人才振兴、文化振兴、生态振兴、组织振兴“五个振兴”扎实推进乡村振兴战略。山海协作“飞地抱团”模式，坚持党建引领，给村级集体组织撒下一把“黄金米”，让农村基层党组织有钱办事、有能力办事，激发了村干部的干事激情，全面提升了基层党组织的战斗力，筑强了基层战斗堡垒，强化了基层党组织的领导核心地位，对巩固党在农村的执政基础，推动农村基层“三治”建设，全面助推乡村振兴战略至关重要。

（齐杰　周爱飞　叶娟娟　林琳）

打造“景宁600”特色品牌，开辟山区绿色发展共同富裕新路径

景宁是全国唯一的畲族自治县，也是浙江山区26个加快发展县之一。“九山半水半分田”的地貌格局，使景宁发展农业“心有余地不足”、工业“心有余技不足”、第三产业“心有余人不足”。习近平同志对景宁给予高度关心和支持，曾两次到景宁调研，三次对景宁工作作出批复。他明确指出“景宁的生态不能丢”，希望景宁“以好中更优的标准擦亮生态底色”。浙江省政府也多次专门出台帮扶政策助力畲乡发展。在党和政府的帮助下，景宁根据畲乡独特的自然环境特征和人文地理特点，精心打造了“景宁600”县域农产品公共品牌，开发海拔600米以上地区生产的生态精品农产品，为这些农产品搭建一个产销一体的服务平台，以发展“海拔经济”助推共同富裕。从脱贫致富到乡村振兴再到共同富裕，“景宁600”借力“山海协作”“飞柜经济”等项目，不仅帮助把大山里畲民生产的高质量生态农产品输送到各大城市，加快他们共同富裕的步伐，而且也承载着生态转化机制的重要探索，为畲乡发展创造了新的契机。六年的风雨历程形成了山区和民族地区高质量绿色发展的景宁经验、景宁智慧和景宁路径。随着理论和实践的不断探索成熟，它在加快发展县中的作用将会日益凸显，在建设共同富裕过程中发挥先行示范，创造更和谐的畲汉共同富裕新局面。

一、主要做法

（一）构建“多品种、有畲味”的产品体系

一是培育富民增收产业。按照“一村一品、一乡一业”的总体布局，实施“千年名茶品质惠明、稳粮保供稻鱼共生、绿色畜牧美丽牧场、生态精品有机蔬菜、菌菇返林转型升级、畲药振兴特色药乡、有机果业精品果业”七大行动，着力培育“名、特、优、新”的畲味优质生态精品农产品。二是统一产品标准规格。设计“景宁600”统一标识，统一公版包装，统一产品标准，提炼品质密码，建立“一证一码”产品追溯体系，确保农产品的生态品质，打造“奢侈品”级别的生态农产品，让“景宁600”品牌成为健康、安全、优质的代名词。三是推动生态价值赋能。积极推广生态循环互利共生循环系统，提升产品的溢价率。如林下养牛、茶园养羊、竹园养鸡、茭田养鸭、森林养蜂、庭院养兔、河道养鱼、稻田养螺、林下种药等，不断提升农产品生态附加值，全方位覆盖消费者对生态优质农产品的需求。

（二）构建“多层次、复合型”的合作体系

一是搭建产销连接平台。目前已经建成了“景宁600”综合服务中心、“景宁600”展示展销中心、“景宁600”小微创业园等综合集成平台，有力助推“小农户”与“大市场”的无缝衔接。如县内农业龙头企业畲森山，通过“蔬菜基地＋收购网点＋农产品包装＋订单销售”的生产经营模式，与农户签订种植合同，依托高效的冷链物流配送网络，精准对接2000余家高端客户。二是加强企业抱团合力。组织县内各个生态产品的生产者与经营者，组建“景宁600”农产品营销联盟。鼓励加盟企业指导小农户利用古法有机

耕作，结合现代化耕作技术，保质保量；支持加盟企业和个体带动小农户的产品销售，保证小农户收入的稳定，确保耕种积极性。三是创新利益联结机制。2020年以来，景宁县创新实施“农合联＋小农户”新模式，特别是让低收入农户与合作社建立伙伴关系，政府给予相应的奖励，例如优先支持基础设施建设项目，包括渠道、水池、喷灌设施、物理驱虫设施等援助，改变了以往直接“输血”的扶贫模式，建立自我“造血”扶贫模式。

（三）构建“多模式、多渠道”的营销体系

一是问海借力。借助山海协作、“五县联盟”（温岭、上虞、海盐、宁海、景宁）等重大发展机遇，累计建成“景宁600＋‘飞柜’”8个，2020年销售额突破3800万元。通过“静景合作”，积极融入长三角一体化发展，在上海市静安区建立惠明茶品牌旗舰店，挖掘大城市和沿海地区的优质客源，抢占农产品的“高端消费市场”。二是网络直播。充分运用各大网络媒体直播带货，提振销售新动能。积极培育本土网红，打造网红主播孵化空间和公共直播间，组建青春主播联盟，累计成交额为3200万元。三是景商反哺。通过景宁商会与县内知名企业的结对，构建资源、信息共享的互补优势，建立以市场需求信息反馈促进农业产业化发展和农民增收的长效机制。推动景宁“三小经济”和“景宁600”的融合，在“三小经济”中植入“景宁600”产品。新冠肺炎疫情期间，通过域外景超联盟，新开设销售点32个，销售惠明茶300多万元；在域外宾馆酒店搭建“景宁600”产品展销窗口，扩大了产品销路。

（四）构建“制度化、人文化”的保障体系

一是政策支持。先后制定出台《“景宁600”产业富民工程三年行动计划》《景宁畲族自治县促进惠明茶产业发展条例实施办法操作细则（试行）》等产业扶持政策，通过优化产业扶持政策、建立奖励机制，鼓励企业、农场、

农户积极融入精品生态农业发展。特别是对发展“景宁600”低收入群众的支持，既有“直补”的方式，也有赠送鸡苗、兔苗等方式。严格准入制度，确保产品的品质，并采用保底价、市场价相结合的订单方式，调配互补农产品资源和市场资源，确保农产品顺利“产出”“销掉”。二是金融帮扶。首创“政府贴息、银行贷款、保险投保”的“政银保”普惠型金融“造血”模式，解决农户、企业发展生态农业的资金困难。累计发放贴息贷款15504笔，总额7.89亿元，受益低收入农户15437户次，壮大村级集体经济67个。推广实施“三权”抵押贷款工程，拓宽“三农”融资渠道。三是技术支持。围绕七大产品的品种优化升级，建立主打产品种植园。按照“一产业一专家一平台一队伍”，建立人才梯队，积极争取与高校、省农科院等机构合作，开展全产业链的技术支持。

二、示范看点

（一）擦亮了特色品牌，畲乡精品生态农业深受认可

通过六年的努力经营探索，“畲吃品”已经成为大城市的一道“奢吃品”，品质得到广大消费者的一致认可。目前已开发出“景宁600”系列农产品七大类110款，建成规范合作社100余家、县级产业农合联7个、特色联盟3个。因为品质好，“景宁600”连续五年省级以上抽检合格率100%，成为高山精品优质农产品的代名词。

（二）强化了“造血”功能，带动山区农民持续增收

“景宁600”累计实现销售额21.24亿元，平均溢价率超30%。在其助推下，2020年，农村居民人均可支配收入增幅达8.2%，城乡居民收入缩小至

1.93∶1；累计带动1528户低收入农户增收，实现户均增收3000元以上；低收入农户人均可支配收入12857元，同比增长14.5%；少数民族人均可支配收入21555元，增速连续15年高于全县平均水平；农民人均可支配收入跻身全国120个自治县的第四位，全县32个民族村全面“消薄”；景宁县域竞争力在全国120个民族自治县（旗）排名从第九位提升至第六位。相关做法还入选了《浙江省精准扶贫十大案例》。

（三）升级了山海协作，助力高质量绿色发展

山海协作、“飞柜经济”和“静景合作”等新发展模式为“景宁600”农产品打开了全新的市场。全年销售额从2018年的760万元增至2019年的1750万元，2020年突破到3885万元，平均溢价率超过35%。已探索形成“景宁600＋邮乐购”“景宁600＋‘飞柜’”“景宁600＋营销联盟”等模式，累计销售额达到8.82亿元。

（四）融合了农旅发展，有效衔接乡村振兴

在“景宁600”的带动下，已建成生态基地11.7万亩，生态基地面积13万亩，生态产品价值转化典型示范基地8个、一般示范基地15个。2020年，农旅结合的乡村旅游总收入1.8亿元，群众农旅融合农产品增加值占农业增加值的16%。比如，东坑镇桃园村的水果沟每亩产值达2.5万元，年接待旅游人数15万人次，带动农民增收3000余万元。

三、启示前瞻

（一）强化党建引领助推共同富裕

景宁的党员干部发挥革命老区的忠勇精神，聚焦畲乡发展客观条件，带头示范。“景宁600”展销中心负责人、畲森山的创始人苏承波出资建立300亩的蔬菜种植基地，并与全县1000多户农民签订合同，带动他们增收致富。金垟民族村，定期召开党支部会议，商讨脱贫致富内容，实行“一户一党员”“一户一政策”的帮扶体系，党支部书记兰文忠和其他党员干部带头对“低保户”、贫困户实行大幅度的种茶帮扶，全村全部脱贫走向共同富裕。“党建＋企业＋合作社＋农户”的格局是各村发展的基本模式，党组织的力量“润物细无声”且深入群众，在帮扶中团结群众自觉参与到乡村振兴与共同富裕中来。

（二）践行“绿水青山就是金山银山”理念助推共同富裕

客观条件不是发展的最大障碍，理念滞后才是最可怕的敌人。实事求是地分析主客观条件，改变思维方式，才是畲乡的出路。在“绿水青山就是金山银山”理念的推动下，景宁改变“等靠要”的思想，实事求是，积极探索，把自己打造成大城市的“菜园子”“水果园”“鸡鸭牛羊猪棚”，把“绿水青山”“海拔经济”成功转化成生态产品价值，变劣势为优势，为大城市发展提供绿色生活新空间，为畲乡共同富裕奠定坚实基础。

（三）数字化改革助推共同富裕

数字化发展是大趋势，即便是来自高山的农产品也不例外。根据数字化改革整体发展战略，打造“景宁600”综合服务中心，建成集科技服务、金融扶持、营销展示、电商孵化等六大功能于一体的数字化集成平台，用数字化助推农产品生产、销售一体化，特别是推动种养基地数字化改造，不断提升数字赋能水平，目前还有三个在建数字化示范基地。数字赋能还处在起始阶段，还需要进一步探索实践，让数字深度服务高山精品生态农业。

（四）“古今并用”助推共同富裕

“景宁600”产品最大的特点是古法耕种，但是古法耕种受制于时令变化，产量底、效益低，而且随着农村“空心化”，劳动力严重不足，产品产量无法满足市场的需求量。如何让古法耕种和现代农业衔接，保持产业链的长期稳定供应，是“景宁600”急需解决的问题。除了技术层面解决问题外，更多要通过产业振兴带动人才回流，实现“产业发展留人才”“人才发展促产业”的双向良性循环。

（五）延伸产业链助推共同富裕

山区既是生态农产品的种植区，同时也是一个大景区。比如高山水果沟、农旅产品展销中心、一望无际的高山茭白田，都是风景如画的农旅融合点，形成“一田一处景、一村一幅画、一线一风光”的美丽格局。农业发展新业态，也成就了乡村旅游、康养农业，加快了农业与旅游、文化、生态的深度融合，让小农户共享二三产业发展的红利，让小农户种植的农产品、养殖的家禽畜牧也成为大自然的风景。

（六）发展乡贤文化助推共同富裕

一些新乡贤眼界宽、理念新，敢拼敢干，在乡村振兴中发挥了很好的作用。他们不仅是乡村发展的智囊团，同时还是乡村发展的引领者。葛山的柳育林,在外经商多年,回乡承包了1000多亩山地,加盟“景宁600”,在水果基地开展生态赋能产业,带动当地百姓共同富裕。乡贤把资源、人脉、资本注入乡村发展,成为新形势下基层社会治理的新力量,带领落后山区走出了一条别样的绿色发展之路。“景宁600”为乡贤发挥作用搭建了平台,乡贤回归又很好地推动了“景宁600”持续发展。

(七)实现精神富有助推共同富裕

畲乡有自己特殊的民族文化特色,“景宁600”不仅是畲乡县域的农业品牌,更重要的是它承载着民族地区特有的文化风情。畲乡的各个乡镇基本上都有村落特色的文化节,例如尝新节、丰收节等。在文化节期间,广大农民辛勤劳作喜获丰收的节目会得到展示,很多“景宁600”产品也是舞台的主角。这种节日的特殊表现方法,吸引了周边大量游客前往欣赏,虽然规模不是很大,但也是农、文、旅有机融合的一种新尝试。在欣赏歌舞,享受“景宁600”产品美味的同时,也带动了乡村农产品销售,促使农村的精神面貌升华、气质不断提升,让人们生活在物质富裕、精神富有的快乐之中。

(刘晓云)

第二篇

缩小城乡差距

《浙江高质量发展建设共同富裕示范区实施方案(2021—2025年)》提出:“拓宽先富带后富、先富帮后富有效路径,推进城乡区域协调发展先行示范。”如何加快缩小城乡发展差距,推进城乡区域协调发展先行示范?省委书记袁家军在中共浙江省委十四届九次全会上指出,“缩小城乡差距,要突出以人为核心,以改革为动力,形成‘组合拳’打法。深入推进以人为核心的新型城镇化,高质量实施乡村振兴战略,健全城乡融合发展体制机制,重塑以工补农、以城带乡,构建城乡新格局。一要加快推进市民化集成改革。二要深入实施新一轮乡村集成改革。要树立系统观念,培育新优势、注入新动能、激发新活力,将乡村优势转化为共同富裕的全局胜势。三要大力实施强村惠民行动。要推进农业数字化、机械化、绿色化发展,梯次创建农业现代化示范区,健全村级集体经济收入增长长效机制,组建强村公司,实现所有行政村集体经济年收入达到20万元以上、经营性收入达到10万元以上,引导支持村集体在带动公共服务普及普惠上发挥更大作用。要完善‘两进两回’机制,畅通城乡要素双向流动通道,推动人才上山下乡、科技汇聚乡村,使乡村成为科技、资金与人才等要素‘进得来、稳得住、干得好’的创业创新乐园。四要以都市区和县城为主要载体提高人口承载和公共服务共享水平”。

本板块选取的案例,就是近年来杭州市余杭区、嘉兴市、嘉兴市秀洲区、嘉善县、湖州市、绍兴市上虞区、义乌市、龙游县、龙港市、仙居县、衢州市等地缩小城乡差距的典型案例。

推进“西部富美”行动
夯实乡村振兴之基

共同富裕是社会主义的本质要求，是中国式现代化的重要特征，要坚持以人民为中心的发展思想，在高质量发展中促进共同富裕。解决“三农”问题，推动乡村振兴是实现共同富裕的必由之路。杭州市余杭区以行政区划调整为契机，同时结合地方特色，以高质量、可持续、快发展为主题，围绕“产业兴旺、生态宜居、乡风文明、治理有效、生活富裕”的总体要求，按照城市和乡村“融合发展、比翼齐飞，各美其美、美美与共”总体发展布局，深入实施“1355”西部富美三年行动。力争到2023年，余杭西部地区乡村经济实力、生态环境质量、文化软实力、公共服务水平和共同富裕幸福指数跻身全国同类区域前列，成为全省全方位展示推进乡村振兴战略、实现共同富裕的主要窗口。到2025年，余杭西部地区乡村产业兴旺发达、环境生态宜居、民俗健康文明、农村社会和谐稳定、农民生活富裕安康，成为全国共同富裕标杆。余杭通过聚焦“1355”西部富美三年行动，全面布局美丽产业高能级发展、民生福祉高质量改善、人居环境高水平提升，着力构建“六个一”工作体系，探索共同富裕的“余杭模式”。

一、目标任务

余杭聚焦“1355”西部富美三年行动(“1”,即围绕打造“乡村振兴样板典范、共同富裕示范窗口”的总体目标;“3”,即聚焦“环境提升、产业发展、民生改善”三个重点领域;第一个“5”,即惠及西部径山镇、黄湖镇、鸬鸟镇、百丈镇和瓶窑镇苕溪以北区域并兼顾其他农村地区;第二个“5”,即在原有政策基础上三年新增投入不少于50亿元,为余杭创建全国共同富裕示范先行区提供有力支撑),未来三年立足西部五镇资源禀赋、产业基础、生态功能和文化基因,统筹推进产业兴美、生活乐美、生态秀美、数字智美、精神和美五大行动,保障共同富裕目标的实现。

(一)聚焦“三个共富”重点领域,推动城乡区域协调发展

美丽产业高能级发展,实现区域共富。2021—2023年,西部五镇农、文、旅产业加速融合,数字低碳经济快速崛起,第一产业增加值增速保持在2.5%以上,第三产业增加值增速保持在15%以上,村级集体经济经营性收入增速在10%以上,城镇居民和农村居民人均可支配收入增速分别在8%和10%以上,中等收入群体规模实现倍增,全区城乡居民收入倍差缩小到1.6以内。

民生福祉高质量改善,实现生活共富。2021—2023年,西部五镇人民群众的全生命周期公共服务实现优质、均衡发展。人的受教育程度不断提高,高等教育毛入学率达到75%,学龄青年接受高等教育(大专及以上)愿学尽学;健康余杭建设不断深化,紧密型医联体体制更加成熟,社区卫生服务中心覆盖率达100%;医养、康养深度融合的养老服务体系加快形成,社会保险全民参保登记率达到100%;公民素质和社会文明程度全面提升,文

明好习惯养成实现率达到93%以上;农村富余劳动力就业服务体系健全,真正实现“家门口充分就业、便利创业”。

人居环境高水平提升,实现生态共富。2021—2023年,西部五镇生态环境质量持续优化,空气质量达到一级标准,地表水达到或优于Ⅱ类水质比例达到100%,“五绿”(绿廊、绿谷、绿道、绿芯、绿轨)工程全面建设完成,碳达峰、碳中和取得明显成效,“绿水青山”向“金山银山”转换的通道提速换挡。共同富裕现代化基本单位建设全域推进,打造全国生态产品价值实现示范区,自主创建一村一品、形态各异的“未来乡村”10个;绿色发展理念深入人心,绿色生产生活方式普遍推广,垃圾分类成为人民群众的自觉行动,生活垃圾分类和无害化处理实现100%全覆盖。

(二)构建“六个一”工作体系,保障共同富裕目标顺利实现

建立一套多方参与、携手共建机制。实施西部“领雁行动”,实现乡村第一书记全覆盖。建立一村一机关一企业(社会组织)结对制度,选聘优秀企业家、社会组织负责人任西部乡村“名誉村长”,营造全社会关心支持西部高质量发展的浓厚氛围。

编制一张西部富美区域发展蓝图。坚持生态优先,严守生态底线,统筹划定生态保护红线、永久基本农田、城镇开发边界三条控制线,布局一批“绿色硅谷”、农业特色小镇、未来乡村、现代农业产业园、林下经济示范基地。

创建一个山城协作发展联合体。建立未来科技城与西部五镇产业协作机制,形成“1+5”山城协作发展联合体,立足西部五镇资源禀赋,梳理并改造提升产业承接空间,靶向导流未来科技城创新创业要素,引导一批孵化毕业的轻资产、数字型、创意型产业项目到西部落地。

构建一体化产业运营体系。建立农产品质量标准和溯源体系,提升

“禹上田园”农业区域公共品牌的知名度、美誉度。塑造区域文旅品牌，统筹设立文旅标识系统、民宿服务标准体系，提升乡村文旅整体竞争力。

实施一批高质量发展项目。三年新增50亿元投资，重点实施“绿色硅谷”、宣杭铁路观光绿铁、“G235”创意经济绿廊、“一心五镇”智慧绿道、北湖草荡湿地“绿芯”、工业园区改造提升、未来乡村建设、百村百园百宿、教育医疗优享、“余悦”文化惠民等十大重点工程。

出台一揽子支持政策。制定出台壮大村级集体经济10条、农业现代化10条、农业经营主体培育10条、“绿色硅谷”10条。推进以土地为重点的农村集成改革，探索农民权益价值实现机制，推行全域土地综合整治。

（三）推进“五美计划”行动，打造美丽乡村余杭样板

按照产业兴美要求，在西部五镇布局“绿色硅谷”瓶窑茶博园、百丈溪口好竹艺小镇；改造提升径山长乐、龙皇塘、俞家堰、黄湖清波、王位山、百丈木桥头、溪口等一批工业园；建设“禹上金扁担”场景应用，打造一站式“三农”金融服务数字平台；推进“百园农业”提质增效，每年改造提升现代农业园区10个左右，创建省级现代农业园区1个以上。

按照生活乐美要求，深入推进“四好农村路”建设，实现西部五镇核心区15分钟内进入高快速路网体系、区域中心至西部五镇30分钟通勤；重塑中北苕溪水网体系，打造城市向西北延伸的慢行河湖生态廊道70千米。推进西部五镇幸福河湖建设，15分钟亲水圈覆盖率达到90%以上；持续深化“千村示范、万村整治”工程，推进美丽乡村1510示范创建和全域环境扩面提升行动，完成约750个组的扩面提升项目，实现美丽乡村建设组级覆盖率达到50%以上。

按照生态秀美要求，完善大径山生态区生态保护补偿机制，推进农村生活垃圾“三化”处理，有效提升农业碳汇能力，高质量完成减污降碳协同、

碳排污权有偿使用与转让两个省级试点，打造全国生态产品价值实现示范区。加强耕地保护和农田建设，新增高标准农田1万亩，改造提升高标准农田2万亩。加快乡村清洁能源推广，打造一批“零碳”“负碳”农场。

按照数字智美要求，以乡村整体智治为导向，加快集成和提升农村集体“三资”管理、农村宅基地和农房管理、乡村自然资源和生态环境等场景应用，打造一批数字乡村样板镇(村)。推进数字技术与乡村产业融合应用，构建农业资源信息数据库，搭建包括农业大数据中心、农产品质量安全、农产品价格监测与服务等模块在内的乡村产业大脑。做大做强“网上农博”平台，深入推进“村播计划”，推进线下体验点和农产品上行村建设，努力实现农产品电子商务年销售额超10亿元。积极探索数字赋能和未来引领路径，聚焦“五化十场景”，高标准、差异化推进未来乡村建设，打造“一村一品”，积极争取省级未来乡村建设试点。

按照精神和美要求，开展农村文化礼堂提升改造，实现镇(街)高星级文化礼堂全覆盖。推进余悦系列阅读空间建设，形成余悦书房、余悦书舍、余悦书Bar等一批具有广泛知名度、品牌影响力的公共阅读空间。推进乡村文化设施与乡村全域旅游深度融合，因地因景布点“小而美”“小而精”的文化体育娱乐设施和乡村景观小品，构建以文融旅优质环境。植入“公益乡村、联盟创客”核心理念，建立乡村公益共同体，推动西部五镇建立公益联盟基金会，打造余杭公益品牌。

二、示范看点

中国共产党成立100多年来，浙江人求真务实、勇于创新、敢于实践，农业生产从传统牛耕到基本实现现代化，农民生活从温饱到实现小康，农村面貌从“千万工程”到美丽乡村建设，走出了一条具有浙江特色的富农强省之路。尤其是党的十八大以来，在习近平总书记关于“三农”工作论述的指引下，浙江“三农”发展全面贯彻落实中央决策部署，坚持干在实处永无止境、走在前列要谋新篇、勇立潮头方显担当，农业农村现代化建设扎实推进，实施乡村振兴战略谱写辉煌新篇章。抱团发展、特色产业、数字文旅……余杭要践行的共同富裕之路，透着温暖和关爱，更凝聚着激励和奋进。三年行动，各类要素在农村充分涌动，这是余杭乡村振兴的生动实践，更是余杭打造共同富裕示范先行区的底气所在。

余杭区通过聚焦“1355”西部富美三年行动，力争到2023年，余杭西部地区乡村经济实力、生态环境质量、文化软实力、公共服务水平和共同富裕幸福指数跻身全国同类区域前列，成为全省全方位展示推进乡村振兴战略实现共同富裕的主要窗口。到2025年，余杭西部地区乡村产业兴旺发达、环境生态宜居、民俗健康文明、农村社会和谐稳定、农民生活富裕安康，成为全国共同富裕的标杆。

三、启示前瞻

（一）习近平“共建共治共享”社会治理理论，是新时代乡村振兴的重要指引

应通过共建共治共享机制建设，破解乡村振兴产业、人才、资金、治理、文化等困境，促成乡村产业振兴、生态振兴、人才振兴、文化振兴、组织振兴，实现乡村“产业兴旺、生态宜居、乡风文明、治理有效、生活富裕”整体目标。

（二）在城市化比例不断提高的背景下实施乡村振兴是城市对农村的一种反哺，是工业对农业的一种反哺

新时代乡村振兴要协同推进城市化发展，促进城市高质量发展，促进居民消费结构持续升级，为乡村振兴奠定需求基础，并根据城市居民的消费需求调整乡村产业供给结构，使乡村振兴与城市发展携手并进，使共同富裕之路越走越宽。

（三）加快健全城乡融合体制机制，促进城乡平等发展

促进农村土地制度改革，如农村宅基地“三权分置”背景下的入市交易等。促进社会保障制度、社会分配制度深度改革，合理配置公共服务资源。建立完善的就业服务体系，重视农民财产性收入和转移性收入共同提升。要继续增加财政一般公共预算中的“三农”投入占比，还要拓宽资金筹措渠道，如提高土地出让收入用于农业农村比例逐渐达到50%以上，实现“取之于乡，用之于农”。政府发挥主导作用，为下乡资本提供制度和政策环境，勇于放权，给农民、市场和社会创造空间，使下乡资本结合本地资源实现共生共荣。

（四）缩小城乡区域差距要以“敢教日月换新天”的豪情，开启西部富美崭新篇章

牢记习近平总书记的殷殷嘱托，以西部富美行动为抓手，加快推动以西部山区为代表的广大农村发展，抢抓国家和省市的战略机遇、“三个全域、三区创建”的发展机遇，特别是实施“1355”西部富美行动计划的历史机遇，把余杭西部建设得更富更美。要以“广阔天地著文章”的手笔，绘就西部富美壮丽图景。一是聚焦创富创美，让余杭西部成为创新发展的新蓝

海。坚持人才引领、创新驱动发展战略，通过打造创新载体、发展创新产业、集聚创新要素，最大限度发挥生态环境优势，走出一条创新协作、活力迸发、绿色低碳的高质量发展之路。二是聚焦村富业美，让余杭西部成为乡村振兴的样板典范。紧紧围绕发展现代农业，通过加快农业现代化、推动农文旅融合、壮大村级集体经济，推进农村一二三产业融合发展，构建现代乡村产业体系，打通“绿水青山”向“金山银山”的转化通道。三是聚焦民富村美，让余杭西部成为人人向往之地。积极拓宽农民增收渠道，深入建设美丽乡村，不断完善西部公共配套，大力推进乡村新社区建设，努力实现“城市让生活更美好、农村让人们更向往”。四是聚焦共富共美，让余杭西部成为共同富裕示范窗口。坚持党建引领，强化改革赋能，建设美好社会，将“1355”西部富美行动计划与共同富裕示范区建设有机结合起来，充分发挥基层党组织战斗堡垒、广大党员先锋模范作用和数字化改革的引领撬动作用，进一步丰富农村精神文化生活，真正实现协调推进、互促共进。

（冯利斐）

深化城乡融合发展体制机制改革
打造共同富裕县域样本

从党的十六大提出“统筹城乡发展”，到十七大、十八大的“城乡发展一体化”，再到十九大的“城乡融合发展”，建立健全城乡融合发展体制机制和政策体系，是党中央顺应城乡融合发展趋势，重塑城乡关系的重要举措。龙港曾经是特大镇的典型代表，是中国第一座“农民城”，是“温州模式”的发源地，也是全国首例撤镇设市。龙港通过不断深化城乡融合发展体制机制改革，打造了共同富裕的县域样本，在中国改革和发展史上有着十分重要的意义。本文针对龙港市深化城乡融合发展体制机制改革，打造共同富裕县域样本进行分析，总结其主要做法和示范看点以及启示前瞻，不仅具有重要的史料留存价值，而且对于其他地区如何通过城乡融合发展体制机制改革高质量推进共同富裕具有重要的借鉴作用。

一、主要做法

在建设共同富裕示范区的县域样本过程中，龙港坚持把城乡融合摆在重要的位置上，把专注于缩小城乡差距、提高百姓获得感作为一切工作的出发点和落脚点。主要有以下做法。

（一）全域农村社区化

龙港市坚定基层治理社区化的发展方向，强力推进全域“村改社区”改革，仅用不到一个月的时间就圆满完成73个村的“村改社区”任务。龙港市通过协同推进“全域村改社区”，撤销73个行政村，建立102个社区，龙港成为温州市第一个没有村委会的县域，21万名村民全部转为市民，享受与城镇居民同等的公共服务。在农民变市民的背景下，龙港市围绕宅基地所有权、资格权、使用权“三权分置”，深入探索落实宅基地集体所有权、保障宅基地农户资格权。激活宅基地使用权，探索建立“规划规模管控、节约集约利用、兼顾公平效率”的宅基地管理制度，宅基地跨社区调剂保障，坚持农民自愿原则，依申请实施。由各社区成立集体经济组织联合会，对选址、委托代建、宅基地跨社区调剂等事项形成共同约定，并与国有公司签订委托代建协议。国有公司作为一个平台，不以盈利为目标，宅基地腾退利用过程中产生的利益全部返给农民和集体经济组织，代建房屋以成本价供给农户。

（二）全域户籍市民化

户籍制度是制约城乡融合发展和促进共同富裕的一大障碍。2020年，龙港市以“没有本地人外地人，来了就是龙港人”为导向，深化全域人口市民化集成改革。户籍制度改革是其中的核心项目，本次户籍制度改革的主要做法有：(1)放开人才引进落户条件；(2)取消亲属投靠落户中对父母的年龄和人员数量的限制；(3)大大放开“合法稳定住所”的认定范围和居住地落户、社保就业落户条件；(4)大大放开落户地的选择；(5)扩大具有突出贡献的政策性落户人员范畴，有效期限由2年延长至3年；(6)对投资创业人员举家搬迁实行照顾性落户；(7)取消市内迁移落户城镇和农村的条件区别。户籍制度2.0改革全面放开落户限制，真正实现落户零门槛，为想进城的农业转移人口扫清了障碍。

（三）全域治理一体化

龙港市通过党建引领以整体智治理念深化基层治理扁平化、网格化、社区化、信息化“四化”集成改革。龙港市“市管社区”穿透式直接管理，在实施全域“村改社区”的基础上，2021年进一步优化设立26个社区联合党委，26位市领导、15个市直党政单位与之责任捆绑、同奖同罚。通过“三位一体”组团式一线响应，强化社区联合党委、联勤工作站、综合服务中心三方联动，健全完善“社区吹哨、部门联动”和社区治理“一件事”等运行机制。

（四）全域公共服务均等化

一是同等市民待遇。积极申报国家城乡融合发展试验区，彻底打破城乡二元结构，“村改社区”后，原来的农民在养老、教育、医疗和就业等多方面能够享受市民同等待遇。二是完善基础设施。利用龙港扁平化管理的优势实行全域城市化，实施城乡同步规划、同步施工、同步发展繁荣。投资75亿元完善农村“五好”公路等基础设施建设，优先安排用地指标用于农房集聚改造，加快农村集体土地入市和宅基地流转改革，弥补公共服务短板。三是提速公共服务。龙港市设置党建服务、综治工作、市场监管、综合执法、便民服务5个工作模块，梳理528项县级公共服务职能下放，职能部门1/3以上力量下沉，通过部门职能延伸、公共服务事项端口前移，实现服务重心下移。

二、示范看点

龙港市积极推进城乡融合体制机制改革，建设共同富裕示范区的县域样本过程中，主要有以下示范看点。

（一）推动城乡差距不断缩小

龙港市积极推进城乡一体的保障机制，推动城乡融合发展。龙港常住人口城镇化率从64.16%提高到96.89%，基本实现基础设施建设同规同网、公共服务同城同待遇。城乡居民人均可支配收入分别达到55298元和29656元，增速高于同期GDP增速。城乡居民收入倍差缩小到1.86，提前达到2025年城乡居民收入倍差缩小到1.9以内的省定目标。

（二）推动治理模式不断升级

龙港市通过撤销九大片区党工委，并全面实施全域“村改社区”改革，将102个社区整合为26个联合社区，“一竿子插到底”，真正实现了市直管社区，完成了城乡改革从1.0过渡版到2.0升级版的蝶变。充分发挥数字化改革牵引作用，在城市大脑框架下接入“智慧应急”“智慧交通”等一批多跨应用场景，有效归集630多万条基础数据，将基层治理、情指行一体化、12345应急处突指挥等五大平台全面整合，探索“一张智网管全域”的数字治理新模式，实现以40%的行政资源高效承接100%的行政管理职能，达到“低成本、高效率”的改革目标。

（三）推动要素自由流动

在改革过程中，龙港围绕“人、地、钱”，使人口、土地、资本等关键要素充分、自由流动，为龙港城市化提供了源源不断的活力。龙港市坚持以“龙港没有外地人”为导向，全面放开落户限制，有序推进农业转移人口和外来人口市民化，促进人口与经济社会全面协调发展，真正实现落户零门槛，为想进城的农业转移人口扫清了障碍。建立宅基地跨社区保障机制，优先保障无房户、危房户、住房困难户、因土地征收或搬迁独居孤寡老人等特殊群体的专项建设用地指标和妥善安置。通过社区化、货币化、异地安置等多样化的宅基地资格权保障方式,充分实现基本居住权益的兜底保障。建立“产权明晰,流转顺畅”的宅基地流转市场。以城镇规划范围内的宅基地转为集体经营性建设用地入市为突破口,逐步推进宅基地使用权(农房)市域范围流转的制度建设和实践探索。赋予宅基地资格权人应有的处分权、收益权,包括以转让、继承、互换、赠与、出租、抵押、入股等方式流转宅基地使用权。完善套式农房房地一体转让的合同管理和确权登记发证机制,建立了全市统一的宅基地使用权和农房流转交易平台,推动要素自由流动。

(四)推动城乡公共服务均等化

全面开展城乡公共服务均等化,优化城乡基本公共服务布局,增加农村公共服务可及性。改善乡村基本公共服务设施,推动城乡公共服务一体化建设。创新村级人才机制,推进基层公共服务人才定向培养;采用名师、名医轮岗等制度,加强基层公共服务人才流动机制建设。提升乡村数字化水平,通过远程教育、远程诊疗提升农村公共服务水平。龙港市共保障公共配套设施用地需求14.6419公顷,其中盘活存量建设用地7.4652公顷,使用建设用地流量指标6.9556公顷,至规划末期,新增公共配套设施11.6804公顷,公共配套设施占村庄用地比重由3.60%上升至5.29%。通过整治切实改善农户的生产生活条件,人均公园绿地、健身场所用地由2.64平方米/人提升至3.42平方米/人。龙港市通过突出政府在公共服务供给中的主体地位,加快形成政府主导、市场主体与社会组织广泛参与、灵活高效的公共服务多元供给体系,实现90%以上的个人事项就地办理,形成“15分钟便民服务圈”,打造老百姓家门口服务站。

三、启示前瞻

龙港是传统“乡土中国”向现代“城乡中国”转型过程的一个缩影。其发展过程呈现了乡村城镇化与工业化相互交织的复杂过程,要素市场化和商品市场化齐头并进的发展过程。经过30多年的不懈努力,龙港镇终于甩掉了“农民城”的头衔,成为一个真正意义上的市。龙港市通过不断实践城乡融合体制机制改革,打造了共同富裕的县域样本。对中国改革和发展有着十分重要的启示意义。

(一)通过建立健全城乡“人、地、钱”相互流转机制,推动共同富裕创新性发展

建立健全城乡融合改革促进共同富裕是一项长期的任务,需要统筹资源配置、调整产业结构、资源相互流转。一是人力要素方面,通过户籍制度改革,全面放开城镇落户限制,加快推进全域人口市民化全面落地。通过农村工业化改革,鼓励有能力外出经商人员返乡创业,促进城乡大市场劳动力要素有机循环。二是土地要素方面,全面实施土地整治活动,实施农村社区化,围绕宅基地所有权、资格权、使用权“三权分置”,深入探索落实宅基地所有权、保障宅基地农户资格权、放活宅基地使用权,建立宅基地跨社区调剂保障体制。三是资本要素方面,龙港创新资源要素优化配置实现方式,积极探索政府与社会资本合作的方式,尝试以存量节余指标收益为盈利平衡点引进浙江省振兴乡村建设投资发展有限公司统筹各类整治项目和建设的投融资活动。

（二）通过均衡化服务体制改革，推动共同富裕共享性发展

在我国城乡发展进程中，政府在广大乡村地区的公共服务制度供给缺位问题突出，造成乡村产业、村民转型和农村繁荣缺乏制度保障。城乡供给服务非均衡化等问题影响了政府对公平正义理念的维护、全社会的稳定团结以及社会经济生活的正常健康发展。针对公共服务非均衡化等问题，龙港积极推进改革。在高质量打造共同富裕的县域样本实践中，龙港在“做大蛋糕”的同时积极推进“分好蛋糕”。龙港市通过均衡化服务体制改革，统筹做好收入分配、社会、教育、医疗、养老、住房等方面的民生福祉工作，使全体人民在共建共享发展中有更多的获得感，实践了以人民为中心的主旨，且通过整体智治理念，促进龙港市市民享受同等市民待遇，完善基础设施、提速公共服务。

（三）通过民本自发推进的诱致制度变迁和政府自觉推动，促进共同富裕可持续性发展

一是民本力量的自发推动。龙港经历了“龙江港区”的设立、“龙港农民城的兴建”和“龙港撤镇设市”，是龙港人民锲而不舍努力的结果。龙港通过市场自发力量推动了商贸的发展，也带动了相关商品的生产，靠着“民本”力量解决了农民转移、产业升级和农村建设，推动了城乡融合发展。二是民本推动下政府自觉。龙港市政府审时度势，大胆决策，积极改革，顺应群众的需求，建立城乡融合的社会管理制度、科学合理的产业布局制度，逐步缩小了城乡差距，为城乡居民提供平等的公共服务，构建美好社会，打造共同富裕的县域样本，为全国提供了可复制、可推广的经验和启示。

（杨美凤）

打造农业经济开发区
构建新型工农城乡关系

按照习近平同志有关统筹城乡发展的嘱托，嘉兴持之以恒地进行改革赋能：从2004年出台城乡一体化发展规划纲要，到2008年全面开展“十改联动”推进统筹城乡综合配套改革，再到2018年实施乡村振兴战略，奏响新时代的田园牧歌、复兴升级版的农耕文明、打造世界级的诗画江南，嘉兴在统筹城乡发展道路上始终走在前列。近几年来，嘉兴现代农业发展指数一直徘徊在中上水平，农民人均收入进入爬坡期，美丽乡村新的问题、瓶颈开始浮现，尤其是村级集体经济壮大发展、土地资源要素保障、农业主导产业和农产品附加值、产业链等方面或多或少碰到了困境和阻力。

正是在这样的背景下，农业经济开发区应运而生，作为一种新型农业发展平台，其核心是突破传统的农业发展思维，以深化农业供给侧结构性改革为主线，借鉴工业发展和城市建设的经验做法，树立“像抓工业一样抓农业、像工业一样建园区、像工业一样抓招商引资”的核心理念，聚焦当前农业发展的难点、瓶颈与短板，打出系列创新发展和为农服务“组合拳”，探索全产业链、高附加值、可复制的现代农业发展道路，加快推动形成工农互促、城乡互补、协调发展、共同繁荣的新型工农城乡关系，为开辟农业发展新空间、进一步缩小城乡差距、加快实现共同富裕进行前瞻性探索。

一、主要做法

2017年11月，浙江首个农业经济开发区——平湖农业经济开发区在嘉兴平湖广陈镇揭牌成立。农开区与广陈镇实行区镇合一，一套班子、两块牌子。经过一年多的运作，取得了显著成效。2019年，嘉兴市开始总结推广平湖经验，要求每个县(市、区)都要规划建设面积不少于2万亩的农业经济开发区，并纳入乡村振兴和国家城乡融合发展试验区考核。

(一) 塑造三种理念，筑牢农开区四梁八柱

"开放发展"的政治支持理念。牢固树立"项目为王"的理念和"亩产论英雄"的导向，像抓工业招商一样，全力以赴抓农业招商，积极争取国际一线农业品牌企业、国际一流农业高科技企业、国家级农业龙头企业、上市公司等来嘉兴投资兴业。围绕农业供给侧结构性改革，完善项目准入制度，建立产业负面清单，提高项目质量。优化营商环境，在管理机制、政策体系和要素保障等方面先行先试，加大用地政策向农开区的倾斜力度，将农业经济开发区打造成为海内外客商投资的首选平台。

"三产融合"的整体发展理念。突破传统农业园区的功能定位，用发展工业的理念推进农业园区建设，农开区谋划伊始就定位为"农业硅谷、农创高地"，力求成为乡村振兴战略的大平台、主阵地、先导区，让资金、人才、服务、科技等资源更多更快更好地回归农村、流向农业、造福农民。按照农村一二三产业融合发展要求，提出"产业生态化、园区景区化、农旅一体化"目标，农开区内建设标准向工业园区看齐，做到"三通一转"(通水、通电、通路和土地流转)。完成乡村振兴战略规划、土地利用规划、村庄规划等多规合一，建成乡村绿道、农业展示馆、园区道路桥梁等一批基础设施项目。加

快推进全国农业产业强镇、部省合作乡村振兴示范点、浙江省现代农业园区创建等工作，启动农创小镇、农业公共服务中心、农创学院、院士专家楼等重点配套工程。

“区镇合一”的经营运行理念。农开区与所在镇(街道)全面实行区镇合一实体化运作，管委会一般下设农业发展办公室、招商服务办公室等多个专业职能部门，更好适应园区开发建设需求。按照大部制、公司化、专业化原则，组建农开区集团公司，下设专业公司，形成“1＋N”集团公司运行模式，分板块负责项目基建、营销企划等工作。同时，管委会机构与公司部门相关岗位交叉任职，组建全能型“农小二”服务团队，结合“最多跑一次”改革，实现产业招商、项目开发、环境优化、配套提升、主体经营等工作环境全流程跟踪、一条龙服务。

（二）实践三类模式，促进农开区强筋健骨

“无中生有型”。一些地区有相应的农业基础，但现代农业指数较低、农民增收缓慢，特别是在农业主导产业和农产品附加值、产业链方面碰到瓶颈和阻力。这些地区充分发挥空间足、商务成本低的“后发优势”，通过全新发展规划、强力招商引资和有效要素配置，在较短的时间内打造一个现代农业发展新高地，实现农业经济转型“换道超车”。如平湖农业经济开发区总体规划为“一园四区三组团”：农产品加工园(农业先进装备制造区)，“四新”农业示范区、绿色农业示范区、产乡融合示范区、浙沪产业合作示范区，以及西部、东部两个优质粮食生产主导区和中部生态涵养区。

“园区提质型”。如桐乡农业经济开发区，在比较成熟的现代农业园区、农业科技园、田园综合体等基础上，为进一步整合资源、优化布局、提升形象，以农开区建设为新平台和载体，通过政策引导，进一步集聚土地、资金、人才、项目等资源要素到农业经济开发区。

“网络组团型”。如嘉善、海宁等地的农开区规划范围往往是跨行政区域的,一般包含几个镇(街道)的若干区域。如嘉善县在全县范围内布局,分别成立了魏塘街道、惠民街道、干窑镇和天凝镇四个农业经济开发区分区,形成“1+X”的网络化功能框架。海宁市农业经济开发区采取“组团式”,选取尖山新区(黄湾镇)、海昌街道、马桥街道三个地区,分别实施了“一核三区一带”“一心一环两带五区”“一心七组团”等相对独立的二级规划。在运行机制上,由县(市)农开区统筹协调、组织领导、重大决策,以县(市)农业农村局等部门为成员的管委会办公室为中心,其他相关镇(街道)各自成立农开区,实施区镇合一模式。

(三)完善三种机制,实现农开区行稳致远

完善组织实施。在组织领导方面,嘉兴市专门成立了市农业经济开发区建设领导小组,各县(市、区)也都成立了由政府主要负责人或分管负责人任组长,县级相关部门和开发区所在镇(街道)为成员的农业经济开发区建设领导小组,负责统筹协调工作。农业经济开发区管委会实现县域全覆盖。在实体运作方面,除南湖区沿用原有的湘城新农村开发公司以外,其他县(市、区)均新注册成立了专门的运行公司,总注册资本达到12.7亿元。

完善政策体系。在用地方面,明确“两个5%”农业用地政策(预留5%左右的规划建设用地指标、每年5%的年度计划指标和统筹城乡建设用地“增减挂钩”节余指标保障农村产业发展)对开发区优先安排、重点保障,各地通过全域土地整治盘活土地资源,全市农开区内新批建设用地279.5亩、设施用地229.7亩。在资金方面,市、县两级财政对农开区建设给予6000万—9000万元的扶持,其中,市级财政对市本级两个区的农开区建设分三年分别给予3000万元/个的补助。在人才方面,市级层面出台了支持乡村振兴的人才新政,南湖区对农开区内的农业高层次人员给予0.5万—3万元的

补助，海盐县对农开区内的优秀农业人才在住房、医疗、子女就学等方面优先保障，平湖市通过“引资＋引智”先后引进博士3名、硕士19名，桐乡市对入驻农创园的农创客减免三年租金等。

完善新招商办法。各地通过不同形式加强招商引资，如南湖区在上海举办农开区专场推介会，秀洲区成立长三角毗邻地区农业农村合作联盟，嘉善、平湖、桐乡分别举办了农业经济洽谈会，海盐县通过中介招商、以商引商等形式强化项目引进，海宁市先后赴北京、深圳、上海等地招商。嘉善县还出台了《农业投资项目评价暂行办法》，强化项目准入。农开区已成为乡村振兴“两进两回”最活跃的土壤。

二、示范看点

嘉兴全市农业经济开发区的设立已实现了县（市、区）全覆盖，总规划面积48.6万亩，其中核心区面积17万亩。2021年，新引进项目51个（累计137个），合同超亿元项目20个（累计47个），新增涉农投资46.52亿元（累计100.75亿元），涉农总产值55.71亿元。全市7个农开区涉农产值占比近10%，其中核心区亩均产出2.25万元，超出面上产出水平的3倍。农业经济开发区真正成为推动农村产业高质量发展的“硬核”支撑。

（一）“效工引农”的理念创新：跳农为农、兴产兴农

农业经济开发区强调“跳出农业发展农业”和“以工业的理念发展农业”，强调外引内联，以增量激发存量，其根本目的是实现城乡共进、共同富裕。这种体制机制上的创新，重点还是破解过往“三农”政策落实不到位、要素保障不力的痼疾，但农业经济开发区姓农、兴农、为农的宗旨定位应始终如一。这是因为农业经济开发区的土地现状及未来发展的土地性质，决

定了农业经济开发区必须服务于“三农”，防止出现披“农开区”之“皮”、干“工业项目、房产商业项目”之事的错误倾向，其核心要义是招引优质资源、激发现有存量资源，招商“引进来”只是第一步，重点还是如何实现与本地农业资源的有机衔接。

（二）“资源回流”的要素配套：高要素流动、多维度业态

农业经济开发区以高效基础设施和扶持政策为引流口，大力汇聚涉农人流、物流、信息流，激发资源要素互补匹配效应，催生更高维度的乡村商业物种与业态，从根本上破解传统农业“无人、无地、无效益”的痼疾短板。农开区内基础设施建设标准向工业园区看齐，不仅做到“三通一转”，还要完善旅游、科创、商业、社区等相关公共设施和公共服务配套建设。同时，创新出台农业项目准入政策、农业产业扶大扶强系列政策，各农开区在人才、税收、租金等方面都制定出台了不同程度的优惠政策，鼓励招大引强、吸引高素质人才和新型农创客入驻创业创新。通过发挥设施用地、财政资金“四两拨千斤”的作用，促使农业走上工业式“大投入、大产出”的发展之路。

（三）“城乡互融”的空间整合：多规合一、多态合一

以城乡统筹、城乡一体、产业融合的思路规划、开发、建设农业经济开发区，体现共富共美共进的发展理念。按照一二三产业融合发展要求和“产业生态化、园区景区化、农旅一体化”目标，通过乡村振兴战略规划、土地利用规划、村庄规划等多规合一，最大程度将现有城镇发展与乡村资源有效整合、整体发展。一个典型的农业经济开发区包括田园小镇、特色产业带、农业创业园、田园综合体、现代农业科技园、美丽乡村等多种业态和主体，不仅可以有效发挥各类平台的优势特色，也可以激发不同主体产生资源互补效应，有助于降低设施成本、拓展市场空间、平抑市场风险、创建

区域品牌等,形成新平台规模效应。

三、启示前瞻

(一)农业创新发展要突出国家战略的融合聚变

农业农村工作一定要放到新型城镇化、乡村振兴、科技创新、数字经济、生态文明等发展大局中谋划,尤其是突出国家战略的融合聚变,在构建新型工农城乡关系的创新实践中实现跨越发展。“以工促农、以城带乡”不仅要从要素保障、资源回流等角度考虑,更要从管理理念、运行机制角度去借鉴工业、城市发展的有效经验,只有建立城乡统筹、工农融合发展的体制机制和政策体系,才能做到工业农业同步发展、城市乡村统筹建设,真正实现城乡融合与工农互促。

(二)农业园区高质量发展要突出“有为政府”有效补位

从多年来全省现代农业园区建设实践看,凡是组建实体运作管理机构的地方,工作措施就实、推进力度就大、工作成效就好。与现代农业园区政府扶持、主体投资的发展道路不同,农业经济开发区克服了平台实体缺位的短板,在组织体系构建上设立实体化管委会和投资开发公司,运行机制体现“政府搭台、企业运作、社会参与、农民得益”原则,既要引进发展产业,同时还要通过管理机构和平台,走建设与开发同步、政府与市场协同的发展路子。当前,乡村振兴战略对现代农业园区建设提出了更高要求,抓园区工作不能重申报、轻建设,不能“一规(规划)了事”,而要实打实地推进项目建设,紧盯世界领先、国内一流的农业“四新”项目和农业综合性服务产业项目,狠抓农业招大引强,以高质量项目加快形成高质量农业产业。理顺管委会和投资运营主体关系，建立健全组织体系，在干部配备上优先考虑，将农业农村优先发展要求在园区建设中落实。

（三）要素保障机制要突出持续创新

在一二三产融合发展大背景下，农业已从传统的种养业向二三产业延伸，更加依赖农业设施、农业机械和农业信息化设备与技术，对基础设施要求更高。农业经济开发区积极创新生产性设施投资建设方式，采取共享经济的办法，扩大推行“建用分离”，由园区实体运作机构与村集体经济组织通过股份合作，投资建设育种设施，种源、大棚设施，以及生产管理系统、农业机械、物联网技术、冷链系统、仓库、办公用房等生产设施，再租用给项目经营主体，既降低经营主体的投资压力，又增加村集体增收渠道，为引入农业大好高项目、为生产主体提供优良的“阳光雨露”。其创新做法启示我们，农业发展要坚持“缺什么补什么”，着力从体制机制上进行突破，大胆改革创新、出台硬招巧招，对基础设施、财政投入、公共服务等“三农”发展亟需领域进行实打实的保障，才能有力地促进新产业新业态新平台的健康发展。

（朱莹莹）

探索"两分两换"土地改革
统筹城乡一体发展

推进城乡融合发展，是对国家现代化发展规律的深刻洞察，是对我国国情农情、城乡关系的科学把握，也是对统筹城乡发展、推进城乡发展一体化战略的继承和升华。近年来，嘉兴在推进城乡一体化、实施乡村振兴战略上探索实践，久久为功，推动嘉兴统筹城乡发展走在前列，全市统筹城乡发展指数多年保持全省第一。2019年，嘉兴市城乡居民人均可支配收入比为1.66∶1，远远小于全国的2.64∶1、浙江省的2.01∶1；秀洲区城乡居民人均可支配收入比为1.55∶1，为嘉兴市七个县(市、区)的最低。秀洲区陡门村"两分两换"土地使用制度改革，是嘉兴统筹城乡发展的成功案例。当前，在重塑城乡关系，走城乡融合发展之路的大背景下，剖析陡门村土地流转的做法，对于指导城乡融合发展具有一定的现实意义和理论意义。

"两分两换"是农村土地流转的体制机制创新。以"宅基地置换城镇房产，土地承包经营权置换社会保障"为重点内容，即宅基地换钱、换房、换地方，推进集中居住，转换生活方式；土地承包经营权换股、换租、换保障，推进集约经营，转换生产方式。"两分两换"旨在节约集约用地，有效解决"三农"问题，加快形成城乡经济社会发展一体化新格局。开展"两分两换"，一为有效盘活农村宅基地，节约集约用地，解决工业化、城市化的土地空间；二为有效增加耕地，加快推进农业适度规模经营，发展现代农业；三为农民进城入镇定居就业创造条件,拓展农民发展空间;四为推进农村居住科学规划布局,改善农村生产生活条件和生态环境质量。

陡门村位于秀洲区新塍镇东南,南临京杭大运河,东接秀洲国家高新区(原秀洲工业园区),东北连高照街道高家桥集镇,嘉湖公路横穿而过,交通便利。全村区域面积6.79平方千米,有26个村民小组,共836户,在册人口2905人。2008年,陡门村被确定为嘉兴市和秀洲区的“两分两换”试点村,是秀洲区唯一一个分散村落整村搬迁、集中安置和旧村落宅基地整理、复耕和土地租赁经营的村。“两分两换”实施以来,改善了农民居住条件,提高了农民生活质量,让农民共享改革开放成果。

一、示范看点

土地流转对于建设农业现代化、推进城乡一体化具有不可或缺的作用。陡门村开展“两分两换”工作,激励农民自愿流转宅基地、承包田地,农民由农村走向城镇,实现农民变市民,促进现代农业发展和规模经营,破解了土地要素的瓶颈制约,为工业化、城市化推进提供了发展空间。一是村庄整体搬迁集聚,宅基地置换城镇房产。2011年12月,村民搬入新建小区陡门花苑统一安置,实现集中居住、社区化管理,享受城镇生活。二是土地承包经营权整村整体流转,以流转租金置换城乡居民社会养老保险。土地流转金按照“实物保底、定期调整”的办法确定,对年满16周岁的在册村民补助1万元/人,用于个人缴纳养老保险;对未参加职工养老保险的所有60周岁老人,全部纳入城乡居民养老保险。陡门村“两分两换”实现了土地资源利用集约化、农民就地就近城镇化、城乡产业发展融合化的良好格局。

（一）土地资源利用集约化

陡门村“两分两换”有序推进土地流转，使农村零散土地和闲置土地得以整合，提高了土地利用效率和产出效率。一是住宅用地节约。“两分两换”之前，陡门全村农户宅基地占地面积647.18亩，通过土地整理，盘活了原农户之间道路占地、农户庭园占地、边角等不能利用的土地420.37亩。农民集中安置的陡门花苑均为五层的多层住宅，安置小区总占地面积270.56亩。通过农民集中集聚，节约土地796.99亩，农户户均占地面积从1.28亩降为0.13亩，有效盘活了农村宅基地，实现了节约利用土地的目标。二是农业经营集约。“两分两换”之前，原先在集镇从事二三产业的农民不能把他们土地承包经营权流转出去或是零星的流转，造成农用土地的闲置和低效利用，影响规模经营。陡门村农民承包土地整村流转之后，为农业适度规模经营、发展现代农业夯实了基础，全村7800余亩土地由镇、村统一招标发包。陡门共有38个承包主体(户)，主要从事粮食、果蔬、苗木、药材等种植，提高了农业规模化经营水平。

（二）农民就地就近城镇化

新型城镇化的重点是农业转移人口的市民化。陡门村“两分两换”，通过土地综合整治，建设安置小区，以宅基地置换城镇房产，解决了农民的安居问题，也实现了农民集中居住，“离土不离村”，就地就近实现城镇化。在建设安置小区的同时，周边的二三产业发展空间和幼儿园、卫生室、文化礼堂、农贸市场等公共资源同步规划、分步建设，为居民提供公共服务和发展机会，这里基本享有与城镇居民均等的公共服务。陡门花苑不但安置了村民，还吸纳了在秀洲国家高新区就业的5000余名新居民入住。

(三)城乡产业发展融合化

陡门村“两分两换”,在农民自愿的前提下,村级组织有偿收回闲置宅基地。区政府优化村庄用地布局,通过土地整理、集约利用土地,换取建设用地指标。在符合规划、用途管制的前提下,有效利用零星分散的存量建设用地,用于发展经济,促进农村一二三产业融合发展,实现农民居住向小区集中、工业企业向园区集中、土地向规模经营集中,改变长期以来农村土地资源分散造成的土地利用率低、集聚效应不高等状况。同时,依托秀洲国家高新区快速发展的机遇,以先进制造业和现代服务业为主,三次产业融合发展,全力打造数字小镇,培育发展城乡产业协调发展先行区,推动城乡要素跨界配置和产业有机融合。

二、启示前瞻

重塑新型城乡关系,走城乡融合发展之路,促进乡村振兴和农业农村现代化,是实现“两个一百年”奋斗目标的客观需要。建设社会主义现代化国家,短板在农村,难点是实现农业农村现代化。陡门“两分两换”,打破城乡二元体制,促进城乡融合发展,有利于推进新型城镇化和实现农业农村现代化,这些经验可复制、可推广。

(一)农村土地承包关系稳定不变

陡门村“两分两换”,在依法、自愿和有偿的前提下,逐步实现土地承包经营权整村流转,土地流转过程中始终坚持“三不”,即土地所有制性质不改、耕地红线不破、农民利益不损。这一做法与2019年4月15日中共中央、国务院出台的《关于建立健全城乡融合发展体制机制和政策体系的意见》

中"坚持守住底线,防范风险。正确处理改革发展稳定关系,在推进体制机制破旧立新过程中,守住土地所有制性质不改变、耕地红线不突破、农民利益不受损底线"高度吻合,有利于农村社会稳定和防范经济社会风险。

(二)农村居民收入实现多元增长

陡门村"两分两换"后,呈现出农民就业率高、家庭增收明显、城乡居民收入差距缩小等良好局面。一是有稳定的工资性收入。陡门村劳动力受教育程度较高,高中以上文化程度的占69.9%,其中大专以上的占11.76%,因为农民自身素质较高,能较快地适应工商企业用工要求。"两分两换"推行四年后,对陡门村作问卷调查,回收的204份问卷显示,有202人实现就业,农民就业率达99.02%。二是有稳定的财产性收入。陡门村紧邻秀洲国家高新区,园区大量新居民的涌入为房屋租赁提供了广阔的市场。陡门村宅基地换房,农户平均换得2.5套、约300平方米的住房,自住以外,平均每户有一套以上的住房可以出租。三是有稳定的土地租金收入,陡门村流转土地通过村级组织统一发包,农民获得租金。流转以来,土地租金按照国家粮食保护价增长而增长的机制,租金从2009年的600元/亩增加到目前的900元/亩。

(三)农民住房依法合规入市

宅基地及地上的房屋,往往是农村家庭的最重要的财产,宅基地使用权流转的合法化能帮助农民增加财产性收入,让农民分享市场化改革的成果。随着经济社会发展和城镇化进程的加快,一些农民长期在城市或集镇工作,他们不在农村自己的农房里居住,导致农村宅基地和房屋利用率不高或闲置。农村宅基地实行无偿使用,不仅造成了农村宅基地利用效率低下,而且导致农村房屋这一巨大的财产无法交易,想去城市或集镇落户的农民因为农房无法变现，成为城镇化的巨大障碍。陡门村“两分两换”土地使用制度改革，释放乡村活力，让农民承包的土地和宅基地流转分开，在农民自愿的前提下，依法有偿收回闲置宅基地，将其转变为集体经营性建设用地入市、增值。农民安置小区陡门花苑的住房产证齐全，可以直接入市交易，使原先在城镇或市区工作、农村房屋利用效率不高或闲置的房产，通过宅基地换钱、换房实现农房的盘活、增值，帮助农民增加财产性收入，让农民分享改革的成果，为农民变市民、农民向城市和城镇迁移奠定了经济基础。

（杜建新）

全面推进城乡融合
加速提升县域品质

城乡一体化是中国现代化和城市化发展的新阶段,是实现共同富裕的有效抓手。面对当前城市越来越大、乡村越来越空的现实困境,如何坚持共同富裕理念,推动城乡一体化发展,是值得深入思考的重大命题。浙江省嘉善县地处杭嘉湖平原,毗邻上海,位于长三角核心区域。近年来,嘉善按照均衡发展、一体发展思路,聚焦城乡发展不协调、设施不完善、服务不均衡,坚持城乡规划布局、基础设施、公共服务三个一体化的发展路径,着力破解城乡发展不平衡、不充分问题,取得了明显成效。2020年,嘉善城乡居民收入比为1.602∶1,农村居民可支配收入为40741元,突破“4万元”大关,城镇化率超过64%,位居全国前列。嘉善县自觉主动解决城乡差距问题,以规划布局、基础设施和公共服务的一体化推进城乡融合发展,其思路和做法值得借鉴。

一、主要做法

从时间轨迹上来讲,嘉善县推进城乡一体化发展大致经历了三个阶段。起步期:2004—2007年。编制实施《嘉善县城乡一体化发展规划纲要》,优化城乡空间格局。快速发展期:2008—2012年。2008年,嘉善县成为习近平同志的基层联系点,不断完善统筹城乡功能布局,形成一个中心城区、两个城镇副中心和其他新市镇协调推进的城乡发展新格局。融合发展期:2013年至今。2013年,经过国务院发文确定,国家层面批复实施嘉善示范点建设相关方案,嘉善进一步着眼县域全局的整体性规划,打破城乡界限,真正做到全域优化布局,城乡整体谋划、整体推进,进入城乡发展全面融合阶段。

(一)坚持规划先导,科学谋划城乡发展布局

一体发展、规划先行。2004年以来,嘉善县深入开展"多规合一"、以"东重西优、生态两翼"的要求编制规划,完成一体化发展纲要和实施细则。其中,东部是重点发展区域,西部是优化发展区域,南北两翼作为生态保护的屏障一同发展。规划包括了县城到城镇到乡村三个级别,促进城乡资源的合理流动和互联互通。按照新型城镇化发展要求,2009年,嘉善县把原有的11个镇进行了重新划分,改为6个镇、3个街道,形成了更加完善、协调推进的城镇发展新格局。2013年、2017年,国家层面两次批复实施嘉善示范点建设相关方案,明确"四区一园"的定位以后,嘉善进一步着眼县域全局的整体性规划,打破城乡界限,全域优化布局,真正做到县域一本规划、一张蓝图,城乡整体谋划、整体推进。为更好地破解农村发展短板,推动城镇化触角向农村延伸,嘉善持续优化县域村庄规划布点,将原先分散的1000多个自然村居民点进行了重新调整(见表1),调整后共249个规划布点,并在推动乡村振兴中进一步加以优化,在缩小城乡之差的同时充分彰显城乡之别。

表1 优化后的嘉善县村庄规划布点

城镇新社区	农村新社区	农村自然村落	农村特色自然村落
21	66	144	18

（二）加快经济转型，持续缩小城乡收入差距

一是以产业兴旺促增收。抓住“浙江接轨上海第一站”的区位优势，按照“东重西优、生态两翼”的县域功能定位和空间布局，优农强工兴三产，实现全域发展，积极探索城乡产业融合发展，实施特色小镇梯度培育计划。二是以就业创业促增收。开展大众创业促进机制改革省级试点，设立人才创业服务中心，组织就业技能、新型职业农民等培训，引导农村电商等草根创业，直接增加了农民收入。2018年，探索农业龙头企业培训职业农民等新形式，每年组织各类农民培训1万人次。嘉善还注册“银加善”集体商标，借助省、市立体化宣传使嘉善农产品区域品牌在长三角区域打响知名度。三是以“强村计划”促增收。2008年以来，按照“提升富裕村、壮大一般村、转化薄弱村”思路，嘉善连续实施三轮“强村计划”。

（三）全域整合资源，促进资源要素向农村流动

以农房改造集聚为突破口，探索建设农村新社区。2008年，在姚庄镇开展试点并有序推开，因村制宜引导村民自愿相对集中居住，目前全县农房改造集聚率达40%。在实现交通、供水、供气、污水、垃圾处理等六个基础设施一体化的基础上，开展融沪接苏专题研究、老城客厅总体城市设计，投入11.2亿元实施老城区有机更新。实施城乡教师双向流动和农村义务教育学校名师全覆盖，实行县、镇、村卫生一体化管理，下沉县级医疗资源，打造县镇医疗联合体，形成“20分钟医疗圈”。自2013年起，用三年时间完成省级养老服务示范区建设。

（四）积极践行“绿水青山就是金山银山”理念，打造精致江南水乡

加快旅游供给侧结构性改革，着力推动旅游业从门票经济向产业经济

转变,从粗放低效方式向精细高效方式转变,依托西塘龙头景区,不断延伸产业链,美丽经济贡献越来越大。以古镇西塘、大云度假区为核心,2016年开始争创国家全域旅游示范区、国家级旅游度假区及省级旅游风情小镇,村级争创乡村A级景区及休闲旅游示范村的体系,把旅游打造成为县域的支柱产业,逐步打造江南水乡大花园。联动推进美丽县城、美丽城镇、美丽乡村、美丽通道“四美”建设,严把环境准入关、重污染行业退出关。

(五)强基固本,努力提升社会治理效能

嘉善牢牢抓住被确定为中央党建工作领导小组秘书组城乡统筹基层党建工作联系点的机遇,通过抓阵地、抓队伍、抓机制,实施“整乡推进、整县提升”工作。在阵地上,村(社区)党群服务中心实现全覆盖;在队伍上,实施村党组织书记“领头雁”工程,落实好习近平总书记肯定的机关干部“三式”蹲点调研制度。结合基层治理“四个平台”建设,通过建立镇、村便民服务中心“五统一”管理制度,全面梳理规范镇、村办事事项,按照“应放尽放”的原则,推动办事事项下沉、服务人员下沉、系统权限下沉,不断推进镇、村便民服务平台标准化、规范化建设。完善基层社会治理体系,编制城乡一体管理网络,搭建乡镇综治工作、市场监管、综合执法、便民服务“四个平台”。

二、示范看点

实现共同富裕不仅是经济问题,而且是关系党的执政基础的重大政治问题。嘉善县推动城乡融合发展的历程,展现了全体人民通过辛勤劳动和相互帮助,向着生活富裕富足、精神自信自强、环境宜居宜业、社会和谐和睦、公共服务普及普惠等共同富裕具体目标不断前进的美好图景。

（一）生活富裕富足，城乡收入差距持续缩小

经过多年探索，嘉善农村常住户收入结构从以农业收入为主向农业收入、务工收入、经营收入并举转变。2020年，农村居民人均可支配收入突破4万元。特色小镇进一步带动城乡居民收入持续增长，其中，巧克力甜蜜小镇既育出工业旅游，又成为一二三产融合和生产、生态、生活融合发展的样板，吸纳500多名农民转移就业。2015年开始，马家桥村甜瓜、三里桥村黄桃通过淘宝店铺销售，单价同比提高20%，直接增加了农民收入。“银加善”品牌帮助30个子品牌、80多个农产品在网上销售，让群众获得了实实在在的收益。“飞地抱团”模式打破镇、村壁垒，强村和弱村联动，优化资源要素配置，引导集体经济薄弱村抱团发展，缓解了集体经济发展不平衡的状态。截至2021年，实施强村“飞地抱团”项目23个，村均集体经济经常性收入达到435万元。

（二）精神自信自强，农村文化品牌竞相涌现

嘉善深入培育县域人文品牌，打造了以“地嘉人善、敬业争先”为核心内涵的“善文化”。“善文化”已经成为嘉善独有的文化符号，得到了全体嘉善人的普遍认同，被中央文明办列为培育和践行社会主义核心价值观的重点工程。2021年，县域人文品牌“善文化”又列入浙江共同富裕示范区典型案例清单。嘉善新建了图书馆、博物馆、吴镇书画院、城市规划馆等一批重点文化设施，文化礼堂、文化活动中心、书场书屋遍布城乡，实现了城乡公共文化阵地和服务网络全覆盖。入围嘉兴市四星级文化礼堂8家，缪家村和魏中村文化礼堂入选“全省文化新地标”。“辣妈宝贝”等一批民间文艺队伍相继涌现并走出国门，文化已融入了百姓的日常生活。

（三）环境宜居宜业，美丽嘉善建设硕果累累

嘉善将全域旅游与城乡环境整治紧密结合，进一步凝聚了产业转型升级的共识，通过建筑安全整治、公共消防安全整治、旅游秩序整治，美化了城乡环境，提升了百姓幸福感，2019年被浙江省政府命名为首批“浙江省全域旅游示范县”。环境整治方面，三年累计投入200多亿元建设近400个项目，持续打好治水、拆违、治气等“组合拳”，出入境交接断面水质考核连续三年保持优秀，空气质量优良率为78%，近两年累计腾退低小散企业2580家。先后创建成为国家生态文明建设示范区、浙江省森林城市，列入全省十个践行“绿水青山就是金山银山”样本。

（四）社会和谐和睦，县域善治格局逐步形成

每年实现5000多名在职党员到居住地和出生地认领服务岗位，基层战斗堡垒进一步筑牢。“党员楼道长”做法被评为第四届全国基层党建创新优秀案例。“互联网＋党建”、民情（企情）在线系统和部门、企业、农村、社区党组织“四方红色联盟”，三年来共办理民情民事17.7万余件。“最多跑一次”改革共梳理确定办事事项1510项（子项），其中1484项实现“最多跑一次”，实现率为98.3%。嘉善县是浙江省唯一一个国家“重大市政工程领域PPP创新工作重点城市”，义务教育学校教师流动、养老服务等改革经验获省政府总结推广。“智安小区”获评全国社会治理创新最佳案例，重大村务决策公决被评为中国全面小康十大民生决策，持续深化“平安嘉善”建设，实现浙江省平安县创建十三连冠。

（五）公共服务普及普惠，资源要素流动更加通畅

城乡基础设施方面，“网之城”体育南路、子胥南路、环西南路等路网框

架向南延伸，开工建设白水塘滨河公园、中央公园、孙家桥港公园，建成绿道8.5千米。高铁新城主干道纬二路(科技大道)全线贯通，云湖公园、规划展示馆、新西塘越里正式启用，新开工社区商业中心等17个项目。姚庄镇已建成的桃源新邨便民服务中心建有图书室、多功能厅、超市等设施，新社区绿化率达30%，并有镇上医院、体育馆等公共设施配套，农民在家门口就能享受到城市功能。基本公共服务方面，义务教育均衡发展成效显著，实现了城乡学校“零差异”、城乡师资“零差距”、城乡学生“零择校”；实现了区域养老机构、养老流动服务车、居家养老服务照料中心及社会化运营“四个全覆盖”；在浙江省率先建立长期护理保险制度，目前覆盖全部重度失能人员。

三、启示前瞻

嘉善县探索形成的城乡一体化发展模式，对全国县域统筹城乡发展提供了一定的借鉴，各地需要结合共同富裕的要求和自身实际，重塑城乡关系。

（一）坚持党的领导与坚持以人民为中心相统一，增强城乡一体化发展的政治保障

一是提升基层党组织权威。加强村干部队伍建设，选优配强村级“带头人”和村班子队伍；壮大村级集体经济，通过实施“强村计划”等措施，提升村一级特别是集体经济薄弱村的“造血”能力和办事能力。二是突出群众主体地位，尊重农民意愿和维护农民权益，了解农民的诉求和期盼，以及各地城乡一体化的痛点、难点，有针对性地解决。

（二）整体推进城乡规划与建设，形成新型城镇化与乡村振兴双轮驱动新局面

一是实施全域规划。坚持一体设计、多规合一，通盘考虑城乡发展规划编制，既按照县域、小城镇和新农村多层次推进，又严格执行规划，避免建筑现代化、环境脏乱差。二是打造品质县城。既要做好老城区“生态修补城市修复”工作，又要按照“低碳、生态、信息、人文、资源”的要求打造魅力新城，吸引本地人口和高端人才向新城集聚。三是培育节点型中心镇。以交通建设连接城市与乡村，以小城镇环境综合整治改善环境面貌，以特色小镇建设提升产业功能，以教育、医疗、文化等持续投入增强公共服务供给能力。四是建设美丽新农村。加快农村基础设施提升和美丽乡村建设，打造生态宜居、特色彰显的新农村。

（三）整体推进城乡产业结构调整，推动三产融合发展

一是优化产业平台布局。依据城乡产业分布特点，深入调整和优化城乡产业结构和产业布局，探索多种融合方式，依托特色小镇“两”中心等产业平台建设为城乡三产融合提供载体，深化城乡产业转型升级、分工协作，发展高端高质高效产业，推动县域产业集聚发展。二是大力发展特色产业。立足和突出区域特色优势，运用“互联网＋”“旅游＋”“文创＋”等新模式，因地制宜、因业制宜培育新业态，集中精力壮大特色主导产业、培植品牌产品，构建特点鲜明、集约高效的特色产业板块。三是强化引导人才互通。大力推进“两进两回”和农村本土人才培育，强化县域城乡一体化发展的人才支撑。

（四）整体推进城乡体制机制改革，促进城乡资源要素双向流动

一是深入推进户籍制度改革。实行农民经济身份与社会身份相分离，建立以合法、稳定就业或居住为户口迁移基本条件和以常住地为户口登记基本依据的城乡统一户籍管理制度，保障户口迁移人员在农村的土地承包经营权、宅基地使用权、集体资产收益权，并享受与当地居民同等的公共服务。二是探索开展全域土地综合整治。以全局观念、全域理念、全要素内涵整合力量和集中资金，解决村用地碎片化、无序化、低效化问题，明确划分县、乡政府在土地综合整治中的责任。三是全面深化农村集体产权制度改革。建立土地使用权流转机制，健全基层农业公共服务平台建设和运行机制，通过农合联等新型经营主体流转，激发农村活力，让农民享受改革红利。

（五）整体推进城乡社会保障和公共服务均等化，提高城乡居民生产生活水平

完善城乡社会保障体系，在整合城乡居民基本养老保险制度、基本医疗保险制度、城乡低保制度等基础社会保障的基础上，有效推进多重保障体制，促进城乡社会保障实现有序和共享，均衡城乡公共服务供给，逐步增加基本教育、医疗、养老等公共服务资金投入，形成与居民需求相配套、相互促进的布局。

（陈晨）

迭代升级“四季仙果之旅”
持续推进农民增收致富

中共中央、国务院《关于支持浙江高质量发展建设共同富裕示范区的意见》指出，率先在推动共同富裕方面实现理论创新、实践创新、制度创新、文化创新。“四季仙果之旅”是绍兴市上虞区推动共同富裕的实践创新。上虞在全国率先探索以水果文化、水果园艺“串起”旅游，以旅游拉动商贸和促进农村农、商、文、旅产业深度融合，以产业数字化撬动“四季仙果之旅”迭代升级，将绿色研发、生产、管理、营销贯穿于“仙果”产业的全链条，促进农民增收。

上虞自然生态多元，文化底蕴深厚，土壤资源优越，水果品种丰富，是中国杨梅之乡、中国葡萄之乡。目前，上虞确定的“四季仙果”重点品牌有“野藤葡萄”“二都杨梅”“覆卮山樱桃”“舜阳猕猴桃”“丁宅桑果”五种，主产基地面积约4.8万亩，主要分布于7个乡镇，已形成“一镇一品”格局。在做精特色优势产业过程中，注重延伸水果产业链、拓展价值链，向前研发水果新品种及“四季仙果”的观赏产品，推出樱（桃）花节、（青）梅花节等，向后拓展水果深加工和文化创意，开发杨梅酒、桑果酒、葡萄酒等延伸产品。同时，与其他特色农产品横向联动，带动茶叶、竹笋、干菜、家禽、年糕、豆腐干等农副产品及以此为依托的家庭型、农庄型农家乐，促进农产品销售。上虞还通过申请地理标志农产品保护，提升“四季仙果”的知名度和美誉度，有效保护优质特色产品，增强品牌效应和竞争力，已有二都杨梅、丁宅水蜜桃、盖北野藤葡萄通过国家农产品地理标志认证。

一、主要做法

（一）以农、商、文、旅融合方式，放大“四季仙果之旅”致富效应

“鲜果”与“仙果”一字之差，体现的是文化差距。上虞深入挖掘“四季仙果”的历史渊源、人文典故，赋予水果充分的文化内涵，厚植水果文化基因，做足“仙”字文章。如二都杨梅，500多年前就有“稽出杨梅世无双，深知风味胜他乡”的诗句，被称作“越中果品第一案”，曾是慈禧的必贡品，并且还有一个充满深情的杨梅和郎琪草的爱情传说。这些历史典故赋予二都杨梅以丰富的文化价值。通过开发“浪漫春之旅”“清凉夏之旅”“喜悦秋之旅”“浓情冬之旅”主题游线，深挖“仙果养人，运动养身，休闲养心”内涵，建设“四季仙果之旅”精品大道，打造“书香果韵”“特色仙果”等特色精品景观带，举办“生态休闲旅游节”，延续传统的“四季仙果”快乐采摘游、“虞舜文化”精华体验游、“新商都”欢乐购物游三大系列，紧紧串连起观光、休闲、采摘、运动、体验、购物等消费链条。

（二）以省级“四季仙果”数字化产业发展示范建设项目为主抓手，推动“四季仙果之旅”数字化升级

在生产端，推动基地数字化改造，开发“盖北智慧葡萄园”“谢塘数字梨园”，实现数控化管理、精细化生产。在监管端，构建农产品“一码归集”“全程追溯”数字系统，打造农资监管系统，倒逼绿色生产。在销售端，创新数字营销，丰富四季仙果“电商直播＋节会活动”模式。在平台端，推进新华

网“溯源中国·四季仙果”数字经济平台建设，创新“数字果园”“文旅果园”“社交果园”“码上果园”服务模式，开发线上“四季仙果”精品旅游线路。目前，盖北野藤葡萄园数字化项目已实施了设施环境信息实时监测和监控、光温水肥精准调控设备、葡萄绿色病虫害防控、葡萄生产全链条追溯“四大系统”。

（三）以系统化思维，创新“四季仙果之旅”的运作模式

一是组织推进体系。从组织、策划、规划、标准、政策五个方面进行统筹布局，致力于引导和规范“四季仙果之旅”的发展。二是资源整合体系。创新并深层次推动农、旅、文、商等各类资源的融合互动，放大综合效应。三是基地建设体系。提高基地的规模、档次，提升水果的品种、品质，实施生产精品化、种植规模化、栽培设施化、农民组织化、观赏园艺化、配套景区化战略。四是品牌营销体系。组合好节会、媒体、企业、市场等元素，推广品牌影响力，扩大“四季仙果之旅”的知名度。构建产销一体化系统，推进产销对接，推动基地与明康汇等大型企业开展购销合作。五是专业服务体系。注重品牌内涵、人才队伍、市场规范等软性实力的积累，提升服务水平、优化旅游环境。

二、示范看点

（一）提升特色农产品全产业链价值

通过水果产业链与创新链结合，在水果产业链的“微笑曲线”两端创新开发，提升水果产业附加值，提高“绿水青山”生态产品的溢价。通过推进优势水果由初粗加工向精深加工转化，提高水果加工的科技化、规模化水

平，提高水果的品牌效应。通过挖掘上虞乡村人文之美，开辟满足居民乡野消费新需求的全新市场空间，开发现代多功能农业价值。通过发展水果电子商务，挖掘消费者越来越喜欢原生态有机水果的潜在市场，打通农村电商“最后一公里”和农产品进城“最先一公里”，拓展市场渠道，提高市场份额。在“四季仙果之旅”的牵引下，上虞“吃、住、行、游、购、娱”全面发展，景区游客接待量、星级饭店入住率、大型商场销售收入等亦有较大幅度增长。

（二）推进美丽乡村建设

在“四季仙果之旅”带动下，城乡交通、供水、电网、通信等基础设施一体化进程加快，城乡区域公共服务供给差距不断缩小，现代快递物流网加快构建，农业农村资源有效开发，民宿业得到快速发展，生态资源得到有效保护，村民生活环境得到极大改善，美丽乡村建设加速推进，绿色成为上虞发展最动人的色彩。与此同时，“四季仙果之旅”的人气、商气和财气也调动了谢晋故居等文化景点建设的积极性，吸引了覆卮山旅游度假村等一批休闲度假项目。2020年底，上虞建成省旅游强镇3个、省特色旅游村7个、省级白金宿1个、省级金宿1个、省级银宿2个。

（三）促进农民增收

上虞现有重点水果专业合作社110家，其中省级示范性专业合作社7家，共有社员5600余人，联结基地4.8万亩，带动农户1.2万户。既推动农民就近就地创业就业，又较快推进了农民致富增收行动及农家旅游致富计划，使“绿水青山就是金山银山”的转化通道得到进一步拓展，“绿水青山”的含金量不断提高，生态产品价值得以有效实现，农民致富之路越走越宽广。以二都杨梅为例，2021年平均售价为20元/斤，品质园区的售价达30

元/斤，某些珍稀品种如水晶杨梅的售价高达220元/斤。2020年，上虞“四季仙果之旅”带动农业和旅游收入83.6亿元，占旅游总收入的56.0%，水果销售额达27.6亿元，实现了“绿起来、富起来”。

三、启示前瞻

（一）推动共同富裕，要着力创新农村产业融合的结合点

农村产业融合路径很多，但必须寻找到最能激发本地域自然禀赋的高质量、可持续、绿色化融合之路。要以地域独具的文化灵性赋能特色农产品，将文化、园艺、农村景观、农事活动和绿色生态作为系统性要素吸引集聚游客，使单纯提供农产品的第一产业与提供文化、休闲、旅游、康健、体验、服务的第三产业及农产品深加工的第二产业深度融合，丰富乡村经济业态。

（二）推动共同富裕，要着力创新城乡深度融合的结合点

城市与乡村是不可分割的地域系统，是紧密联系的生命共同体，城乡融合的难点之一是寻找到一条串联聚合城乡各种要素和价值的新颖载体。要充分激发城乡各种生产要素的潜在优势并促进城乡要素顺畅流动，开拓出一条具有区域辨识度的共同富裕的有效路径。

（三）推动共同富裕，要着力创新农业转型与农民致富的结合点

长期以来，“卖出难”“增产不增收”是广大农民最忧最急的问题，农业转型是破解这一难题的重要路径。要从多方位促进特色农产品的转型。在生产方式上，实现从小到大、从粗放到精致、从生产型到休闲型、从果农

采摘到游客采摘、从传统方式向数字化改革的转变。在组织方式上，推动向专业合作社转型发展。

（四）推动共同富裕，要着力创新政府服务“三农”与构建乡村和谐之美的结合点

农业发展，需要优化营农环境，构建乡村和谐之美是营农环境的基础。广大干部要通过近距离、面对面服务，使农民有切实可体悟的获得感、幸福感、安全感和认同感，在农民中树立良好形象，使得由干群关系等所构成的各种乡村社会关系呈现出和谐之美，形成社会和睦团结向上的浓厚氛围。

（顾利民　杨琴　潘新新）

以农村宅基地改革为突破口
打造城乡融合共富样板

2015年以来，义乌市在农村土地制度改革三项试点工作中，在全国首创首提、先行先试农村宅基地所有权、资格权、使用权"三权分置"制度设计，努力维护好宅基地的基本居住保障功能，实现好宅基地的完整物权功能，发展好宅基地的价值增值功能，系统破解城乡融合发展中的人、地、钱这三个核心问题，让改革红利惠及全市农村和农民。2020年，义乌市继续承担农村宅基地制度改革试点任务，全面深化宅基地"三权分置"，对标建设高质量发展高品质生活先行区、城乡区域协调发展引领区、收入分配制度改革试验区、文明和谐美丽家园展示区，构建城乡深度融合发展的"双向开放"新机制，推动乡村振兴，助推建设共同富裕示范区。

农村宅基地是农民安家立业的重要生活生产资料。多年来，由于制度上的限制，农村宅基地只能由农村村民自己使用，一定程度上促进了农民生活的稳定。但随着经济社会发展和法治社会的推进，与国有土地使用权相比，农村宅基地使用权不能实现"同地、同权、同价"，其作为财产权的权能受到较大制约。农村宅基地利用率不高和城市土地需求旺盛之间的矛盾也越来越突出。农村宅基地使用制度存在的缺陷越来越凸显。为改革完善农村土地制度，保障农民持续增收，推进中国特色农业现代化和新型城镇化建设，2015年，中央部署开展农村宅基地制度改革试点，在"坚守土地公有制性质不改变、耕地红线不突破、农民利益不受损”的底线上，由全国人大常委会授权包括浙江省义乌市在内的33个县（市、区）开展宅基地制度改革试点。义乌作为首批改革试点之一，在全国首创首提、先行先试农村宅基地所有权、资格权、使用权“三权分置”制度设计。

义乌先行探索农村宅基地制度改革具有得天独厚的优势：一是全面深化改革走在前列，为农村宅基地制度改革营造了浓厚的先行先试氛围；二是开放发展和市场创新走在前列，为农村宅基地制度改革奠定了良好的社会基础；三是群众的自发探索创新走在前列，为农村宅基地制度改革奠定了实践基础；四是全域城市化走在前列，为农村宅基地制度改革打开了空间。

一、主要做法

（一）开展宅基地不动产产权登记

全市21.98万宗集体土地所有权已经100%登记确权。义乌全面开展房地一体的农房不动产权登记，针对历史遗留的土地和规划违法建设情况，区分轻微违法和严重违法两种情形。其中，轻微违法的情形纳入历史遗留问题处理，在按规定处置到位后可以申请不动产登记；严重违法的情形按照“三改一拆”政策处理。完善不同区域宅基地取得方式，在城镇规划红线范围内实施城乡新社区集聚建设，将红线范围内的281个村集中联建安置到55个集聚区，允许农民退出的农村宅基地置换成具有完全产权的高层公寓、标准厂房、仓储物流、商业用房、商务楼宇或货币；在城镇规划红线范围外推行美丽乡村建设，近郊村按照“零增地”模式实施改造，远郊村实施“异地奔小康”工程，引导农民下山脱贫。

（二）探索宅基地使用权转让和抵押

允许农村宅基地使用权人将农村宅基地使用权连同地上房屋，通过买卖、赠与、互换或其他合法方式转让给本村或他村集体经济组织成员，使用年限最高为70年。同时，探索宅基地使用权抵押贷款。2015年12月28日，义乌办理了全国首宗农民住房财产权抵押登记。目前，全市27家金融机构累计发放农房抵押贷款2.7万笔，贷款金额190亿元，不良贷款率仅为0.2%。

（三）探索宅基地的自愿有偿退出

将宅基地使用权人自愿退出、参加农村更新改造、城乡新社区集聚建设退出的宅基地等建设用地进行复垦，验收合格后折算成建设用地指标，形成“集地券”。“集地券”可以在全市范围内统筹使用。同时，“集地券”可质押、储存和交易，极大地发挥其物用价值。

（四）探索宅基地有偿选位

由村级组织负责，对新农村建设房屋的宅基地以公开竞争方式实行“有偿选位”。据初步统计，义乌农村集体经济组织已累计收取有偿选位费约110亿元。此外，允许宅基地有偿调剂，农民无偿分配取得的宅基地在落地前，在确保农民自愿、“户有所居”的前提下，由村集体经济组织统一回购，再通过市场公开配置方式有偿调剂给本村集体经济组织成员。收取的费用主要用于农村基础设施建设。

二、示范看点

通过全市上下六年来的共同努力，义乌市探索农民住房保障多种实现形式、建立城乡统一的基准地价体系、宅基地历史遗留问题处理和有偿使用、农房发证和抵押贷款、宅基地有条件转让和跨村安置、“集地券”等多项改革成果位居全国前列。义乌市提出的15条修法建议被新土地管理法采纳;首创首提、先行先试的宅基地所有权、资格权、使用权“三权分置”已上升为中央顶层制度设计,被写入2018年中央一号文件;试点出台的76项改革政策,提炼出的多项改革经验和制度成果已经在全国、全省推广。经专业统计机构专项调查统计,农民对义乌市农村土地制度改革工作整体满意度为85.8%,90%以上的农民认为,通过改革,农村集体经济、整体环境得到了改善。义乌市的改革成效主要体现在六个方面。

(一)城乡更融合

城镇规划红线范围内开展新社区集聚建设,引导农民变市民,城市品质也得到有效提升。城镇规划红线范围外建设和美乡村,宅基地使用权放活、集体经营性建设用地入市,强化人、地、钱要素供给,让农村的产业、环境留住人,让农村的机会吸引人。土地征收制度改革中的多元保障机制,让被征地农民长远生计有保障。缩小城乡差距是推进共同富裕示范区建设的有力举措,改革后,义乌城镇化率提高了3个百分点,城乡居民收入差距缩小到1.95∶1,有效缩小了城乡之间的差距。

(二)用地更集约

义乌市农村宅基地改革将闲置宅基地和闲置农房进行激活,是缩小城乡差距、实现共同富裕的改革清单之一。通过改革,城乡新社区集聚建设比传统垂直房改造模式节约土地51%,比村庄现状用地节约36%;农村更新改造人均用地规模不超过100平方米,鼓励少占或不占耕地;退出宅基地复垦成“集地券”的,政府按保护价收购。改革试点以来,共实现节地8939

亩。同时,全市各领域进一步深化集约用地理念。2016年,义乌市成功创成全国国土资源节约集约模范县(市)。

(三)权益更显现

通过轻微违法的农房历史遗留问题处理后登记发证,给农民吃下了“定心丸”。通过城乡新社区集聚建设和农村更新改造,宅基地和农房价值大幅提升,租金也稳步提高,增加了农民财产性收入。2019年,全市农村居民可支配收入、人均财产性收入由改革前的25963元、3063元增加至39664元、4684元,分别增长52.8%和52.9%。

(四)发展增活力

通过宅基地抵押贷款,拓宽农民融资途径,破解乡村振兴资金难题。义乌市共有宅基地20余万宗,按平均每宗贷款50万元推算,理论上可盘活资产1000亿元以上,将极大刺激农村投资。同时,实践证明,宅基地有条件对外转让不仅不会危及农民的基本居住保障,反而有利于盘活闲置的宅基地和农房资源,让农村闲置资产充分利用。

(五)集体增收入

通过宅基地所有权的收益体现、资格权的有偿调剂,宅基地使用权的有偿选位和有偿退出,解决了村级集体经济不足的问题,村级组织获利超过86亿元,帮助76个村摘除了集体经济经济薄弱村的帽子。

(六)社会增和谐

现行农村宅基地制度使得农村宅基地私下转让、隐形非法交易禁而不止,极易产生纠纷。通过改革,允许农村宅基地有条件跨集体经济组织转让,保障了买受人的权益,有效减少了农村房屋买卖纠纷。

三、启示前瞻

(一)科学统筹城乡规划

在土地规划方面,根据中央提出的“坚守土地公有性质不改变、耕地红线不突破、农民利益不受损”原则,科学统筹规划农村土地,严格控制耕地用途变更,合理布局农村居民点和宅基地,统筹安排道路、水、电、通信、绿化等基础设施用地,为农村宅基地使用权的下一步流转奠定基础。

在建设规划方面,在土地利用总体规划的基础上,组织制定覆盖全市的市域一体的建设规划,突出区块功能定位。乡村规划宜作区片整体考虑而非单独村庄,乡村规划必须和土地利用总体规划、主体功能区规划、国土规划、生态红线等相衔接,并落在一张图上,实行多规合一,以便于规划的实际实施。同时,确保规划严格实施,强化规划的严肃性,未经必要的程序不得随意调整规划。

(二)深化宅基地使用权转让各项措施

扩大转让对象的范围。根据目前法律规定及司法实践,宅基地转让只能在本集体经济组织内部村民之间进行,而义乌将此范围扩大到跨集体经济组织村民之间,无疑对盘活农村资产、增加农民收入起到了促进作用。为更进一步发挥市场在资源配置中的决定性作用,形成土地使用权的市场价格,在符合土地规划、用途管制、区块功能定位、产业政策的前提下,流转对象应为符合法律规定的具有民事行为能力的个人和企业。

完善宅基地使用权有偿使用制度。本集体经济组织成员的宅基地仍采用无偿使用制度，这主要体现宅基地的社会保障功能。当成员身份发生变化以及其他外部人员（包括因合法继承、买卖、赠与房屋等方式取得宅基地使用权）使用宅基地时，应向村集体缴纳宅基地有偿使用费。关于缴费标准。以市场土地租金为参考，结合当地经济发展水平、宅基地具体情况等综合确定收费标准。对于超占面积的，可考虑采取“超额累进”计费模式，超过面积越大，征收费用就越高。关于收益分配问题。宅基地归集体经济组织所有，因此由村集体收取土地收益金；宅基地使用权归农村，因此由村民获得土地使用权和房屋所有权转让价款；由于土地使用权在流转过程中得到增值，因此政府要收取流转所产生的增值税、契税等税收。

扩大宅基地使用权权能内容。根据用益物权本身所含有的占有、使用、收益、处分四个方面权能，在收益和处分方面充分发挥其物权效用并予以细化规范。关于转让。基于农村宅基地使用权无偿划拨给本村村民居住的制度设计，转让后即失去对宅基地使用权的永久性权利且不得再申请宅基地。基于宅基地所有权仍归集体所有，因此对未转让的宅基地使用权，可以继续对村民实行无偿使用，而对转让的宅基地使用权需设定一定年限，转让年限与城镇国有土地使用权年限相接轨，由于宅基地是居住性质，因此明确宅基地使用权转让后使用年限为70年。土地使用权到期前可以申请续期，未能续期的到期后由农村集体经济组织收回土地。关于租赁。允许农村土地出租用于非农业建设，在符合规划、用途管制和剩余使用年限的前提下，允许租赁给其他个人或企业，租赁年限参考合同法的规定，最高不超过20年。因宅基地使用权租赁行为产生的土地增值部分，由国家收取相应税费、集体经济组织收取相应的土地收益金。关于抵押。宅基地使用权抵押是指宅基地使用权人提供宅基地使用权，作为自己或者他人清偿债务担保的行为，当债务人不履行债务时，债权人有权就该宅基地使用权处置后的价款优先受偿。宅基地使用权处置主要有协商作价、拍卖、变卖等形式，而要使其充分体现市场价值，则必须放开买受人的限制，允许具备民事行为能力的个人和组织都能参与竞买。此外，宅基地使用权抵押，要以宅基地使用权无偿无期限变为有偿有期限为前提，因为抵押在某种程度上也是一种转让，转让就必须体现其市场价值有偿有期限。只有明确了期限，并缴纳税费、土地收益金等之后，才允许办理抵押。关于作价入股。宅基地使用权作价入股是指宅基地使用权人以宅基地使用权作为出资，投入到企业中的一种出资行为。如上所述，作价入股也是流转的一种形式，宅基地使用权的作价入股，也必须以无偿无期限变为有偿有期限为前提。

（三）加强宅基地改革后农村经济组织运行的引导

宅基地的自愿有偿退出，是义乌宅基地制度改革中的又一大亮点。义乌通过城乡新社区集聚建设、美丽乡村建设以及“集地券”政策的推行，实现了空心村整治、土地节约集约利用，还增加了农民财产收入。但随之而来的，一定程度上会打乱原先比较固定的集体生活方式。特别是农村宅基地流转后，外来人员进入了本村，将宅基地作为生活、生产资料，原先集体经济组织成员资格认定、农村事项决议资格认定、农村收益分配、义务承担等各方面均会受到不同程度的冲击。在这种形式下，探索完善农村经济组织运行很有必要。

首先，应从立法层面明确集体经济组织的法律主体地位问题，赋予其市场经济主体地位，允许其参与财产租赁、农业开发等经营范围，但要限制其在金融等领域投资。其次，应明确集体经济成员资格认定问题。对原先成员资格以股东地位予以确认，发放股权证。基于这类组织拥有的强烈的“人合”性，须严格控制新入股人员，新入股人员应由全体股东2/3以上同意。最后，还应明确农村集体经济股权与经营权分离问题、股权管理和收益分配问题、投资和发展方向问题等。

（四）完善相应的农村保障体系和户籍制度

降低农民对宅基地的依赖性，提高市场对宅基地的资源配置，推进养老保险、医疗保险、住房保障、社会福利和最低生活保障等方面的城乡社会保障一体化建设。加强对农民的就业指导，采取切实有效的措施落实就业培训，促进农民实现就业和融入城镇社会。

（郑加莉　卢江海　钱泓澎）

抱团组建“强村公司”，激发村级集体经济内生发展新动能

2017年中央农村工作会议提出：“走中国特色社会主义乡村振兴道路必须巩固和完善农村基本经营制度，走共同富裕之路。”集体经济是农民共同致富的根基，是农村走共同富裕道路的物质保障。习近平总书记强调要壮大集体经济，建立符合市场经济要求的集体经济运行机制，确保集体资产保值增值，确保农民受益。浙江作为民营经济大省，城乡居民收入水平多年来位居前列，2021年城乡居民收入比降至1.96∶1。但是，村级集体经济收入的不平衡性仍然比较突出，有些村级集体经济年收入达到千万元甚至上亿元，而有些村则不到10万元，这与高质量发展建设共同富裕示范区的目标要求仍有差距。2021年6月，浙江省有关部门联合印发《农业农村领域高质量发展推进共同富裕行动计划（2021—2025年）》，要求集体经济在五年内实现跨越式发展。为加快推进城乡发展一体化，努力缩小城乡区域发展差距，湖州市部分乡镇开始探索组建“强村公司”，大力推动集体经济薄弱村“消薄”，持续增强集体经济薄弱村造血功能。其中南浔区目前已全面推行“强村公司”模式，全区共成立了29家“强村公司”，211个行政村全覆盖，注册资本达4.5亿元。“强村公司”的兴起和发展，是持续推进乡村振兴战略、破解农村发展不平衡难题、实现乡村共富期盼的重要抓手。湖州深入贯彻“勇当绿色低碳发展的探路者，打造共同富裕的绿色样本”的新目标

新定位，因地制宜探索创新促进村级集体经济收入增长新模式，全面激发乡村发展内生动力，全方位带动农民增收致富。

一、主要做法

为促进集体经济可持续发展，帮助集体经济薄弱村提高经营性收入，依据《中华人民共和国公司法》，湖州市部分镇（乡）、村由村经济合作社出资成立“强村公司”，通过市场化运营，成立以营利为目的，自主经营、独立核算、自负盈亏、集体控股的股份制企业，努力做大做强村级集体经济。

（一）根据镇、村实际情况组建不同形式的“强村公司”

“强村公司”的组建方式各不相同，一般视村级集体经济的经济实力、资源优势等采取不同形式的组建方式，主要有三种形式。一是经济实力比较雄厚、资源优势比较明显的村集体，通常以村集体独资的方式组建（独资组建）。二是村级集体经济实力和资源禀赋不足以独立出资的情形，则多以共同出资联合组建的方式（联合组建）成立“强村公司”。联合组建一般由同一个乡镇辖区内的行政村（社区）经济合作社共同发起成立，股东以货币形式认缴出资，出资比例确定主要有平均出资和按照人口多少确定持股比例两种形式。比如，德清县首家“强村公司”，即德清县乾荣新农村发展有限公司就由乾元镇辖区内8个行政村和1个社区的股份经济合作社共同发起成立，总注册资金450万元，股东以货币方式认缴出资并按照出资比例进行股权分配。南浔区善琏镇15个行政村联合出资组建南浔湖笔小镇新农村发展有限公司，总注册资金750万元，每个村股份经济合作社出资50万元、持股比例6.66%。三是有些地处经济开发区的行政村，由于土地建设指标充足，但开发实力有限，于是“牵手”国企成立“强村公司”（村企共建）。如地处南浔经济开发区的洋南村就与南浔新城投资发展有限公司联合组建湖州南浔新洋标准厂房建设有限公司。

（二）以市场化运营模式开展“强村”经营活动

各类不同的“强村公司”以市场主体的身份参与经营活动，经营范围涉及工业、农业服务、农旅融合等多个领域。主要经营业务有物业管理、旅游资源开发和利用、特色农业项目、光伏发电项目、飞地置业等。其中物业管理包括镇村范围内的村庄环境保洁、河道保洁、绿化养护等业务。比如，南浔区和孚镇四联村股份经济合作社设立的湖州绿远绿化园林有限公司与南浔区交投集团进行合作，参与湖浔大道30万平方米绿化养护项目，每年可为该村集体增收20万元，带动50余名村民就业。有些联合组建的“强村公司”还能承接其所属镇域范围内所有行政村的物业管理业务。旅游资源开发项目主要是“强村公司”通过整合、盘活当地各类闲置资源，或引进并参股包括特色餐饮、高端民宿、休闲茶坊等项目，或直接经营果蔬采摘、农事体验以及集农家生活、乡土文化、乡土餐饮为一体的特色乡村养老基地等项目。南浔区旧馆街道由13个行政村联合组建的南浔兴旧工程发展有限公司，利用村社集体房屋及小微园屋顶3万多平方米，投资建设分布式光伏项目，现已全部并网发电，每村每年稳定分红15万元。

（三）积极拓展对外业务提升“强村”开放合作水平

大多数“强村公司”刚成立时，由于受各方面因素制约，其业务范围在空间上基本局限在本镇域或本村域内，承接的项目也基本属于公共财政投入项目，如乡村公路绿化养护、道路河道保洁、农村垃圾清运、物业管理等劳务服务类项目，村级限额以下工程类项目，以及农业社会化服务、劳务供需对接等中介类项目。但随着公司的发展壮大和实力不断增强，就必然有向更广阔市场寻找发展机会和拓展发展空间的需求。比如，安吉县天子湖镇在2018年由全镇20个村出资入股成立的安吉县天衡实业投资有限公司，在实业投资、物业经营、旅游漂流、特色农业四大领域的经营项目都取得了良好的经济效益，并在巩固已有四大领域的基础上，利用便捷的交通条件，积极谋划向外拓展市场。比如，在物业管理方面，该公司重点与高铁、高速沿线地区开展合作，参与镇域外绿化养护、管道铺设、垃圾清运等项目的招投标活动，充分发挥物业管理方面的优势。

二、示范看点

从湖州市各地实践探索取得的成效看，"强村公司"不仅让农村闲置资源得到了充分利用，而且有效地增加了村级集体经济收入；不仅较好地解决了农村剩余劳动力就业，增加了农民收入，而且实现了农民在家门口就业，降低了农民远距离外出打工的各种隐性成本，尤其为增强集体经济薄弱村的"造血"能力提供了现实可能。例如，安吉县天衡实业投资有限公司为天子湖镇集体经济薄弱村增收作出了重要贡献。2017年前，该镇至少有6个村级集体经济年收入不足20万元。"强村公司"成立后，这6个村级集体经济收入都实现了持续增长（见表1），其中M村仅来自"强村公司"的分红收入就超过前两年村集体经济全部收入。近年来，这种发展模式在全市所有县（区）都得到了广泛推广。

表1 天子湖镇经济薄弱村在"强村公司"成立前后村集体收入变化情况

单位：万元

行政村	2016年村集体收入	2017年村集体收入	2018年度来自"强村公司"的分红收入
M村	8.79	18.56	37.54
O村	7.8	13.87	38.41
T村	7	15.83	36.4
G村	11.8	11.94	84.16
S村	1.22	13.73	37.35
Q村	5.54	10.68	36.3

湖州市南浔区是最早探索"强村公司"发展模式的县(市、区)，在促进村级集体经济收入增长、激发乡村发展内生动力、带动农民增收致富方面有许多有益探索和显著成效。早在2015年，南浔全区44个欠发达村以"抱团"的形式合资成立有限公司，共同开发物业产业园，实行统一经营管理、统一收益分配，每年每个村分红15万元。2020年，南浔区所有"强村公司"经营利润达到1965万元。下一步，南浔区将实施"强村公司"十百千计划，到"十四五"末期，要重点培育10家规上"强村公司"，实现年经营性收入100万元以上行政村全覆盖，吸纳超1000人就业。增加的村级集体经济收入将被用于村庄基础设施建设和村域环境整治提升以及乡风文明建设等，不断增强老百姓的获得感、幸福感和安全感，为实现乡村共富奠定坚实基础。

三、启示前瞻

从湖州市"强村公司"的实践探索看，主要有以下几个方面经验启示：

（一）党委、政府高度重视，政策支持保障力度不断加大

"强村公司"虽然是独立的市场主体，但其成立和运营都离不开当地县

(区)、镇两级党委和政府的引导、鼓励和支持。镇党委、政府把“强村公司”组建作为推动乡村振兴、消除薄弱村以及实现乡村共富的重要抓手,成立工作专班,广泛征求意见,明确公司组织架构、运营模式、发展方向等重点内容;县(区)党委、政府为“强村公司”设定若干年培育期,在培育期内给予启动资金、土地指标、项目承接、经理人培养等多方面的优惠倾斜,比如将公共财政投入的绿化养护、河道保洁、物业管理、小微企业园建设等项目交给“强村公司”,保证公司保底收益。南浔区还出台“强村公司”分类管理实施办法,按照公司经营利润等指标,将“强村公司”分成三类,其中A类公司可向区里申请招聘经营管理人员,由区人才集团统一招聘。

(二)农村三产融合发展,乡村振兴产业链条不断延伸

湖州素有“丝绸之府、鱼米之乡、文化之邦”之称,是中国丝绸文化、湖笔文化、茶文化、瓷文化的发祥地之一。近年来,湖州着力发展特色优势产业,水产、茶叶、果蔬、畜牧等产业占农业总产值的80%以上,2020年全市渔业产值120亿元、茶叶产值52.8亿元,均列全省第一。通过着力培育农业产业化联合体、休闲农业、乡村休闲旅游等新模式新业态,延伸农业产业链、价值链,湖州累计创建省级示范性全产业链13条,位列全省第一。一二三产业融合发展已经成为湖州实现乡村振兴的重要路径之一,也为“强村公司”拓展业务带来了难得机遇和广阔空间。安吉县天子湖镇天衡实业投资有限公司自2018年成立以来,经营业务已经拓展至投资产业、物业保洁、旅游开发、休闲农业四个领域,2018年度实现收入2255万元,实现利润918万元,2020年公司经营利润达到1000万元,为20个行政村集体经济增收作出了重要贡献。

（三）持续引进经营人才，专业化现代化运营模式不断深化

“强村公司”作为市场主体，其健康运行必然离不开懂市场、会经营的管理人才。因此，各县区（或乡镇）党委、政府明确要求，公司成立初期的负责人须从政治素质好又具有经商办企业经验的村干部中选拔。有些曾经办过企业、熟悉乡村情况的村书记或村主任被选拔为公司董事长或总经理；有些“强村公司”业务做大后，开始积极探索聘请职业经理人的模式，通过考核职业经理人的工作业绩，对其进行合理评价；或者引入有实力、懂农村、善经营的团队，吸引青年、乡贤返乡回乡，以投资创业、入股合作等方式参与公司经营；也有些公司采取“技术人员”聘任方式，如练市镇练美农业发展有限公司由23个村集体共同组建，其经营业务涉及“红美人”柑橘的栽培、生产加工、区域配送和旅游采摘等完整产业链，为了掌握“红美人”柑橘栽种的核心技术，公司专门从浙江象山县聘请专业技术员来指导。南浔区为了提高公司负责人的经营管理水平，还专门举办培训班，邀请高校教授、律师事务所、会计师事务所资深从业人员，围绕财务审计制度、公司经营管理等内容，有针对性地开展业务辅导和政策解读。

（四）全面加强监督审计，为“强村公司”高质量发展保驾护航

严格的外部监督审计是“强村公司”健康发展的必要条件。从企业性质上看，“强村公司”是村集体控股的股份制企业，股东是其所在行政村的全体村民。比如南浔区旧馆街道13个行政村联合组建的南浔兴旧工程发展有限公司中，公司股东就是13个行政村的全体村民，但村民事实上不可能参与公司的日常经营管理，这种分散的股权容易产生“内部人控制”的风险。南浔区因为起步比较早，目前已经出台“强村公司”规范管理指导意见，建立“负面清单”制度，明确公司不得涉足具有安全隐患、环境污染、违

法用地等情形的项目，以及资金不得移作他用、不得为任何组织和个人提供担保等红线。同时推出“二维码”收付款等方式，实现公司资金收付“非现金”结算，堵住资金管理漏洞。

（胡继妹　奚家亮）

赋能发力“小县大城、农民集聚”打开城乡融合发展新大门

国家“十四五”规划纲要明确提出，“十四五”时期要实现全体人民共同富裕迈出坚实步伐。目前，我国发展不平衡不充分问题仍然突出，城乡区域发展差距较大，持续促进城乡区域向更高水平更高质量协调发展迈进，在发展中营造新的相对平衡，是推动共同富裕的重要举措。农民集聚无疑是促进城乡协调发展的一个重要举措和有效路径。龙游县地处浙江省中西部、衢州市东部，县域总面积1143平方千米，辖6个镇7个乡2个街道。2020年第七次人口普查数据显示，全县常住总人口36.02万，其中居住在城镇的18.58万、居住在乡村的17.44万，城镇化率为51.58%，居衢州市第三位，但远低于全省72.17%和全市57.57%的城镇化水平。与第六次人口普查相比，十年来城镇化率提高15.79个百分点，增长率居全市第二，总体上进入城镇化成熟发展期。近年来，龙游县狠抓农村改革工作，成效明显。围绕人口集聚和百姓增收，龙游在用地上打破城乡二元格局，在推进上实行公司化运作，在帮扶上多渠道支农惠农，在安置上树立正确导向，在政策上考虑个人实际，在融入上做好精准服务，进一步加强了城乡间要素流动交换和公共资源合理配置。为顺应城市化发展趋势，龙游县认真总结推广“金宅地”“金房券”“士元搬迁”等经验做法，率先试点“公司化运作、市场化安置”农民集聚模式，按照“四个一批”（进城入镇一批、中心集聚一批、特色

保留一批、面上搬掉一批）思路，走出了一条“小县大城、农民集聚”的新型城镇化道路。分析“龙游模式”，总结其可复制和推广的经验，对于县域推进城乡协调发展，实现共同富裕具有重要意义。

一、主要做法

龙游县按照城乡融合发展要求，系统谋划城乡发展和布局体系，率先试点“公司化运作、市场化安置”农民集聚模式，按照“四个一批”思路，推进农民异地搬迁集聚工程，并探索出了“小县大城、农民集聚”模式的新型城镇化道路。

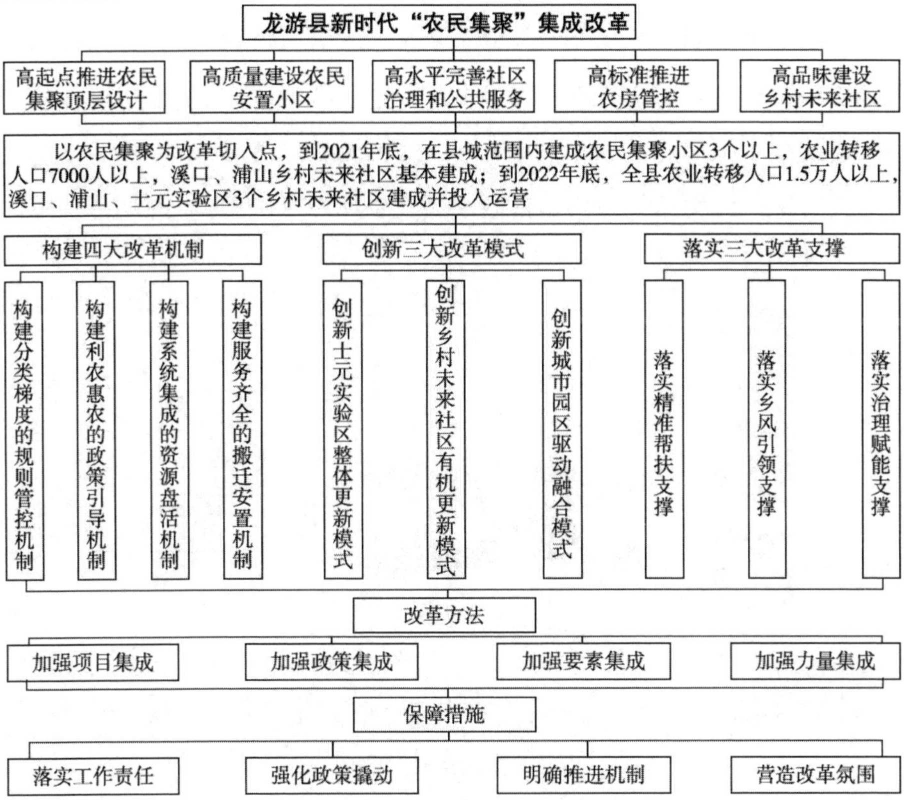

图1　龙游县新时代“农民集聚”集成改革示意图

（一）城乡大统筹，创新机制体制

第一，科学规划，打破城乡二元格局。按照“集中、集聚、集约、集成”四大理念，把工业和农业、城市和乡村作为一个有机整体统筹谋划，依据县域总体规划、村庄规划、土地整治规划，促进县域人口集聚。按照“进城入镇一批、特色保留一批、面上搬掉一批”的思路，构建“1221”城乡规划体系，即1个中心城区、2个中心镇、21个中心村；实行“总量控制＋边界管控”，对乡村人口和农居点用地总量进行规划管控，将1283个自然村划分为集聚、控制、萎缩三种类型，对村庄用地边界实行空间分类管控；根据“宜工则工、宜商则商、宜农则农”的原则，科学实施“721”梯度安置导控体系，即农村地区迁出人口中70%进入中心城区、20%进入镇区（含特色小镇）、10%进入乡或集镇中心村。合理划定搬迁重点区域，包括高山远村、生态功能保障区和生态红线范围以内的自然村，其中，海拔200米以上山区自然村254个，涉及人口3.3万；生态红线内自然村51个，涉及人口6581；生态功能保障区内自然村501个，涉及人口8.1万。

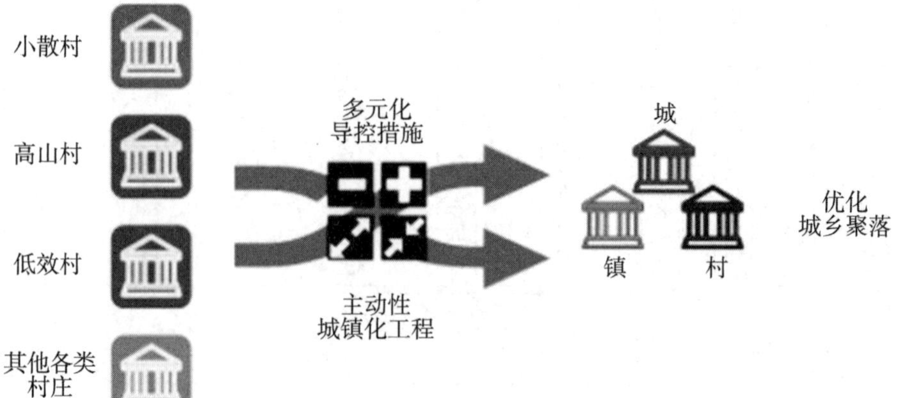

图2　农民集聚引导图

为解决农民进城“想进进不来”、农业发展“想聚聚不了”、农村建房“想管管不好”等问题，龙游县推出县级“5＋5”农民集聚安置小区。在中心城区和中心镇基础设施完备、公共服务配套、交通出行便利的好地块建设农民集聚小区，将土地性质转为国有划拨住宅用地，基本形成“梯次合理、重点突出、特色鲜明、相互衔接”的集聚小区规划布局，农户可根据就业、就学、就近等需求进行选择。实现闲置农村人均建设用地有效利用，为中心城区建设腾出空间，实现乡村振兴与新型城镇化建设良性互动。

第二，大胆探索、综合施策。先后牵头制定出台《龙游县农村“金宅地”制度暂行办法》《龙游县全域土地综合整治与生态修复工程项目区内房屋搬迁补偿安置办法》《龙游县“金房券”安居工程实施细则》《龙游县国土整治异地搬迁安置方案》等。“金宅地”制度，是指允许在城市规划控制区范围外，农村宅基地使用人自愿将宅基地退还给村集体经济组织，用作建设用地复垦、收储重新利用、农户之间流转并获取政策扶持和经济补偿，实现宅基地有效利用和资产价值。“金房券”制度，是指政府向自愿放弃可复垦的合法宅基地的产权人发放的住房保障凭证，可以购买城镇保障房、城区商品房或租赁乡村周转房。分类施策、因户制宜确定搬迁安置方式，安置农户根据个性需求选择安置方式，通过就近式集中安置入住新农人集聚小区、公寓式进城安置入住统一开发的县级集聚小区、分散式自主安置以“金房券”自主选择购买城区商品房，最大限度惠及农民，充分调动农民自愿参与异地搬迁的积极性。

第三，理顺机制，在推进上实行公司化运作。改变过去依靠政府大包大揽、全程兜底的局面，2008年，注册1000万元的县奔康投资有限公司成立，承担集聚小区谋划、融资、建设、安置、保障全部任务。所有农民集聚小区实行“五统一”（统一规划、统一设计、统一建设、统一管理、统一安置），户型搭配上较为“灵活”，允许组合式集聚安置，针对人口多和有区分安置需求的大户及7人以上户，可以选择城区公寓和小镇公寓、小镇联排和小镇公寓分区安置。不同户型的选择和搭配，能有效满足农户选房用房实际需求。同时，允许奔康公司对小区15%—20%以内的现房、店铺由公司向社会出让，所得收入用于完善小区的公共配套设施建设，从而使小区建设始终处于“自求平衡、略有结余、滚动发展”的良好态势。创新财政支农方式，发挥财政资金的引导和杠杆作用，撬动社会资本投入。如在士元实验区，依托正大集团投资20亿元开发智慧农业、数字农业和体验农业，做好“搬后土地利用”的文章。

（二）资源大整合，保障安置权益

第一，整合资源，在政策上倾斜支农惠农。按照“能整尽整、能补尽补、能帮尽帮”的原则，加强对异地搬迁、地质灾害搬迁、村庄整治、危房救助等各类政策资金的整合。结合“金宅地”“金房券”两大政策，创新了“安居创业”贷，在搬迁农户贷款基准利率上再下浮15%—20%、还贷期限可达10—15年，已累计向农户发放贷款2.5亿元，让利达2600万元。同时，为集聚小区建设广开绿色通道，对有关规费能减则减、能免则免、能缓则缓，尽可能降低农户购房成本。农民集聚后，对新产生的建房户（指新生子女及嫁娶导致的建房户增加），依旧可以享受公寓型“金房券”安置，补足公寓安置面积。

第二，公平公开，在安置上树立正确导向，在政策执行上“刚柔并进”。一方面，严格实行“退老宅交新宅”，将退宅复垦还耕作为搬迁安置的前提条件，根据退宅面积大小对搬迁农户进行安置排序，改变抽签安置这类“看似公平实则不公”的做法，农户需在交回《旧宅规划许可证》《土地使用权证》，并与村集体签订《宅基地归还协议》后，方可领取新房钥匙，确保“一户一宅”和土地集约利用政策的刚性实施。另一方面，对“三改一拆”规定内给予每户40平方米的附房面积重置成新价补偿。针对部分未确权登记的房屋，经认定为审批限额内的，依旧可享受重置成新价80%的补偿。

第三，以人为本，在方式上考虑个人实际。根据农民不同需求确定三种集聚方式："留恋乡土"的采用就近迁建集中安置模式，进城入镇的采用公寓式安置模式，允许农户采取换"金房券"方式自主选择到城区购买商品房。同时，做好政策托底工作，对"五保户""低保户""建房困难户"等无能力进城入镇的农户，创新"跨村建房""宅基地换养老"等举措向中心村能搬尽搬。对子女分家、留恋乡土的老年人，创新联村共建老年公寓模式，自愿退出宅基地使用权交归村集体所有的老人，可无偿使用由村集体出资建造的老年公寓直至其过世。通过不同的安置方式，增强群众意愿，打消思想顾虑，做到能搬尽搬。同时，给予农户搬迁补助费（按2次计）、签约腾空补助、网格奖励、临时安置费等补助费。

（三）产业大振兴，持续帮扶服务

第一，发展产业，在集聚上扩大效应。坚持"美丽＋智慧"产业思路，在"搬迁带"上大力发展"一茶一药一鸡一鱼一盒故乡"等特色产业，加快企业的"腾笼换鸟"，淘汰附加值低、环境影响大的落后产能。同时积极推广"短平快"种养类及"长特稳"农副产品加工类项目，引导搬迁农户以贴息贷款、生产要素入股优质高效产业项目，建立稳定的利益联结机制，共享股金分红，实现"输血"向"造血"的逐步转型。

第二，转产转业，在就业上做好帮扶。按照"农民权益全保留、市民权益可享受"原则，完善"居住社区化、就业职业化、保障社会化、受益多元化、待遇市民化"五化保障体系，着力保障搬迁农民"失地不失权、失地不失业、失地不失教、失地不失利"。建立"就业技能全面提升＋就业信息动态发布"机制，通过政府买单、定点培训等方式，开通"线上线下"培训渠道，帮助搬迁农户掌握先进的实用技术，并通过"龙游通"App等载体，实时向其动态发布县域企业用工信息，积极引导搬迁农民到附近的园区企业、城区服务业等就近就地就业。

第三，强化管理，在融入上精准服务。坚持“服务＋管理”，通过将集聚小区纳入县城、集镇社区网格，将基层党建“三个三”落实到集聚小区管理服务中，建设以“网格支部＋业委会＋业主＋物业公司＋社会组织”为主体的“红色物业联盟”，实现干部、网格联区和党员、网格员联户全覆盖。将村规民约向社区公约延伸，规范物业管理，引导集聚群众自我教育、自我服务、自我管理。推动基层管理服务资源扁平化面对群众，提高小区治理能力和服务水平。实行“两随访”制度，迁出村党组织和安置小区所在社区定期对搬迁农户进行随访，了解其家庭、就业、生活等情况，帮助解决实际困难。

二、示范看点

（一）农民集聚成效明显

2015—2020年，龙游县城常住人口从9.6万增加到16万，投入搬迁资金12亿元，建成农民集聚小区（点）36个，退宅还耕4488亩，集聚人口6万，城镇化率从42.9%提高到52.7%。2012年12月，全国扶贫搬迁工作与政策专题研讨会把浙江的扶贫搬迁工作正式命名为“异地搬迁”，并推广了异地搬迁“龙游模式”。为缩小城乡差距，建设共同富裕示范区提供了龙游经验。

（二）机制体制创新明显

构建“1221”城乡规划体系，科学实施“721”梯度安置导控体系，创新出台“金宅地”“金房券”制度，实行国资公司运作，所有农民集聚小区实行“五统一”，创新财政支农方式，撬动社会资本投入，最大限度惠及农民，充分调动农民自愿参与异地搬迁的积极性。2020年5月实施的国土整治异地搬迁政策受到农户欢迎，仅一个月全县总报名数就达3039户，集聚农户只需每平方米3180元，就能进城购买新房，比市场价低1万元以上。

（三）农民转产转业增收明显

集聚小区内的“农民创业园”，实现搬迁农民转产转业1.8万人，人均年收入近5万元。仅来料加工一项，便有异地搬迁来料加工集聚点32个，从业人员达1580人，年均发放工资近4300万元。稳步提高养老保险、合作医疗、最低生活保障等标准，实现从“农民”向城市“新市民”的角色转变，有效解决集聚农民子女入学难问题。将无劳动能力的农民纳入“低保”群体，由社会保障兜底，真正实现迁得出、转得了、稳得住、能留下、能致富，为共同富裕示范区的建设提供了有力支撑。

三、启示前瞻

龙游县统筹要素资源，科学分析、梯度谋划，努力创新服务的做法释放了宅基地价值、促进了农民集聚、加速了城乡融合，对全省探索“小县大城、农民集聚”新实践具有重要的启示意义。

（一）创新机制，促进人口集聚

增长极理论认为，区域经济的发展主要依靠条件较好的少数地区和少数产业带动。为此，需要精准规划，选准条件好的地区作为新的增长极，通过创新集成改革任务、政策、资金投入机制，在改革中不断地整合政策资源、放大政策效应。如创新出台“金宅地”“金房券”制度，做实了搬迁政策体系。实行国资公司运作，所有农民集聚小区实行“五统一”，创新财政支农方式,撬动社会资本投入,保障了安置小区的高质量、高效率、高品质。在此基础上重点发展县城,让分散的农村村民集中到县城中来。

(二)精准规划,推动产业集群

产业集聚理论认为,通过政府规划和引导,使地区内的产业集聚在特定区域内集群式发展,可以逐渐形成区域企业群的规模效应,提升区域经济竞争力。龙游通过整体谋划、梯度安置,优化了县域空间布局。在此基础上,整合县域优势企业,形成以高端装备产业、新材料产业、智能制造产业和特种纸产业为龙头的产业集群,实现产业规模化发展,逐渐形成新的增长极,实现“小县大城”的目标。

(三)以人为本,保障农民权益

发展为了人民、发展依靠人民、发展成果由人民共享。龙游县在推进农民集聚进程中持续保障搬迁农民的后续发展,通过转产转业、建立农民创业园等方式在就业上做好帮扶,提高了农民的收入水平,同时加大力量保障搬迁农民的就学、医疗以及社会服务等问题,真正实现了从农民到市民的角色转化和生活品质的改善,为城镇化提供了源源不断的新生力量。

(吴志会　张年宽)

加快推进农业数字化转型新模式

数字化改革是助力山区县实现高质量跨越发展的重大契机，也是促进农民增收、实现乡村振兴、推进共同富裕的重要手段。近年来，仙居县积极探索推动涉农服务“一件事”集成改革，精准聚焦梅农在种植、加工、销售、办事等方面的需求，迭代升级“亲农在线”应用场景，开发“杨梅一件事”，推动数字技术与梅农生产、加工、销售、服务等全链条深度融合，走出了一条以数字驱动实现山区群众共同富裕的新路子。

仙居是“中国杨梅之乡”，种植杨梅的历史已有1000多年。目前，全县杨梅种植面积14万亩，投产面积13.5万亩，总产量达10.6万吨，品牌价值23.44亿元，是县域重要的富农产业。全县分散分布了50多个杨梅村，500多家杨梅专业合作社，有梅农近10万人，其中96%以上为小农户。以往杨梅季，广大未被合作社覆盖的小农户只能驱车几十千米前往县城开票，这种情况既给农户生产生活带来不便，也给税务部门增加了工作负担。同时，小农户对生产、加工、贷款、物流、补贴、销售、开票等服务都有强烈需求，但苦于缺乏权威高效的农户数据资源和采集渠道，各个涉农部门、银行机构、农业服务商、农民专业合作社等对小农户的生产性服务往往都是“各自为政、互相脱节”。

为切实解决初级农产品交易免税发票开具、涉农补贴发放、农业技术指导等农户的“心头事”，仙居以“为农服务一件事”集成改革为突破口，以“一体化建设、系统化协同、平台化服务”的思维，持续迭代升级“亲农在线”场景应用，建立“亲农数据仓”，精准对接“省数字三农协同应用平台”的数字资源，全面整合涉农部门已有的平台和数据，组建“农户数据库、补贴数据库、保险数据库、贷款数据库”四大数据库，对全县涉农数据进行“统一采集、统一展示、统一应用、集中共享”，全面提升梅农生产智能化、经营网络化、管理高效化、服务便捷化水平。

一、主要做法

针对原先涉农事务发展中存在的工作各自为政、部门协同不够、资源共享不足、服务集成滞后等问题，仙居县在全省率先创新推出上线“亲农在线”平台，应用包含办事服务、仙居咨询和公示公告三大板块，提供政策、金融、农技、营销、预约办事等服务，聚焦农业产业中涉农补贴发放、农技指导、农产品交易免税发票开具及农保、农贷等农民的“心头事”，全面提升梅农生产智能化、经营网络化、管理高效化、服务便捷化水平，打造政府涉农服务数字化转型样本。

（一）打造“一站式”综合农事服务新平台

以“杨梅产业”为切入点，积极探索大数据和农产品全链条、全方位的发展路径，搭建起杨梅产业全周期农事服务“数据链”。一是“掌上学”打通技能传送通道，通过线上服务平台精准推送气象信息、农事建议、农业资讯等内容，并对接浙农云等平台实现在线学习。目前，远程诊断功能已汇集各方专家22人，开展杨梅产业线上农技培训约50场次，辐射梅农2000余人次。二是“集市汇”打造信息服务平台，整合各类社会化服务资源，搭建服务集市，线上满足杨梅山流转、种苗、农资、用工、冷库、加工、快递等业务需求，通过平台信息发布解决土地承包、农资、招工用工中出现的困难，截至2021年6月，已发布300余条信息。同时对接“浙江省农民信箱”，帮助杨梅产业和梅农主体进行营销推广服务，受众覆盖省、市、县三级。三是“掌上开票”打通农户开票“最后一公里”，在全国首创初级农产品交易免税发票在线办，即以省税务局在仙居开展试点为契机，依托“浙江省电子税务局”，开设网上“我要开票”应用模块，小农户可线上直接申请代开增值税电子发票。

（二）拓宽“协同式”特色产品销售新渠道

以“亲农在线”为平台，联通小农户与电商平台、企业和商家等大市场，打通小农户生产端、物流端以及销售端之间的通道，搭建现代、高效的“产销链”。一是畅通电商渠道，整合京东、淘宝、天猫、盒马鲜生等电商企业以及县内邮掌柜、康祥·小田埂、巾帼商城等农村电商资源平台，共建全县统一的产销互动平台，打通农户与物流、农超、电商、市民之间的渠道，提升流通和销售环节效率。二是创新“产地云拼”模式，将消费端分散、不确定的需求，归集成集中、确定的需求，推动农产品产地直发，帮助小农户直连全国大市场，农产品从“田间”直达“餐桌”，极大地推动了农产品的供需对接，让农产品实现了直接对接大市场的机会，真正实现了产业兴、农民富、经济活的社会价值。三是实行“一码管到底”，基于“浙农码”端口，通过应用在线申请杨梅农产品质量检测，以及“仙居杨梅”地理标志农产品的在线申请和授权，打造具有仙居特色的“亲农码”，以“一农一码、一品一码”建立农产品质量追溯体系和“亲农码”三色（红—黄—蓝）信用体系，实现“一码查信、一码溯源”。

（三）提升“数字化”赋能产业管理新水平

以数字化改革为突破口，打破政府部门、金融服务、农户之间的数据壁垒，搭建精准、科学的“服务链”。一是服务推广“一张表”，从农户活跃度、需求发布等角度分析平台推广情况，按乡镇分布制定排名表，针对性地推进落后地区的平台宣传和推广应用。除可在线申请商品有机肥、农机（轨道机）购置等涉农资金补贴外，充分激活农业农村大数据资源，为金融机构、保险机构开放各类“三农”数据接口，支持金融机构、保险机构通过大数据技术建立信贷风险模型和客户“白名单”。同时，创新推出“杨梅贷”“民宿贷”“亲农贷”等数字化网络贷款产品，为农户提供现代普惠融资服务，农户在线提交贷款授信申请，可实现在线参保和一键备案。二是管理决策“一张图”，基于“天地空”一体化信息技术，整合“粮食产业功能区、高标准农田、粮食产业分布、杨梅产业种植情况、遥感监测、气象监测”等多源信息，构建“亲农服务一张图”“杨梅产业一张图”，实现“以图管农”“以图兴业”。政府监管部门通过“杨梅一张图”就可以清楚地看到，仙居县杨梅地块在哪里、种植主体是谁、种植面积有多少、杨梅总产量有多少，这些数据的可视化展示为政府进行乡村产业管理提供了更多便利。三是监测预警“一条线”，对接气象部门数据，对可能出现的天灾情况设置预警红线，及时提醒、指挥调度。当寒潮来临时，“亲农在线”将冷空气预警提前发送至梅农手机，提醒他们为杨梅树做好保暖工作；当夏秋季节，杨梅树常常会遭遇连续的高温干旱气候，软件又会发出做好杨梅树抗高温干旱管理的提醒；当发生灾害时，第一时间协调保险公司进行理赔。

二、示范看点

“亲农在线”应用场景经过实践运行，已取得初步成效，并获得省委、市委的充分肯定。目前，“亲农在线”已入选浙江省数字政府最佳应用，被列入《数字政府多跨场景一本账S1》“浙里乡村”——“农业高质高效”——“浙政惠民”系列，被评为全省一体化数字资源体系（IRS）应用目录使用优秀案例，入选台州市一体化数字资源体系（IRS）建设的最佳应用，已接入台州市城市大脑和数改总门户。同时，作为典型案例，在2021年世界互联网大会乌镇峰会浙江省“一体化数字资源系统”专题发布会上精彩亮相。

（一）破解小农户“开票难”

实现了农户“足不出户”开具免税农产品增值税电子发票，从受理、开具、取票等全环节“一键申请、一次办结”，精简100%的申报材料，压缩95%的办税时长，节省100%的排队时间，让广大梅农共享数字红利、共享办事便利。自上线以来，已成功为2000多家农户开具8171张增值税电子普通发票，开票金额达1.17亿元，真正实现降费增效。同时，系统设置了“先汇款后开票”，保证货款及时足额到农户手中。

（二）破解生产性服务“供给难”

“亲农在线”整合了全县10余个涉农部门、20余家金融机构、100余家农业服务商和电商平台以及500余家农民专业合作社，进一步畅通资源渠道，让小农户在生产端及时感知市场信息，精准开展生产服务，有效提高生产效率；在服务端享受涉农补助、涉农保险、涉农贷款、物流电商等“一站式”便捷服务。

（三）破解贷款保险难和补贴“申请难”

构建了政府、企业、金融、社会等多方共同助力乡村产业振兴的新治理格局，通过涉农部门与金融、保险等机构的数据共享，既为银行、保险机构拓展广大农村优质的信贷空间，也为农户提供了“一键申请”的贷款保险服务和补贴兑现服务，有效解决了农户融资贷款担保难和申请补助手续烦等问题。比如，2020年，农商行推出的“杨梅贷”惠及农户200余户，授贷金额5000余万元；推出的“民宿贷”惠及民宿主340户，放贷1.69亿元。

（四）破解山区农产品“销售难”

“亲农在线”让农户与物流、农超、电商、市民“点对点”销售，提升了流通效率，优化了资源配置，有效解决特色农产品“销售难”问题。2020年，借力线上平台“村播带货”，实现杨梅鲜果寄递量300余万件、快递营业收入1.3亿元、鲜果销售值8.5亿元，带动梅农户均增收2.6万元，同比增长23.8%。2021年，在“亲农在线”应用场景的帮助下，仙居杨梅年产量达10.7万吨，鲜果产值达10.1亿元，梅农户均增收3.2万元。

三、启示前瞻

习近平总书记指出：“产业兴旺，是解决农村一切问题的前提。”杨梅产业既是浙江的第二大水果产业，也是仙居县农业的主导产业，更是重要的富民产业。“亲农在线”大场景应用创新，是一次现代数字技术和传统农业的结合，也是一次传统的小农经济跟大市场的对接。

（一）创新“小农户融入现代农业”有效衔接机制

“亲农在线”就是通过数据驱动，精准收集县内分散的小农户数据，链接政银企商专五个方面资源，畅通小农户与涉农部门、金融机构、物流企业、市场终端和消费者之间的数据对接与信息连接，推动对小农户的生产性服务从“碎片化”向“精准化”转变，让农民从分散、孤立的生产主体升级成为现代农业数字产业链的一部分，成为“数字农民”。此项创新对全国2.2亿户小农户实现农业数字化具有普遍的推广意义和价值。

（二）创新“小农户融入大市场”产销互动对接机制

“亲农在线”搭建的产供销一体化互动平台，创新的“产地云拼”模式，通过强大的供应链聚合能力直连农业末端，破解了传统农业“小散弱”与现代化大市场之间的矛盾，打通了生产端和消费端的堵点。而“互联网＋各类电商平台＋金融机构＋物流企业”的联合，也推动了农业供应链端和销售端的数字化升级，促使农民由农产品“生产者”向“产销者”转化。

（三）创新“小农码嫁接大功能”信用贷款融资精准扶贫机制

将“亲农码”与农户（自然人）作为市场主体的信用挂钩，纳入征管范围，化“代开”为“自开”，既还权于纳税人，也还责于纳税人。将“亲农码”产生的农户投资、生产、经营、开票等销售信息及时与金融机构互联共享，作为金融机构授信给农户的重要依据，既创新了金融产品，也破解了农民“融资难、贷款难”的问题。特别是将“亲农码”嫁接到“小发票”，让本地特色的农产品、旅游产品、扶贫产品通过一张张发票流通起来、宣传起来、互动起来，既帮助山区农民把农产品“卖出去”，也方便消费者实现“一码溯源，一码游乡村，一码参与乡村扶贫”，带动了乡村振兴。下一阶段，“亲农在线”

应用场景上将进一步提升服务的覆盖面和实际可操作性，将应用拓展到茶叶、水稻、柑橘等农产品领域，不断为乡村振兴、共同富裕注入“数智”力量。

（潘岱琳　徐巧玲）

构建乡贤全域协作图
打造乡村善治新格局

近年来，衢州坚持把新乡贤回归作为促进乡村振兴、助推共同富裕的重要抓手，积极探索“乡贤＋”基层治理新模式，实施“千名乡贤回乡村”，构建乡贤全域协作机制，通过新乡贤产业回聚、请贤回村、技术回援、文化回润、公益回扶，做活“引、育、用”文章，以因地制宜、人尽其才的理念，走出了一条“乡贤＋”的乡村振兴共富路。

2020年，衢州常住人口256.86万，与第六次全国人口普查相比，衢州的乡村人口减少了22.01万，乡村人才缺口明显，年轻化、高学历、经营型人才比例偏低，成为乡村产业发展、经营治理的瓶颈，亟须大量既有“先进知识”，又有“精神引领”，同时又热心乡村振兴、促进共同富裕的复合型精英群体回乡助力。对此，衢州市委、市政府高度重视，2019年出台《关于加强新时代乡贤工作同心聚力大花园建设的若干意见》，2020年将“礼贤通·乡贤回归一件事”改革纳入市委“五个重大”范围和市委全面深化改革委员会年度工作要点，积极构建新乡贤人才大数据库，充分推动新乡贤组织阵地全覆盖，有效推进新乡贤工作体制创新，完善新乡贤回归服务体系，为构建乡贤全域协作图，走出乡村振兴共富路打下扎实基础。

一、主要做法

衢州坚持把乡贤回归作为促进乡村振兴、助推共同富裕的重要抓手，坚持“大团结大联合”，以“望得见山，看得见水，记得住乡愁”为桥梁纽带，全面落实“南孔乡贤共建大花园”战略，积极探索“乡贤＋”基层治理新模式，实施“千名乡贤回乡村”，构建乡贤全域协作机制，着力建立健全新时代乡贤工作平台机制和保障体系，引导和支持海内外衢州新乡贤全面参与、积极投身衢州经济发展和社会建设。

（一）积极构建新乡贤人才数据库

衢州市根据省委办公厅、省政府办公厅印发的《关于发挥新乡贤在助推乡村振兴战略中积极作用的指导意见》中有关新乡贤界定标准，结合衢州实际，估算出一个百万人群的衢州新乡贤群体，并对此开展了定期不定期海内外新乡贤大走访和数据大调研活动。近三年来，衢州市直接吸引超过32个国家、地区和全国各地3000余名衢籍新乡贤代表人士回归参加活动，并通过“南孔乡贤共建大花园”大数据平台，覆盖联系全球各地衢州籍新乡贤人士超过2万人，其中纳入“浙统云”系统的市级重点新乡贤人士约8322人，各县（市、区）和乡镇（街道）、村（社区）都分别设定相应名库，逐级建立和完善新乡贤回归的人才大数据。

（二）推进新乡贤联谊组织规范化建设

新乡贤联谊会、新乡贤参事会等各类新乡贤组织属于社会团体，必须打破宽泛运营，构建规范化管理体系。衢州市以乡镇（街道）为主体、以村（居）为基础，市级指导，县级统筹，推行标准化规范化管理，所有乡镇（街道)新乡贤组织逐步实现登记注册。根据各地实际,支持乡镇(街道)统战委员兼任乡镇(街道)乡贤会常务副会长或秘书长,乡镇(街道)乡贤会分设建言献策“顾问组”、产业扶持“经济组”、纠纷调解“协调组”、乡风文明“督导组”、志愿公益“慈善组”、助学兴教“义学组”等功能分组。鼓励有条件的村(居)建立乡贤参事会、乡贤联谊会等。

目前,衢州市103个乡镇(街道)和299个重点村实现新乡贤组织全覆盖,团结联系海内外新乡贤人士超过1.7万人。衢州市委统战部联合市农业农村局引入500万元“两进两回”工作专项资金,建成峡川镇乡贤馆、杜泽镇乡贤馆、溪口镇乡贤馆等“南孔乡贤馆”23个,其中15个新乡贤阵地已接入线上“浙统云”场所库等。

(三)创新乡贤结对联谊服务机制

在探索新乡贤同心聚力共建共同富裕道路上,衢州坚持以机制创新破解制度机制不健全问题。一是建立结对联系制度。衢州广泛建立领导干部“一对一”结对联系重点新乡贤人士制度,衢州市委统战部带头推行部领导联系重点新乡贤人士、新乡贤阵地等制度,全面推行“千名乡贤回乡村”行动、岁末年初新乡贤“五个一”行动。二是积极开展线下联谊活动。推进新乡贤工作与商会、侨团、人才联络站等活动相结合。乡镇(街道)每年至少举办一次传统节日联谊、商会联谊、民俗民情、乡贤恳谈等“线下活动”,进一步激活本地新乡贤、引回外出新乡贤、留住外来新乡贤。三是畅通线上联络载体。建立新乡贤联络微信群、QQ群等“线上”联络载体,定期不定期开展线上交流、联谊、服务。四是创新探索服务实践,以机制创新积极探索破解新乡贤回归面临的诸多问题。比如,对于返乡创业人员回乡居住问题,出台《关于推进宅基地和农房盘活利用的指导意见》,探索在江山、龙游试点推行宅基地入股、集体经营性建设用地安置、适当开放继承祖房修建权等改革举措。比如新乡贤回归创业融资难、融资贵问题，2021年5月，衢州市委统战部联合市金控集团、农业银行衢州分行等发布“乡贤宝”金融服务，为海内外新乡贤人士回归创业提供100亿元授信全周期融资担保服务，千方百计为新乡贤发挥作用解除后顾之忧。

（四）大力弘扬新乡贤德善文化

在推动乡贤项目大回归的同时，衢州大力弘扬新乡贤德善文化，大力支持建设各级“南孔乡贤（愁）馆”、乡贤廊、乡贤墙、乡贤窗等，探索建立新乡贤文化研究会，推动各地广泛开展家风家训、优良传统、典型事迹等“古贤”文化研究，打造了衢江区杜本仁堂、姚氏宗祠，常山县赏石小镇石博园等一批乡贤文化示范展示基地。创新设立新乡贤荣誉授予机制，定期组织开展如“优秀乡贤会长（理事）”“榜样乡贤人物”等评选活动。连续两年邀请海内外杰出新乡贤代表人士共商共建“活力新衢州、美丽大花园”，先后表彰了“三衢儒商”“杰出衢商”“金凤衢商”“新锐衢商”等56人，“乡贤回归项目榜样奖”和“乡贤回馈家乡贡献奖”46人。

二、示范看点

衢州市始终把新乡贤统战工作作为聚人心、优治理、促发展的重要抓手，通过抓改革、建平台、促回归、打品牌等举措，勾画了一幅乡贤全域协作图，走出了一条乡村振兴共富路。

（一）乡贤回归助力乡村产业兴旺

近三年来，衢州乡贤回乡创业等涉及新乡贤项目达159个、协议引资额超千亿元，为促进乡村产业振兴、人才振兴和基层治理水平提升打下了扎实的现实基础，为推进衢州乡村高质量共同富裕建设提供了现实动力。2020年，新田铺农村产业融合发展示范园项目投资58.76亿元，成功列入国家级示范园。2021年1—10月计划投资总额超过300亿元，共吸引835名新乡贤带资金、带项目、带技术、带团队回归乡村。其中，预计投资20亿元的全竹循环综合利用产业园项目，将带动衢州周边200千米范围内近800万亩竹材资源综合高效利用；投资5.8亿元的胡柚三产融合项目，预计年总产值可达10亿元以上；计划总投资80亿元的春风江山田园文旅颐养小镇项目，将全面推动衢州文旅乡村振兴。

（二）乡贤参与推动基层治理更优

衢州积极改革探索“乡贤＋”基层治理新模式，大力实施“千名乡贤回乡村”活动，鼓励引导支持符合条件的新乡贤人士参选村干部、担任“一长三员”，选聘杰出新乡贤担任村委会名誉主任、乡村发展顾问、“乡村振兴讲堂”讲师团等，参与重大决策咨询、积极建言献策。2020年以来，衢州新增选聘100多名新乡贤人士担任“招引大使”，陆续吸引1575名新乡贤人士带资金、带项目、带人才、带团队回到乡村，担任村支部书记210人、其他村“两委”干部535人、“一长三员”505人，其中4名优秀回归乡贤入选省“千名好支书”。衢州先后涌现出常山县“至少请一贤”和“新昌七贤”、开化县东坑口“‘懒汉’治村”和大陈村“村歌”书记等一大批治村有效的典型案例。

（三）树立乡贤品牌营造浓厚氛围

衢州大力推广乡贤品牌，编纂《南孔乡贤故事汇》，录制《天南地北衢州人》专题片，把新乡贤人士的先进事迹写进村歌、村史、公德榜、乡贤祠等，支持开展新乡贤文化进机关、进学校、进家庭、进村居、进企业、进景区、进文化礼堂、进宗教活动场所等“八进”活动，进一步展示乡贤公德、宣传乡贤事迹、弘扬乡贤文化。随着制度的不断完善、品牌的不断推广、氛围的不断浓厚、情感的不断交融，衢州新乡贤品牌效应日益凸显，口碑传播与日俱增，衢州新乡贤们纷纷为衢州浓厚的人文和良好的营商环境纷纷点赞，获得了越来越多海内外乡贤的认可和好评。

三、启示前瞻

新时代乡贤是衢州全面实施乡村振兴战略、加快建设“四省边际中心城市”的重要力量和宝贵资源。衢州市始终把新乡贤统战工作作为聚人心、优治理、促发展的重要抓手，围绕抓改革、建平台、促回归、打品牌，全面推进“南孔乡贤共建大花园”全面提质增效，为衢州走好乡村振兴共富路凝聚最广泛的智慧和磅礴的力量。

（一）深化改革，促进新乡贤回归有力

结合衢州发展实际，创新提出原乡人、归乡人和新乡人“三乡人”新乡贤组织模式，为衢州探索新乡贤回归开好局。面对新乡贤回归后错综复杂的其他各类事务，衢州紧密结合数字化改革，全面推行“礼贤通·乡贤回归一件事”改革，并努力将此项改革纳入衢州市委“五个重大”范围和市委全面深化改革委员会年度工作要点，随之出台“礼贤通”回归服务工程实施方案，引导各地对作出突出贡献的新乡贤探索创新项目代办、创业扶持、回乡建房等服务，切实以改革为统领推动新乡贤工作持续走向深入。

（二）系统集成，强化服务要素保障

衢州市构建由党委统一领导，统战部门牵头协调，组织、宣传、政法、民政、农业农村等有关方面各负其责的新乡贤工作大格局，由此实现横向部

门有效联动，纵向各层级上下联动的大联动模式，系统优化营商环境，为新乡贤项目回归提供了信心和保障。衢州市定期推行挂联指导机制、线上沟通机制、协商议事机制、参事善治机制、公益慈善机制等，深入基层一线开展下沉服务。全面推进“新乡贤回归服务工程”，探索出台了激励新乡贤创业、安居、回归、融资等方面的优惠政策，帮助新乡贤解决住房、就医、子女入学等具体问题，为新乡贤发挥作用解除后顾之忧，有效吸引新乡贤回归、引导要素资源向乡村集聚。

（三）厚植情怀，大力弘扬乡贤文化

积极弘扬新乡贤文化。衢州市连续多年开展“榜样统战人物”和统战领域“杰出工匠（大师）”等表彰评选活动，并有序推动新乡贤文化走进机关、学校、村居、企业、景区、文化礼堂等，宣传其事迹、展示其风采、弘扬其文化，营造形成人人见贤思齐、崇德尚礼的良好社会风尚。如此，新乡贤才能“回得来、留得住、干得好、能带富”，进而实现常态化、长效化与可持续发展。

（缪关永）

第三篇

缩小收入差距

《浙江高质量发展建设共同富裕示范区实施方案(2021—2025年)》提出:“实施居民收入和中等收入群体双倍增计划,推进收入分配制度改革先行示范。”如何加快缩小收入差距,推进收入分配制度改革先行示范?省委书记袁家军在中共浙江省委十四届九次全会的讲话中指出,“着力加快缩小收入差距。要坚持体现效率、促进公平,在优化收入分配上主动作为,强化初次分配的基础作用,发挥再分配的调节作用,加快‘扩中’、全面‘提低’,进一步激励财富创造,率先形成以中等收入群体为主体的橄榄型社会结构。一要千方百计拓宽居民增收渠道。二要探索稳定和扩大中等收入群体的新机制。三要推动低收入群体持续较快增收。四要探索完善收入分配调节机制”。

本板块选取的案例,就是近年来湖州市南浔区、磐安县、开化县大溪边乡、嵊泗县花鸟乡、龙泉市等地缩小收入差距的典型案例。

深入实施收入倍增计划
探索均衡统筹发展新路径

2020年10月，习近平总书记在关于《中共中央关于制定国民经济和社会发展第十四个五年规划和二〇三五年远景目标的建议》的说明中指出，我国发展不平衡不充分问题仍然突出，城乡区域发展和收入分配差距较大，促进全体人民共同富裕是一项长期任务。湖州市南浔区立身浙江高质量发展建设共同富裕示范区大场景，聚焦“居民收入倍增、缩小城乡差距、缩小收入差距”，积极探索破解新时代社会主要矛盾的有效途径，率先形成推动共同富裕的有效路径。

近年来，南浔紧扣高质量发展主题，逐步形成了以高端装备、金属新材、绿色家居、现代纺织为重点的产业体系，是湖州市第一个规上企业超过千家的区(县)。现有“三电一板”产业在全国乃至世界都具有很高知名度，洗衣机电机占全国市场70%以上的份额，电磁线占60%以上，电梯整机占10%以上，实木地板占80%以上，是国家可持续发展实验区、国家知识产权强县工程示范区和浙江省首批“浙江制造”试点县(区)。2021年3月24日，南浔区委四届十一次全会专题研究共同富裕工作，构建了以打造12项标志性成果、58个重点项目工作体系、配套政策体系以及标准体系、评价体系为核心的体制机制，聚焦五大战役，实施七大工程。其中第一项重大战役即实施居民收入倍增计划，南浔聚焦“经济繁荣”，初步形成了扩大产业规模、育万户商贸、富万户收入、强集体经济四项倍增行动以及完善收入分配制度的“4＋1”工作体系。在“做大蛋糕”的同时也注重“分好蛋糕”，南浔坚持城乡均衡统筹发展，逐步缩小居民收入差距，2020年城乡收入比为1.62∶1，为全市最小。省委书记袁家军将“高质量发展建设共同富裕示范区”的首个调研点选在南浔，给予湖州南浔“积极探索共同富裕有效路径，为‘全省示范’探路”的殷切期望。

一、主要做法

（一）打造特色产业集群，实施大产业规模倍增行动

从产业规划先行、利好政策支持、瞄准产业链招商、做好人才配套等方面入手，全力打造南浔特色产业集群。一是打造千亿元级“光电湾”。南浔充分运用地理区位优势，着力补齐长三角地区光电通信领域产业链链路链节，确立了引入产业链核心项目、串联周边城市资源、打造光电产业集群的工作思路，通过引进液晶面板、液晶组件、半导体等上下游光电配套亿元企业，规划构建投资产值超千亿元、税收超百亿元的光电产业集群。二是加速产业转型升级。经过30多年的发展，南浔已经形成了相对完整的电梯、电机、电磁线产业链，尤其是涵盖整机制造、配套软硬件生产等完整的电梯产业链，每年生产各类电梯7万多台，约占浙江省电梯市场份额的50%、全国电梯市场份额的10%。然而，日趋激烈的市场竞争和更加严格的产品质量标准正倒逼南浔电梯产业加速转型，2020年南浔出台《南浔区工业经济高质量赶超发展实施意见（2020—2022年）》，重点支持电梯、电机、电磁线等传统优势产业转型升级，推进“三电”行业企业小升规、新升规，通过引导中小企业合并重组做大企业规模和提升发展质量。三是吸引创造高质量

就业。依托完备的产业结构体系，南浔电梯产业链直接创造工作岗位超过1万个，光电产业集群投产后，将提供6000多个相关就业岗位，有效提升居民的就业规模和质量，直接促进居民收入水平的提高。

（二）夯实基础发展新业态，实施万户商贸主体培育倍增行动

加强巩固商贸设施、业态基础，创新经营模式，引导商贸业态转型，大力提升南浔区市场主体数量，促进商贸主体、小微创业者等加快迈进中等收入群体。一是夯实市场主体基石。通过加快南浔大象酒店、太阳酒店、绿地商业中心等地标性商贸综合体建设进度，引入多层次商贸业态。对商贸街区建设进行再优化，推进高品质步行街、特色商业街区建设及南浔古镇、吾悦广场等智慧商圈培育，打造南浔品质消费新地标。二是加强市场主体培育。通过优化准入制度，如推进"证照分离"改革、降低企业经营范围登记的制度性成本等，扩大市场主体的增量。加强对小微企业的培育与扶持，建立小微企业培育库，阶梯培育指导小微企业稳步增长。同时按照"非禁即入"的原则，扶持农民工、高校毕业生、外来务工人员等特殊群体自主开展小微创业。三是引导商贸业态转型。开展"批零住餐限下转限上"工作，依托"麒麟计划"引导外贸企业开展跨境电商业务，结合出口外贸品牌发展战略，培育跨境电商龙头企业，引领带动相关产业发展。

（三）扶持百企千场强产业，实施万家农户收入倍增行动

结合数字化改革工作，通过发展带动型农业龙头企业、开展家庭农场示范创建、培育农创客、培训农村实用人才等方式，带动农村万家农户增收致富。一是做大做强龙头企业。围绕打造百亿农业产值强区目标，加快实施"12365"工程（即建设一个国家级现代产业园、两个省级现代农业园区、三条省级示范性农业全产业链、六大产业平台和建设五大工程），加强农业

主体与特色产业体系的培育，扶持一批对产业带动强、辐射广、链条全的新型农业龙头企业。二是引导农业规模化经营。构建“绿色渔业转型升级、稻虾综合种养、‘红美人’柑橘重点发展、湖羊养殖巩固提升”的现代农业产业层级，开展“五个万”工程建设，带动全区农业结构和规模提档升级，推动农户持续增收。三是大力发展智慧农业。以数字化推动农业新一轮经济增长，组建南浔乡村数字大脑，布局覆盖全域的信息采集和共享网络，提供生产管理、物联监控、农技服务、农资采购、金融保险等全方位数字化服务，形成精准导向、动态调整、双向互通的智慧发展模式。

（四）创新改革壮大农村经济，实施村级集体经济倍增行动

通过完善利益联结机制、开发引进新型生产模式、深化乡村改革等方式，让农民能够享受到更多产业增值的红利，促进农民增收。一是全面推行“强村公司”。通过村自办、村企联办、跨村（跨乡镇）联办等途径组建“强村公司”，鼓励资源优势明显、集体经济实力强的行政村以村集体独资形式成立“强村公司”，推动弱村抱团、国有企业资金入股等方式强村发展。二是探索新型生产经营模式。以星光农机和星光农业为依托，探索数字化农业生产经营新模式，构建集生产、收购、加工、销售等于一体的粮食全产业链综合体，创新形成“农业园区＋现代企业＋新农人”的“星光生产模式”，全力解决粮食生产效益低、规模经营受限、产业发展不足的难题，推动粮油产业高质量发展。三是深化乡村集成改革。深入开展农村存量宅基地盘活利用行动，在全国率先探索宅基地有偿退出改革试点。深化农合联“三位一体＋”改革，通过搭建平台、投建返租、村企结对等方式进一步深化改革，提升农合联改革服务“三农”的综合效益。

（五）重点推进再分配调节，深度完善收入分配制度

聚焦民生改善和社会保障，进一步扩大中等收入群体、增加低收入者收入，促进收入的公平分配。一是探索实施股权激励制度。开展企业员工股权、分红激励等试点工作，鼓励南浔的上市公司和优质民营企业通过股权奖励、上市公司员工持股、项目分红等形式广泛开展股权激励，实现“融资”“融智”双赢。二是精准帮扶低收入群体。根据劳动力状况，以精准救助为目的将低收入群众分为“有劳力”“弱劳力”“无劳力”三类，分别做好技能培养和创业扶持、就业帮扶、兜底保障等工作。如专门为残疾人及60周岁以上“弱劳力”人员创造了民宿酒店、制笔、缫丝等就业帮扶工作岗位。三是发展完善慈善事业。搭建平台引导慈善事业向“精准型”与“普惠型”结合发展，以求更加精准解决各类弱势人群的发展痛点，不断提升慈善救助的受益面。如助力困难学子的蔡崇信公益基金会、慰问残疾人家庭的“关心、关爱残疾人”资助活动、为尿毒症患者开展的“惠民助医”等普惠型救助，以及区委组织部的“党员关爱基金”、公安分会的“爱警基金”等“精准型”慈善救助。

二、示范看点

（一）“做大蛋糕”——经济总量持续做大做强做优

当前南浔已成功招引光电通信类产业项目6个，总投资760亿元。其中，泰嘉光电、华尚光电等百亿元级项目三个、50亿元级项目两个，在谈项目20余个，有效带动20多家上游原材料和下游通信设备企业集聚，推动南浔光电湾产业链向高端化、核心化延伸，实现上下游产业有效联动、共同发

展的良性循环。传统电梯、电机行业企业持续转型升级，加大科技投入，增强企业技术创新能力，注重品牌建设扩大影响，加快抢占产业链的中高端市场。2020年，南浔电梯产业亩均税收超25万元，23家规上电机企业完成工业产值38亿元，实缴税收超1.3亿元。

（二）"商贸繁荣"——有效扩大中等收入群体规模

一方面，聚焦扩大中等收入群体的市场主体培育工作效果明显。2020年，南浔新设市场主体1.31万户，同比增长22.4%，目前累计各类市场主体近6.7万户，至少有10%的户籍人口是创富、造富的生力军，有效扩大了中等收入群体规模。另一方面，批零住餐限下转限上、外贸导向的业态转型等工作成效显著。2020年，南浔外贸出口总额为108.59亿元，同比增长26.9%。截至2021年8月，南浔区社会消费品零售总额同期增长12%，限上批零住餐销售额营业额同比增长分别为66.1%、21.3%、56.6%、8.2%。

（三）"农业兴旺"——多方渠道提升农民收入水平

2020年，南浔区星光农机、浙江恒通生物等公司被新认定为省级骨干农业龙头企业，占全市新认定总量的28.5%，当前全区已有7家省级以上农业龙头企业。累计推广渔业养殖跑道397条、稻虾综合种养6万亩，数量居全省第一，建设万亩粮食园区5个、发展"红美人"柑橘种植约4180亩、启动建设万头湖羊基地4家（1家已投产）。建立100多个数字化示范基地、3个数字化平台，总辐射面积15万亩，规模化农业经营主体数字化应用率超过70%。其中，南浔的数字养鱼技术应用面积达10万余亩，与传统养殖方式相比亩均利润提高约1500元。

（四）“消薄强村”——改革创新持续壮大集体经济

南浔区村集体通过联合等方式成立“强村公司”24家，2020年实现经营利润1965万元，为每个行政村平均增收9.5万元，全面消除了集体经济经营性收入不足50万元的欠发达村。采用“星光新型生产模式”的村集体、农户、公司亩均净收益分别增加390元、333元、1293元，打破“种粮不赚钱”传统思维，从根本上破解没意愿种地难题，为种粮农户增收提供了新途径。通过宅基地有偿退出改革，累计盘活宅基地13968户，预计盘活宅基地5000多亩，引进9个村集体增收项目，总投资约4.7亿元。

（五）“分配公平”——收入分配体制机制持续改善

南浔已在50多家科技型企业、“南太湖精英计划”团队中先行开展企业员工股权、分红激励试点，激励辐射范围计划要超过1万人，进一步调节中高收入群体间的收入分配。通过就业指导、技能培训、创业扶持等多种方式的帮扶，使南浔在册低收入群体人均年收入从2017年至2020年底增加了0.9万元，增长了76%，大幅提高了低收入人群的收入水平。慈善的作用进一步发挥，加强了社会保障兜底。2018年以来，南浔累计支出专项慈善帮扶资金近9000万元，年均救助群众超1.2万人次。

三、启示前瞻

（一）推动产业转型升级和培育新经济增长点是居民收入倍增的重要途径

转变经济增长方式是实现收入倍增的重要途径，推动产业转型升级、培育新经济增长点是转变经济增长方式的重要手段。培育新经济增长点不仅可以通过打造新兴产业集群来实现,刺激消费需求进而提高居民消费水平同样是拉动经济增长的有效途径,也是克服投资增长过快、需求不足从而导致产能过剩、经济发展缓慢问题的有效方法。

（二）有效扩大中等收入群体规模是实施居民收入倍增行动的核心

以中等收入群体为主构成的大规模市场是地区经济健康发展的坚实基础。重点扶持并扩大小微企业主、个体经营户、农村土地承包经营户等市场主体的数量和规模,结合农产品加工、农村旅游景区建设,支持培育各类农业市场主体,通过股权激励等方式进一步提升企业管理、科技人才和员工等中低收入群体的收入水平。加强社会保障和引导企业转移支付,使得第三次收入分配更多向低收入人群倾斜。

（三）实施居民收入倍增的过程中要重点防范城乡收入差距扩大的问题

地区在发展过程中有意识地加大在农业产业上的资金、资源等要素投入。一方面,可通过发展加工带动型农业产业化联合体、推广以家庭农场为代表的适度规模经营型模式、打造农业产业平台,持续完善联农带农机制。依托“企业＋农户”“企业＋农民合作社＋农户”等模式,引导龙头企业、家庭农场、种养大户等农业经营主体加入农业产业化联合体发展,带动农户人均收入大幅提升。另一方面,要打造特色农业品牌,数字化赋能农业产业,提高农产品附加值、降低农产品生产成本、提升农产品销售收入,进而提升农户整体的收入水平。

（四）缩小城乡收入差距的关键在于壮大村级集体经济促进农村居民增收

《集体经济蓝皮书：中国农村集体经济发展报告（2020）》指出，发展壮大集体经济有利于增加农民收入，缩小城乡与区域差距。村集体可以通过有效利用自身的地理位置、土地、生态、劳动力等资源，在保护生态的前提下招引特色产业项目、引进新型生产经营模式来提高村级集体经济和生产效率，加快补齐乡村级集体经济造血能力不足、人才等关键要素外流严重、农业产业链条过短等主要短板，全面激发农村发展内生动力，全方位带动农民增收致富，有效缩小城乡间的收入差距。

（宋世清　周益敏）

“生态＋特色”产业双轮驱动
拓宽低收入农民增收致富路

磐安是浙江一个年轻的山区县，区域面积1196平方千米，下辖7镇5乡2街道，共216个行政村、20个社区，人口21.31万人。2020年，全县实现GDP 120.7亿元，人均GDP为56976元；财政总收入和一般公共预算收入分别比2015年增长了43.3%和51.2%；城乡居民人均可支配收入分别达到4.36万元、2.10万元。

作为全省26个山区县之一、共同富裕示范区建设首批试点城市，磐安是实现共同富裕任务最重、跨越式高质量发展需求最为迫切的地区。当前，磐安紧紧围绕“缩小城乡差距”这一试点方向，立足县域生态资源禀赋，深入实施“生态富县、生态富民”发展战略，着力将生态优势转化为发展优势，大力发展生态农业、生态工业、生态旅游业，逐渐走出一条“绿色发展、生态富民”之路，引领带动磐安实现跨越式高质量发展。下一步，磐安将严格对标共同富裕试点要求，更加注重向农村、基层倾斜，向困难群众倾斜，全力破解发展不平衡不充分问题。进一步突出山区生态优势转化，以“生态＋特色”产业双轮驱动打造多种业态的生态富民模式，全力推动城乡之间居民收入比由2020年的2.08∶1缩小到2025年的1.9∶1，城市内部居民收入差距和农村内部居民收入差距显著缩小，并形成一批可复制可推广的标志性成果，力争在共同富裕路径探索、载体打造和品牌建设等方面作出磐安示范、提供磐安经验。

一、主要做法

磐安县坚持党建统领、系统治理，坚定走好“绿水青山就是金山银山”发展之路，扎实推进“生态富县、生态富民”，打通“绿水青山”与“金山银山”之间的转换渠道，努力拓宽城乡居民增收途径。

（一）护好“一片林”，夯实“共富”根基

始终坚持生态优先、绿色发展，把生态文明理念贯穿新型城镇化、农业现代化、旅游产业化的全过程、各方面，大力推进产业生态化、生态产业化，进一步打通“绿水青山”与“金山银山”的双向转换渠道。一是政府搭台，培土“育秧苗”。以政策扶持为着力点，统筹整合区域内资产、资源和资金，向现代农业经济、文旅经济、生态经济等新兴产业倾斜，形成资金、信息、技术等资源叠加效应，大力推出“一棵树万元钱、一亩山万元钱、一亩茶万元钱、一亩茭万元钱”等系列万元增收计划，变绿色资源为绿色银行，引导广大村民创业创富。例如，磐安县方前镇大力实施“稻鱼共生”“果鸡共养”等新型农业经济，积聚规模种植主体18个，培育优品20余个，种植面积达3000余亩，推出“富锗大米”“富锗果蔬”等网红产品10余个，推动本地大米、果蔬价格由3.5元提高到12—16元。二是产业引领，源头“注活水”。科学谋划产业布局，积极引进文化创意、“互联网＋”、乡村观光旅游等产业领域龙头企业，创新实施“行业协会＋龙头企业＋农户分散加工”模式，延长产业链，提升价值链，努力打通产业生态经济有机循环。先后引进浙江祥瑞建筑、岩亨信息技术、友善宠物用品等龙头企业20余家，精心打造万亩竹笋两用林、千亩香榧基地等绿色基地30余个，吸纳本地就业3000多人。三是农民唱

戏，内外"两开花"。充分发挥农民主体作用，积极引导村民改造自有住房，依托丰富生态、文化资源，参与旅游经营和餐饮服务，支持鼓励村民从事戏曲文艺、小吃经济、趣味农事、赛事保障等有偿服务，培育新型农民、职业农民，推动"资源变资产、资金变股金、农民变股东"，进一步拓宽农民增收致富渠道。近年来，先后开发"凉村"总部、"大裂谷"景区、乡村度假酒店等一大批特色项目，培育农村新型发展专业合作社30余家，培养小吃乡土人才2000余名，开设小吃门店120余家，推动187个村庄年度集体收入达到10万元。

（二）做精"一味药"，打造"致富"良方

注重产学研合作，大力实施数字赋能、市场赋能、科技赋能，加快道地药材基地建设，推动药材卖出好价钱、引来好企业、集聚好人才。一是厚植优势，建强产业链。充分发挥磐安中药材种植产业基础优势，大力推进"中医药＋"新业态建设，进一步拓展中医药休闲观光、健康旅游、医疗服务、养生养老等产业，着力打造"全国精品道地药材生产示范地""浙产优质药材集散地""全国中药产业生产研发新高地"。目前，磐安共有中药材种植户4.8万户，从业人员6.1万人，占全县人口的1/3，种植中药材面积7.22万亩，产量2.2万吨，产值达6亿元，药农人均收入达3.5万元，中药材收入占农民收入的比重达到70%以上。二是集成发展，提升价值链。全面开展县域药用资源普查，构建全县药用资源本地数据库，形成药用资源大数据图谱，深入分析产业化、商业化运用价值，全面推进野生珍稀药材、特色药材、道地药材、适宜种植药材、具有广阔市场前景药材的驯化、繁育、推广、示范工作，积极探索打通优质药材向优价产品转化的渠道。目前，磐安共有注册中药材个体户和经营企业4533家，临时购销户3000多户，省外购销商200余家，建成长三角地区设施最完善、配套最齐全、规模最大的中药材交易市

场，入驻中药经营户574家，年交易额达到41亿元。三是科技赋能，培育创新链。大力招引省内外知名重点科研机构，搭建产学研用协同创新平台，不断完善功能配套和服务，促进产业创新、要素集聚。建设以基地通、车间通、市场通、金融通、科技通为抓手的中药产业大脑，以中药材质量追溯贯通中药产业全产业链，集成中药产业各环节应用场景，建成“道地药材生态种植—数字车间加工生产—线上线下市场重构”数字化发展新体系。目前，磐安积聚中药材产业国家级领军人才专家19名，建设中药研发平台10个，引进培育一方制药、大晟药业、金城阜通等中药生产企业67家，其中高新技术企业5家，通过GMP认证饮片企业7家，建成全省唯一一个中药材产业创新服务综合体以及全国首个产地加工和饮片生产一体化“共享车间”。

（三）盘活“一间房”，拓宽“创富”渠道

大力推行“四统一”农家乐发展模式，推出“磐安山居”共享计划，打响“沪上人家”品牌，推动农村闲置房产变成农民增收资产。一是挖掘特色，重塑乡村“面貌”。坚持“保原味、显特色”原则，邀请省内外著名文旅企业进行规划和设计，根据村庄房屋、地形、地貌、道路等因地制宜设计多套建设改造方案，突出一村一品主题特色，将文化基因和创意景观融入施工建设过程。先后打造乡土儒学榉溪、舞龙故乡佳村、浪漫玫园沙溪等108个主题特色旅游村庄，以及“云上尖山·乌石小镇”等14个高颜值、有品位、忆乡愁的“美丽城镇”。二是激活文化，彰显多彩“魅力”。遵循“活态保护、有机发展”理念，系统推进乡村文化“修复”工程，提炼村庄特色历史文化和特色产业，先后搜集和挖掘始丰溪航运、山区地质、小吃文化等多种文化品牌，以“文化兴县、旅游旺县”为主线，加快推动文化与旅游整合发展。精心打造方前“希望的田野”、湖上“非遗文化大戏”等10余个特色文化品牌，有效带动民宿产业发展。新发展共享农屋2600家、精品民宿961家，床位1.85

万张。三是以赛促游,展现美丽“风采”。以经营的理念推进赛事经济、活动发展,积极承办具有广泛影响力的体育文化赛事活动,向活动赛事要知名度、要影响力、要客流、要产业,有效拓展旅游产业链条、丰富旅游文化内涵。每年举办横磐马拉松、药博会、省级冬泳锦标赛等各类赛事、活动20余场次,通过网络媒体、社交传播、现场直播等多种方式,形成立体式、全方位、集中式宣传态势。

(四)深耕“一块地”,凸显“带富”效应

大力推进实施金磐“飞地”园区城市经济、总部经济和数字经济发展,全力打造山海协作升级版,进一步扩大磐安财政税源,加快推动脱贫攻坚、“摘帽快跑”。一是加快数字赋能,“老树发新芽”。积极创建“小数点”赋能服务中心,搭建产学研用协同创新平台,加快推进数字化车间改革和智能自动化转型。精准招引省级重点企业研究院等研发机构10家、国家高新企业14家、众创空间平台8个,中科神探、和勤通信等一批数字企业190余家,打造数字经济产业集聚区,2020年实现营业收入47亿元。催生出网红经济、直播经济等一批新兴业态,培育形成市场主体近2000个,其中,脉链数字经济产业园发展成为全球第一工具产业互联网平台。二是助力均衡发展,“高峰变高原”。支持和保障县域基础设施建设,年均腾出2亿元资金,用于文化教育事业、新农村建设、“五水共治”、消除薄弱村等民生事业,助力磐安城乡一体均衡发展。截至目前,金磐开发区助力招引环白云山康养旅居综合体、国药文化城、玉岑山居等166个重大项目落户磐安。帮扶结对乡镇街道打造美丽城镇省级样板3个,创建“十美村”40余个,美丽庭院1200余个,其中,园区企业结对帮扶村庄46个,投入资金1748万元,有效改善县域城乡经济社会发展面貌。三是聚焦反哺桑梓,“星火广燎原”。充分发挥金磐开发区经济增长重要平台、财政收入重要支柱、对外开放重要平

台作用，全力打造磐安主体财源、后续税源“根据地”，助力加快脱贫攻坚、推动农民增收。近年来，金磐开发区主要经济指标对磐安贡献度均达到1/3及以上，高新技术企业占全县的80%，累计上交各类收入50多亿元，占全县财政收入的30%以上。多途径拓宽就业创业渠道，累计吸纳来自磐安的就业2万多人，约占全县人口的一成，接收下山移民1000余人，约占全县移民安置总数的10%。

二、示范看点

2021年以来，磐安围绕“着力缩小收入差距”共同富裕试点工作要求，深入实施“生态富县、生态富民”发展战略，经济社会总体呈现良好的发展态势。

（一）休闲旅游产业发展迅速

目前，磐安“农业＋旅游”“文化＋旅游”“体育＋旅游”等发展模式成效明显，乡村旅游产业链条逐步健全和完善，形成“观光农业、小吃节庆、赛事活动、戏曲文化和民宿产业”等多产融合发展，实现了乡村旅游从初级观光向高级休闲、从同质开发向差异发展、从单体经营向集群布局的转变。2021年以来，磐安新增夜游花溪等乡村旅游新型业态15项，创建风崖谷、金鸡岩等国家AAA级景区3个，新创和提升省A级景区村19个，乌石村入选全国乡村旅游重点村，创建省级工旅、体旅等融合示范基地3个、乡村旅游产业集聚区1个、休闲乡村2个、乡村氧吧1个，实现人居环境由一时美、一地美向处处美、全域美转变。

（二）中药材产业发展“一枝独秀”

中药材产业是磐安的传统优势产业。为进一步推动产业优质高效发展，磐安以全省唯一中药类特色小镇的“江南药镇”为平台，精心打造长三角地区设施最完善、配套最齐全、规模最大的“浙八味”药材城，成功举办十三届中国·磐安中药材博览会。深挖药膳特色资源，打造“磐安药膳”品牌，制定道地药膳制作标准16项，建成江南药镇药膳定制中心4家，引进药膳制作大师8名，连续四年举办浙江省药膳烹饪大赛，获“浙江省药膳之乡”称号。目前，磐安中药材年产量2.2万余吨，产值6亿元以上，分别占省、市中药材产值的9.5%和59.4%，其中，元胡、贝母等部分产品产量达到全国的20%和60%。新渥、冷水、仁川等乡镇街道，农户中药材人均收入达3.5万元，占家庭年收入的70%以上。中药材产业已成为磐安县农民增收致富的重要支柱。

（三）区域公共品牌建设成效明显

以经营的理念推进节日经济、赛事经济发展，先后打造出小吃节庆、戏曲稻田等20多个“固定”节庆活动，有效拓展旅游产业链条、丰富旅游文化内涵，成功培育“花溪忆舍”“云杏山居”“希望的田野”等多个区域性公共品牌。2021年以来，磐安先后举办“小吃节”“樱花季”“森林休闲养生节”“氧气山水音乐节”等系列活动20余场次，开发“磐安心意”伴手礼产品300余款，新建磐安小吃门店30余家，发展中高端农家乐100家，规范提升共享农屋1000户，新创农家乐集聚村4个，累计吸引游客1496万人次，实现旅游产业综合收入141亿元。

（四）农民收入增收渠道日益拓宽

积极推进"党支部＋"模式，精心打造专业合作社、家庭农场、产业协会等平台体系，大力推动小吃经济、现代农业经济、民宿经济、赛事经济等特色产业经济蓬勃发展，进一步拓宽低收入农民增收渠道。2021年以来，磐安打造省级"五园"创建示范基地4个、农业"机器换人"示范基地2个、水产健康养殖示范场1家，推动全县人均年收入9000元以下农户、农村困难家庭危房户和无房户、低收入农户"零就业"家庭全部"清零"，集体经营性收入10万元以上行政村比例达79.2%，实现城乡常住居民人均可支配收入25693元和13503元，分别增长13%和14.6%。

三、启示前瞻

小县城有大梦想、小地方有大作为。磐安县从一个偏僻落后的山区县逐渐发展为远近闻名的"康养大花园"，实现城乡居民人均收入增幅连续位居金华第一，关键在于以下几个方面。

（一）兴村先兴生态

生态环境是共同富裕的"底色"。磐安生态环境优美的村庄是率先实现乡村振兴发展的主力军，为实现生态优势向产业特色优势转化提供了有益的借鉴。例如，乌石村把生态环境优势与乌石特色资源、周边旅游景区等结合起来，打造出响亮的民宿产业品牌，一跃成为远近闻名的"富村""大村"，年接待游客突破85万人次，旅游综合收入达到1.6亿元，村民人均年收入突破8万元，居全省前列。

（二）振村先振组织

为应对“空心化”“原子化”“离散化”等现象和基层党组织涣散、党员角色弱化等问题，磐安以锻造强有力的党组织为核心，以提升组织力为重点，以“第一书记”选派为载体，强化基层党组织建设，按照政治素质好、带领能力强、服务能力强等标准，选优配强基层党建领导班子。坚持优中选优，通过对所辖村庄长期的考察，挑选出优秀的领导型人才担任村庄振兴“领头羊”。积极引才回乡，梳理本籍在外人才，建立联谊机制，千方百计引才回乡，助推乡村振兴发展。

（三）富村先富脑袋

磐安大部分农村地区是“无交通优势、无工业基础、无资源优势”的三无村庄，打通“绿水青山”与“金山银山”转换通道，推动农村振兴发展，要从转变农民思想观念入手，各级政府以及社会组织积极开展“送技术、送知识、送经验”下乡等活动，把最新的社会资讯、行业动向和技术知识及时有效地传授给村民，从而转变农民固有的思想观念，推动农村地区产业多元化以及农民家庭兼业多样化，从而实现农村振兴发展由依靠“输血”向自我“造血”转变。

（邹学钺）

推进现代特色农业发展
用“红高粱”种活乡村经济

共同富裕是一场以缩小地区差距、城乡差距、收入差距为标志的社会变革。作为浙江发展不平衡不充分问题最突出、三大差距最大的区域，山区26县能否实现跨越式高质量发展、取得标志性成果，事关现代化先行和共同富裕示范区建设全局。

开化县大溪边乡地处开化县东北部，与杭州市淳安县接壤，距县城37.5千米，乡域面积88.5平方千米，辖12个行政村，人口1.38万，人均耕地面积不足半亩，是典型的山区农业乡。2016年以来，面对农村土地抛荒、村集体经济“空壳”、留守村民就业难等问题，大溪边乡依托自身资源禀赋和生态优势，以上安村为试点，引入红高粱产业，组建高粱红党建联盟，建设红高粱小镇，推进现代特色农业产业发展，用红高粱“种活”乡村经济。2019年12月，以上安村为核心，大溪边乡全域被浙江省政府正式批准创建红高粱省级特色农业强镇。全乡红高粱种植面积从2016年的240亩扩展到2021年的4200亩，红高粱酒年产值从2016年的140万元增长到2020年的3000万元，在家村民人均增收近万元，全乡12个村村集体经营性收入均突破40万元，初步实现了“人人种高粱、家家有收入”，“农业增效、农民增收、集体增富、农村增美”的乡村共富目标。2021年2月25日，大溪边乡红高粱产业带头人、上安村党支部书记余雄富被中共中央、国务院授予“全国脱贫攻坚先进个人”荣誉称号,既是中央对大溪边乡红高粱产业富民发展的高度认可,也是对偏远乡村依托自身资源禀赋、推进共同富裕的殷殷期盼。

一、主要做法

(一)因地制宜全力振兴优质产业群

大溪边乡位于开化县的交通末端,山多地少坡陡,资源匮乏。近年来,大溪边乡党委、政府下定决心改变落后现状,创新引进红高粱产业,积极寻求以特色产业发展推进乡村振兴的新路子。一是“智”选产业。大溪边乡以上安村为样本,问计于智、问计于民、问计于地,吸取了种高山蔬菜、种向日葵“只丰产不丰收”的教训,理清了“缺水梯田适合旱粮作物”的发展思路,大胆尝试引进红高粱产业。二是党员带头。红高粱从北方到南方,刚开始种的时候还是稀奇事,农户们不敢确信、不敢尝试,党员干部就带头先行试种。在2016年试种的240亩红高粱中,上安村党员干部带头种了一半以上。另外,一直以来,余雄富个人每年都要试种近十个高粱品种,边试验边选择边推广。三是联盟组团。在上安村试点成功的基础上,2018年在全乡全面推广红高粱产业,组建高粱红党建联盟。墩南、月岭等毗邻村与上安村组团发展,同步全面种植红高粱。黄谷片区5个村利用山场多的优势,在油茶、香榧幼林基地里,套种红高粱,积极发展林下经济。同时,对农户实行每种植一亩红高粱给予200—500元政策补助,村里还以1.5元/斤的保底价收购红高粱籽,让农户吃下了“定心丸”,种得安心。五年来,大溪边乡红高粱产业从无到有、从少到多,逐步染红了千里山岗。

(二)党建引领增强基层治理原动力

针对村集体造血功能弱、“头雁”带动力不足、产业发展缺乏驱动力等问题,大溪边乡党委、政府启动了“强村带弱村”计划,帮助后进村再起步、添信心、增收益。一是擂台比拼。搭建“高粱红”党建擂台,实施“村村比拼、月月提升”,比一比“哪个村庄种植面积大,哪个徒弟种植成效好”,看一看“谁的党建抓得实,谁的产业做得强”,让后进的坐不住。比如,阳坑村许阳元2019年担任党支部书记后,主动上台打擂提振村委班子士气,当年就扩大红高粱种植面积200亩,带动村集体增收30万元,由后进变“后劲”。二是结对帮扶。建立高粱红党建联盟导师帮带制度,通过实践课、座谈会,师傅说给徒弟听,师傅做给徒弟看。比如,月岭村党支部书记江水平一心向上安村党支部书记余雄富拜师学艺,从种子采购、种苗培育到酿酒加工、村播销售,余雄富都“手把手”教,村民都称他们为“兄弟连”。三是技术支撑。抓住省农科院在上安村设立“乡村振兴科技示范基地”的契机,以余雄富专家工作站为基础组成高粱红党建联盟科研主体,承担技术支持和育种改良等任务。2021年7月初受强降雨天气影响,全乡红高粱种植受到不同程度损失,技术团队现场把脉问诊施策,帮助农户挽回损失近50万元。

(三)抱团聚力促进产业融合求发展

把红高粱产业放在乡村振兴主旋律、共同富裕大格局下来审视和推进,通过“三化”,积极探索“组团发展、风险共担、利益共享”模式,推动形成了集体增收、产业提升、群众获利的“三赢”局面。一是公司化。整合12个行政村原有资源,成立全县首家乡镇级集体经济合营公司——开化六都集体经济发展有限公司,合力打造年产500吨酒厂项目,可提供村民就业岗位70余个,为村集体每年保底增收300万元以上。同时,按照“酒是陈的香”理念，开设“白酒银行”，提供高粱酒“存取”和“增值”服务，每千斤白酒占地仅1平方米，每斤白酒每年收取服务费1元。五年陈酒买家市场价达200元/斤，且供不应求。二是集体化。推行村民承包土地股份制改造，将农户土地使用权“一次性入股”到村集体公司，并由党员带头、村民参与自愿组建“生产队”，从事种植、酿酒、销售和文旅等生产劳动“赚工分”，年底村集体和村民享受“分红”。创新红高粱“村种、村收、村加工”模式，为村民提供“代收、代酿、代售”服务。三是民生化。将红高粱产业经营性收入的50%投到村庄道路修缮、污水设施改造、低收入农户帮扶等民生项目建设中，不断提升农村人居环境，保障低收入群体的基本生活，不断夯实筑牢党的群众基础。

二、示范看点

（一）经济效益——村民致富和集体增收

人人种高粱，家家有收入。在上安村，红高粱产业已实现农户全覆盖、农田全覆盖，直接为“留守”老人、妇女带来稳定的经济收入。上安村70岁的余贤宝夫妇2人2020年种植红高粱10.5亩，高粱产量8260斤，52度高粱酒产量3140斤，产值78500元，人均增收达39150元；72岁的余献虎夫妇2人2020年种植高粱3.5亩，高粱亩产1220斤，高粱产量4720斤，52度高粱酒产量1620斤，产值40500元，人均增收达20250元。2020年，上安村全村留守人员380人，共种植红高粱500亩，真正实现了人均增收超万元。

村村种高粱，集体有收入。从2017年开始，上安村逐步把全家外出农户的土地集中起来由村集体统一种植红高粱，所得收益归村集体统一支配，2020年收获红高粱5万余斤，除去种子、种植和酿酒等成本，仅该项村集体收入达10多万元。2020年,黄谷村集体利用幼苗林套种红高粱380余亩,村里建起了红高粱酒作坊开展代加工服务,通过红高粱种植,既解决了幼林抚育成本,还增加了村集体经济收入。全乡其他村也纷纷向上安村、黄谷村学习,全乡12个村通过种植红高粱实现了村集体收入全面倍增。

(二)社会效益——和谐就业和解决抛荒

在家门口充分就业。大溪边乡是一个劳务输出大乡,常年外出务工人员近8000人,占全乡劳动力的60%左右,“留守”在家的劳动力以55—75岁的老人、妇女群体为主。据入户调查统计,上安村参与红高粱种植的人员都是“留守”老人和妇女,其中60岁以上占比达80%以上。红高粱种植、管理和收割等环节,劳动强度低、用工量少,适合老人和妇女参加。因此,红高粱产业发展不愁用工,不存在“用工荒”,同时可以让留守老人、妇女在家门口充分就业,实现增收致富。

耕地实现“零抛荒”。上安村在改种红高粱前,耕地抛荒十分严重,水稻耕种面积不足200亩。全村有一半的耕地茅秆丛生,土地资源得不到有效利用,另外,一些老人奉行传统的刀耕火种,带来严重的森林火灾等安全隐患。自2018年,在家农户的耕地全部种上了红高粱,全家在外农户的抛荒耕地也收归村集体统一种植,还把周边平缓山地重新开垦出来种上红高粱,上安村全面实现了耕地“零”抛荒。

(三)叠加效益——治理有效和产业融合

人心齐、村庄美。上安村在村“两委”班子的带领下,发展了红高粱产业,富裕了村民,壮大了集体经济,全村党员、干部和群众的凝聚力、向心力得到了进一步增强,美丽村庄建设、农房整治等重难点也得到了快速推进。位于村庄主干道两侧、影响村容村貌的一批附房,其中有不少是农户仅有的一处附房，按照现有政策可以保留，但为了整个村庄的美丽，村民真做到“舍小家为大家”，全部一次性拆除，并改造成乡村广场、停车场和节点景观，村庄面貌焕然一新。

风景美、前景好。进入大溪边乡境内，连片的红高粱，加上古桥、古树、古祠，美丽的田野、山岗、村庄，交织成一道靓丽的乡村田园风景线。每年6—9月的红高粱季里，上安村每天都有30多位游客在村里度假，还迎来澳大利亚、新西兰等外国游客。近几年，全乡红高粱景观年均累计吸引游客约2万人次以上。上安村及周边的敦南、大坞口等村已发展农家乐26家，产生直接旅游经济效益近200万元。目前，上安村集体在建中的红高粱综合体的民俗项目已经被杭州第三方旅游公司预约承包，预期效益明显。随着开化全县域共富联盟工作的推进，大溪边乡通过村村种高粱，持续推进三产融合提升，风景美也必定带来美好的共富前景！

三、启示前瞻

（一）转化优势，产业兴旺是基础

过去的上安村是省级重点贫困村，仅有的500余亩耕地，基本都是高低不平、不足3米宽的“斗笠”梯田，缺水易旱，不适合水稻耕作，所以，外出务工村民多、土地抛荒多。2008年，外地经商的余雄富回村担任村主任，开始带领村民们试种高山蔬菜、试种向日葵，但“丰产不丰收”，“开花不结果”。面对发展传统农业失败，问症把脉，精准施策，扬长避短，把劣势转化为优势，试种红高粱，最终种出了效益，种出了成功。产业兴旺是乡村振兴的根本，是乡村经济社会、文化教育等各项事业可持续发展的基础。偏远山区推进共同富裕必须立足自身的资源禀赋，从增强内生动力出发，走好自力更生之路。上安村通过大面积种植红高粱，开发出一系列附加产品，从一产的红高粱种植，到二产的酒、糖、馍等红高粱食品加工生产，再到三产的乡村旅游、农家乐等，通过五年时间，上安村形成了红高粱全产业链联动发展，产业附加值高、覆盖面广、带动力强。产业再选择、三产再融合，从业态到状态，从状态到富态，是振兴乡村的基础，也是走向共同富裕的重要基点。

（二）党建统领，联盟推进是关键

发展壮大村级集体经济，是增强农村基层党组织向心力、凝聚力和战斗力，夯实党在农村执政基础的重要保障。大溪边乡党委一任接着一任干，牢牢把握“民富、村强、乡安”这条共富基准线，把红高粱产业作为村级集体经济发展的重要抓手，用“真抓实干”为农户带来“真金白银”。特别是高粱红党建联盟统筹资源、统筹力量，拧成一股绳，为共同富裕撒下了一把黄金米。另外，乡村共富“一肩挑”人选至关重要，乡贤有阅历、有经历、有理念，是乡村振兴的第一内生动力。余雄富从小外出做生意、爱“折腾”、会“算账”，上安村从空壳村到网红村，有余雄富的汗水和智慧。从一个侧面看，一个好支部书记，一定会给村民一个好希望、一个好村庄！

（三）模式创新，抱团发展是路径

实现村强民富，因地制宜是关键。大溪边乡探索打造组团式发展红高粱产业，建立强带弱、富带贫机制，将每个村的村民团结起来，组建村集体公司，将12个村集体结成利益共同体，组建乡镇级合营公司，变单打独斗为抱团发展。组建公司运行，把无序的分散经营转变为有序的统一经营，做到统一标准、收益归村，提高抗风险能力，有效推动12个“空壳村”逐步迈向“强村”序列。

（四）以民为本，共建共享是根本

“发展好不好，群众说了算。”大溪边乡在发展红高粱产业时，始终坚持以人民为中心的理念，党员干部带头种、惠农政策推动种、职能部门指导种、老人妇女人人种、良好效益激励种，让群众享受到实实在在的“红利”。群众的理解和支持，种植面积逐年扩大，真正实现了“人人种高粱，家家有收入”，真正展现了“全域发展没有局外人，共富路上没有旁观者”的新风貌。

（徐开宏）

创新全域旅游“花鸟模式”
推动边缘海岛乡村转型发展新突破

2018年，国务院办公厅发布《关于促进全域旅游发展的指导意见》，将旅游发展作为重要内容纳入经济社会发展规划和城乡建设、土地利用、海洋主体功能区和海洋功能区划、基础设施建设、生态环境保护等相关规划中。花鸟岛作为舟山群岛最北部的一个离岛，从常住人口不足800的“空心岛”到如今全域景区化的“网红岛”，花鸟发挥离岛资源优势，做足“海”字文章，探索生态、产业、民生融合发展之路，使一个曾经贫穷落后的边缘海岛实现了生态环境和经济社会发展的双赢，形成海岛乡村旅游发展的“花鸟模式”，走出了一条新常态下边缘海岛实现共同富裕的新路径。

花鸟岛地处浙江东部，位于舟山市嵊泗列岛的最北面，整岛面积仅有3.28平方千米，在舟山住人岛屿中，是最偏最远最小的岛屿。花鸟以岛建乡，岛上有远东第一大灯塔——花鸟灯塔，建于1870年（清同治九年），2001年被国务院批准列入第五批全国重点文物保护单位名单。在产业转型之前，舟山美丽海岛建设普遍存在规划起点较低、全域化顶层设计缺乏等问题，“千岛一面”的局面亟待突破。由于海岛交通、生态、资源等先天瓶颈，花鸟岛人口不断外流，最少时常住人口不足800人，其中60岁以上的老人占60%以上，大多数青壮年劳动力流出，老龄化问题严重，且传统产业衰退，是一个非常典型的“空心岛”“老人岛”。2013年，花鸟岛紧紧围绕习近平总书记关于“绿水青山就是金山银山”重要论述,以生态保护为前提,以经济崛起为核心,以全民共享为目标,将离岛劣势化为优势,逐步探索生态、生活、生产“三生”融合发展的可持续发展之路,形成海岛乡村发展的“花鸟模式”。

一、主要做法

基于发展边缘海岛、保护自然生态和让百姓安居乐业的理念,花鸟岛于2013年10月启动开发建设。随着定制旅游的起步,全省美丽乡村和农村精神文明建设现场会的顺利召开,乡村振兴、美丽海岛建设的深入推进和浙江省海岛公园建设带来的新一轮动力,花鸟岛从“空心岛”发展成如今全域景区化的“网红岛”,经过多年的探索实践,形成了特有的海岛共同富裕之路。

(一)精准定位产业方向,筑牢共同富裕基石

产业是支撑地方发展的重要驱动力。面对偏远海岛土地和人力资源等要素稀缺的限制,花鸟在选择产业方向时扬长避短,精准把握特色旅游产业谋划发展路径,定位于“高端定制化离岛微度假”旅游目的地,深入挖掘本土文旅资源,以远东第一灯塔——花鸟灯塔为载体,将海防历史、灯塔精神等红色资源与渔俗风情、秀美风景深度融合,开发精品红色路线和特色周边,成功创建国家AAAA级景区,助推全域旅游融合发展,编制完成《花鸟旅游岛总体规划》《花鸟旅游示范岛提升规划》以及“到灯塔去”的项目概念方案等实施意见。

在全域旅游设计上,花鸟秉持“可控下的有序发展”理念,一方面凸显渔村特色,坚持“一把尺子”量到底,以全域化的理念,做好顶层设计,让群

众看得见山、望得见海、记得住乡愁。在保留村庄风貌和肌理的基础上，以文化艺术为主线，以精神康养、时尚生活、视觉艺术、爱情主题、灯塔文化、渔村生活等为辅线，打造“一主题两湾三带四点五区”的离岛天堂。另一方面，为打破海岛旅游同质化、单一卖风景的瓶颈，首创全省海岛公园首个“跳岛游”产品。充分利用海上千岛自然景观，将花鸟岛与黄龙岛、泗礁岛三岛串联，三段航程两次登岛，让游客全程体验海上风光、岛上生活和渔俗文化。推出环岛游、休闲垂钓、观海上日落等产品，利用花鸟岛及东部岛礁资源，引进三体帆船、豪华休闲帆船游艇、钓鱼艇等水上休闲产品。积极引进SAMPAN航海主题酒吧、云雀糕点、日落餐厅、Won西班牙融合餐厅、渔户日料等特色餐饮项目，使整岛业态布局呈现高端、国际、时尚的格调。

（二）创新探索开发主体，多元盘活闲置资源

旅游产业发展需要大量资金和人才力量投入，花鸟岛上资源短缺，年轻人不愿归乡，更遑论人才引进。为解决这些问题，花鸟将创新作为引领发展的第一动力，创新管理模式，多元探索开发主体，将花鸟岛的开发建设引入市场机制，实现“政府主导，企业运营”，探索出“一岛一景区一公司”的管理模式。公司统一配置票务、观光车、渔家乐休闲渔船等，采用管家式旅行服务，为游客提供个性化服务，提升游客满意度。

民俗经济的蓬勃发展为花鸟岛带来了客流，也盘活了岛上原有的业态。为进一步利用好本岛资源，花鸟乡全面梳理闲置村集体资产，积极探索闲置农房和村集体闲置土地盘活的开发模式与发展路径，通过出租、合营等手段，引入“国资＋社会资本＋农户”“返乡青年创业＋农户”“社会资本＋农户”等开发模式，多途径发展海岛民宿。实施村集体土地有偿租赁制度，将民宿房前屋后的闲置村集体土地以一定的收费比例租赁给民宿业主，作为民宿配套打造，从而增加村级集体和村民的财产性收入。依托平

台公司设立闲置农房租赁平台，对在岛所有具备利用价值的闲置农房按照合理的市场价格进行统一租赁、收储和管理，保证市场价格平稳。投资者、村民通过租赁平台成为“房客”“房东”，提高招商引资效益，实现富民增收强村，推动多元业态的发展，打通资源要素的双向流动通道。同时，结合精准扶贫，在租赁平台的房源推荐上向困难家庭侧重，有针对性地优先推荐困难家庭的闲置农房。目前已有86户农房达成租赁协议，其中15户已成功出租，平均租赁价格约3万元/年。

（三）坚持低碳循环理念，强化生态底线管控

对于生态承载能力弱，且水电、物资等资源缺乏的边缘海岛来说，必须在能够预期和把握的范围内，有计划地实施开发建设，才能永葆其原生态的本色。为此，花鸟岛在三个关键点上做好“可控化”发展。一是定制。首创海岛公园“定制旅游”，以长三角新中产阶级、都市“粉领”作为主打目标客群，进行精准营销。通过“定制旅游”优化旅游的管理环境，使得人流规模的扩大与岛上的水电、物资资源及民宿、交通等的发展能够合理匹配、相得益彰。二是可控。拒绝短期逐利性社会资本的进入，严格限制有悖于有序发展的所有投资行为，包括有污染的企业、低端无序的民宿等。创新性地实施民宿“纳规管理”模式，不允许民宿重建、大规模改扩建、加层等，在民宿改造上必须保持村庄整体的蓝白风格，鼓励发展小微型民宿综合体，严格控制民宿无序发展。同时，制定出台《花鸟岛民宿纳管标准》《花鸟岛民宿等级划定标准》等办法，对在岛民宿实行分类准入，倒逼民宿品质自我提升。三是协调。花鸟岛的开发建设绝不以破坏环境为代价，通过海岛生态工程进一步优化、美化和彰显其原生态的淳朴与魅力，凸显环境的可持续发展。岛上所有项目的开发建设，都以适度改造、就地取材和贴近自然为原则，打造了海上会客厅、南湾艺术带、花鸟记忆回廊等有特色的景观景

点,充分体现了精耕细作的“花鸟模式”。

(四)加强基础设施建设,实现公共服务共享

在发展产业的同时,花鸟乡持续跟进群众关切,始终牢记发展的最终归宿是惠民利民。“上岛难,马路烂,玻璃碎了没地换;常停水,半夜电,想吃猪肉去菜园。”这句话是当地老百姓对以往花鸟乡生动而直观的评价,交通相对闭塞,基础设施落后,居民生活面临诸多不便。为此,花鸟乡多方协调,不断加强基础设施建设,例如增加岛际船班、新建客运码头、铺设通乡柏油路等,使得岛上交通越来越便利。同时,推进大水坑山塘水库建设、污水处理工程,铺设海底双回路电缆,公共基础设施配套越来越完备,进一步缩小城乡区域差距。

为进一步提升人民群众的获得感和幸福感,花鸟乡实施中青年“乐业工程”,积极引导本地群众参与民宿、餐饮、渔家乐、商贸零售、手作等产业,提升造血功能,凸显产业的富民效应。同时还实施了长者“乐龄工程”,建立“乐龄幸福公社”,不仅以低廉优惠的价格提供了托管照料、送餐服务,还把公社打造成集影院、作坊、学堂、康疗等于一体的公共休闲平台,吸引全岛的老人到这里共享幸福生活,构建整岛乐龄幸福圈。此外,为提高群众生活水平,村里每年投入50余万元为村民在传统节庆期间办福利;村民可免费享受农村小额意外险、农村住房保险、政府救助组合保险等,参保基本养老保险还可享受补贴,目前花鸟乡基本养老保险参保率已达97.4%。

二、示范看点

如今的花鸟岛已焕然一新,用乡村旅游发展谱写了现代版的“诗与远方”,蜕变成为浙江省海岛旅游的一张金名片,先后获评“全国乡村旅游重

点村”“中国美丽休闲乡村”“全国乡村旅游发展典型案例”等,走出了一条新常态下边缘海岛实现共同富裕的新路径。

（一）产业富民效益显著

花鸟岛的“定制旅游”改变了过去单一的以传统渔业为支撑的产业结构,游客数量和旅游产值呈逐年增长态势。2017—2020年,累计接待游客约15万人次,实现旅游收入2.12亿元,其中2020年接待游客5万人次,是2016年的5.2倍,三年游客增量分别达到了61%、59%和87%。产业发展还带动了岛上剩余劳动力的就业,增加了村民收入。当地涉旅行业老百姓的人均年收入从两三万元递增到20多万元,精品民宿年收入达到了百万元以上,老百姓的房子从原来的无人问津到现在躺着也能年收入三四万元,全乡64家民宿平均收入达到38万元,是定制旅游发展前的10倍之多,村级集体经济收入从2014年的12万元增加到62万元。

（二）吸引人才回归流入

花鸟岛新兴旅游业的发展吸引了本土青年的回归和外地人才的进驻,也留住了一些本打算离开的当地居民。他们发挥创造力,打造各自的特色民宿,合力创建岛上的新业态,全岛民宿由2013年的5家增加到60家。春节来临的时候,人口流入多达1000人次/天。同时,岛上还吸引了不少艺术家和影视制作团队,花鸟岛正从之前人口不断流出的名副其实的老人岛蜕变成现今的文艺岛、网红岛。

（三）优化海岛人居环境

现在踏上花鸟岛,曾经灰暗破旧的居民区已经不见身影,取而代之的是文化味十足的民宿区。道路、码头、水库、交通船舶等基础设施明显改善,商业街区业态逐渐丰富,绿化增量环境越来越美。针对岛上的老年居民,花鸟借助旅游业的发展,不断丰富服务供给,努力打造"花鸟长寿"名片,多元养老模式让老年人的文化娱乐生活更加丰富,同时营造民宿业主尊老爱老的社会氛围,实现物质文化和精神文化双提升。

三、启示前瞻

花鸟岛作为边缘海岛,存在交通不便、基础设施落后、传统产业衰退、人口外流、老龄化问题严重等典型发展弊端,其建设发展经验对于全国边缘海岛、边缘山区以及"空心村""空心岛"实现共同富裕有较强的借鉴意义。

(一)产业发展扬长避短,寻求特色化和差异化

对于边缘海岛、山区等区域来说,地理位置和地形条件限制产业发展,资源要素难以集聚,要实现发展必须深挖自身优势。花鸟岛紧抓远东第一大灯塔的旅游资源优势,将离岛地区的交通劣势转换为离岛微度假的特色优势,精准定位潜在客户人群,推出"定制旅游"概念,并结合自身渔村文化,提供各类个性化定制服务,打造不同于其他海岛的独特旅游线路,在大量海岛旅游地区中脱颖而出,为共同富裕的实现夯实产业基础。

(二)深入探索"三权分置"改革,发挥村级集体经济力量

村级集体经济是农村经济中重要的组成部分,发展和壮大村级集体经济是促进经济发展、实现共同富裕、缩小城乡差距的重要物质基础。对于人口流失严重的"空心岛""空心村"来说,探索多元路径盘活闲置农房、闲置土地是增加村级收入的重要手段。在投资模式上可探索"国资+集体+

农户”“集体+农户”“社会资本+农户”“农创客+农户”等途径，在盘活模式上可考虑整岛整村开发型、安置小区盘活型、集体经济项目推动型等不同形式，有效整合资源提升质效。同时，新阶段发展壮大农村集体经济，不仅要拓宽路径，做强“集体”，更要注重带富，带动“个体”、带动群众，真正将集体所有制的体制优势发挥出来，转化为推动乡村振兴、农民农村共同富裕的强大动力。

（三）深刻践行“绿水青山就是金山银山”理念，确保地区可持续发展

边缘海岛脆弱的生态系统、薄弱的生态承载能力的实际情况必须践行人与自然和谐共生发展理念。人与自然是生命共同体，这是生态文明新形态，也是共同富裕美好社会的社会新形态。边缘地区的开发必须深入践行“绿水青山就是金山银山”理念，坚持走生态优先、绿色低碳的发展道路，绝不能以破坏环境为代价，而应以生态为利器，坚守低碳循环的理念。花鸟岛所有项目开发建设，包括已完成的民宿区、慢生活街区以及“到灯塔去”项目，都以生态保护为前提，以适度改造、就地取材、废旧物利用和贴近自然为原则，同时通过海岛生态工程进一步优化、美化和彰显其原生态的淳朴与魅力，凸显环境的可持续发展。从而形成绿色发展的空间格局、产业结构、生产方式、生活方式，建成人民精神生活丰富、人与自然和谐共生、社会团结和睦的文明图景。

（四）坚持以人民为中心，构建共建共享公共服务体系

人民对美好生活的向往是我们的奋斗目标，高质量发展建设共同富裕示范区，要着力推动人的全生命周期服务优质共享，这是群众最关心、最期盼、最有获得感的领域。花鸟岛在发展过程中始终将人民的获得感放在首

位,在新时期探索以数字化赋能,改革推动公共服务质效显著提升,打造公共艺术服务综合应用场景,在更高水平上实现供需对接,在更广范围实现优质共享,形成与共同富裕相适应的公共服务共享格局,形成群众看得见、摸得着、体会得到的"共同富裕的新生活"。

(陆瑜琦)

协同创新"益林富农"多跨场景应用
精准赋能林业生态产品价值转化

习近平总书记指出,"生态就是资源,生态就是生产力","保护生态环境就是保护生产力,改善生态环境就是发展生产力"。作为山区26县之一的龙泉,森林覆盖率高达84.4%,域内森林蓄积量居全省首位,林地面积最广,林木种类最丰富,乔木树种1800多种,占全省的3/4。林地面积398万亩,占市域面积的86.7%,其中公益林173万亩,林农人口占全市总人口的67.5%,林业收入占农民人均可支配收入的51.1%。因此,做好"山上文章",以生态优势谋发展,有效实现生态产品价值转化,是龙泉加快高质量发展建设共同富裕的必经之路。

近年来,在数字化改革风生水起的背景下,加快公益林数字化改革政策红利不断叠加。省林业局《关于支持山区26县跨越式高质量发展的意见》、省经信厅《山区26县生物科技产业发展行动计划(2021—2025年)》等都提出支持山区26县林业改革的相关支持政策。为贯彻落实绿色发展、协调发展新理念,充分发挥生态林业资源优势,破解林业生态资源难度量、难抵押、难交易、难变现的情况,有效解决林区管理普遍存在的部门职权交叉、政府服务效能不高、生态保护机制不健全、政策体系不完备等问题,龙泉市积极推进集体林权制度配套改革,率先以公益林数字化改革为突破口,创新推出"益林富农"多跨场景应用,推动实施353个集体24435户林农173万亩公益林的数字化综合服务管理改革，有效实现了生态产品价值转化。[①]

2020年，龙泉被评为全国集体林业综合改革试验典型案例。2021年，龙泉市“益林富农”多跨场景应用被列入省林业局公益林数字化改革试点，入选全省高质量发展建设共同富裕示范区“缩小收入差距”典型案例，作为“浙农富裕”特色场景之一成功入选省政府办公厅公布的数字政府系统年度最佳应用名单。

一、主要做法

围绕“落界难、变现难、林权不清、资金错发”等问题梳理核心业务，推动多部门数据共享，业务高效协同，构建集信息、监管、查询、流转、贷款等一体化平台，全速推动林区智治、实现林农共同富裕。

（一）从“碎片”到“融合”，推进系统再建

确定目标内涵。以“深化林权制度改革、拓宽‘绿水青山就是金山银山’转化通道、提升服务管理质效”为目标，统筹运用数字化技术、数字化思维、数字化认知，把数字化、一体化、现代化贯穿到林业改革、林业保护、林业经济、林业服务、林业治理全过程。按照“V”字模型，开展业务梳理与综合集成，深化信息归集和数据利用，对体制机制、方式流程、手段工具进行全方位、系统性重塑，谋深做实“益林富农”多跨场景，将其打造成为林农共同富裕的“解锁码”、林业生态产品价值实现的“转化器”和林区智慧治理的“安全阀”。

梳理核心业务。以涉及公益林的高频次、高关注度、高获得感事项为

①数据信息截至2021年12月底，下同。

切口，聚焦“山到组、钱到户、贷到手、活经济、解纠纷、防微腐”等重点，系统推出“精准落界、生态信用、林区智治、绿色金融、流转交易”五大核心业务，并向下逐级拆解子业务直至最小颗粒度，共拆分产生二级任务26项、三级任务56项。

建立指标体系。针对核心业务，初步设计“管理规范度、经济活跃度、群众满意度”三大指标，每项指标设定一个或多个次级指标，实现可量化、可获取、可评价、可校验。如“群众满意度”指标又分为参与度、美誉度、信访降幅、人气指数等次级指标。

（二）从“共建”到“共享”，推进制度重塑

确定协同关系。横向联动林业、自然资源和规划、财政等部门及社会团体、金融机构、投资经营者，纵向贯通县乡村组户，围绕每项核心业务的最小子项，模块化确定牵头单位和协同单位。如二级子业务“精确落界”，由属地乡镇牵头，负责卫星遥感的自然资源部门、现场勘验的林业部门、解决林地纠纷的司法部门、提供算法支撑的科技公司等多家单位协同完成。

推进制度重塑。以改革破题为核心，找寻基础性和牵引性的改革突破口、制度重塑点，从根子上、源头上破解难题。推进机构职能优化协同高效，单独设立政府职能部门林业局，将涉及水利等5个部门的生态保护等5项职责整合划转林业局，将发改等9个部门的涉林生态信用等13项职责授权给林业局。创新精准落界、绿色金融、经营开发三大机制，配套完善全流程的跟踪、评估、纠偏体系，制定出台《“益林贷”贷款管理办法（试行）》《龙泉市“益林富农”生态信用管理办法》等办法。

优化数据流程。创新推进“益林贷”金融贷款制度流程重塑，改革后林农办理涉林贷款不再走以往“山场整体评估、村委分户证明、信贷员到户认定”的烦琐程序，而是简化为信贷办理系统“数据智能评估、自动生成额度、

直接放贷到户、信用跟踪监管”的数字化流程。

（三）从“源头”到“末端”，推进流程再造

集成业务数据。根据建立的指标体系，明确各业务各环节数据需求，系统推进跨行业、跨部门、跨业务的数据归集汇聚，集成打造“益林富农”数据专题库，交互比对、动态分析。目前确定打通第一批数据接口30余个，如精确落界业务，依托省市县一体化智能化公共数据平台，系统归集国土空间信息、林地图斑信息、卫星遥感标准底图、公益林管理系统、不动产登记信息管理系统五大主要数据资源。

推动流程再造。聚焦五项核心业务，推进流程优化重构，按照“一件事”理念消减各类不必要的“人工环节”“中间环节”，实现多步并联、一步到位的智能高效办理。如打造生态资源流转中心，将林地资源流转由“碎片发布、零散求租”创新为“线上集成发布—系统智能评估—供需精准对接—资源高效流转”的全流程线上操作。

建立集成界面。在业务集成、数据集成基础上，通过智能分析及结果归集，建成“一舱两端”三大界面。其中，“数字驾驶舱”集成到“城市大脑”，为决策层提供森林资源数字画像和科学决策依据；“治理端”集成到“浙政钉”平台，融合基层治理“一中心四平台一网格”，推动县乡两级基层智慧治理；“服务端”集成到“浙里办”平台，为林农和市场供需双方提供“一键查询”“我要贷款”“流转交易”等精准服务。2021年6月15日，“治理端”“服务端”分别上架“浙政钉”“浙里办”，“数字驾驶舱”集成到数字政府门户，10月11日纳入省数字政府“浙里帮农促富”跑道。

二、示范看点

“益林富农”多跨场景的应用构建了全新的体系，重塑了制度，唤醒了沉睡的资源，提升了治理效能，方便了群众。

（一）数字赋能，推动活权富农

“智能落界”使落界更精准高效。以“数字智能落界＋矢量表达”精准完成公益林落界，时间和资金成本从“约5年、1.5亿元”缩减至“18个月、150万元”，破解传统落界“成本高、耗时长、落界难”问题，为后续商品林等自然资源落界提供了方法路径。

“益林证”使权益更明晰。发放电子“益林证”24538本，将收益权从物权中剥离出来，明确公益林面积、地点、补偿金等信息到户，可作为公益林流转和涉林贷款的权益证明。龙泉率先开展全国国家公园集体林地地役权改革，颁发全省第一本地役权证，对园内集体林地权属进行了明晰，更好地保护国家公园。

“益林贷”使融资更便捷。推出公益林补偿收益权质押贷款、地役权补偿质押贷款等四款涉林贷款。场景应用上线以来，公益林授信额度达10.8亿元，新增贷款8432万元，其中，10%的贷款直接用于农林生产，57%为经营性贷款，33%用于资金流周转，有效解决融资难问题。全市累计实现森林资源资产贷款59亿元，户均贷款9.1万元，78%的林农享受到了改革红利。

“流转平台”使变现更容易。森林资源经营流转中心上线以来，集中发布流转供需信息252条，面积达7.2万亩，成功流转20件6749亩，用于发展林下经济、森林康养，实现了由“个体碎片化经营、低效化管理”到“集约化经营、高效化管理”的转变。全市累计流转林地116万亩,林权流转率达29%,占全省的14%、丽水的57%,是全国试行最早、发证面积最大、抵押贷款最多的县(市)。

(二)“数”治赋能,提高治理效能

涉林廉政风控系统更加完善。对涉林项目建设和公益林资金发放实行“红橙黄”三色预警,1070个林业项目、7052万元公益林补偿金发放纳入监管,上线以来发布并处理各类预警信息83条,有力提升了资金项目监管质效,有效杜绝了补偿金截留、冒领等腐败现象。

纠纷调处更加高效。精准落界后,综合现场调解、线上调解等,推进山林纠纷分级调解、调解资源智能共享、调解数据全程留痕,有效提高纠纷调处效率,大幅降低山林纠纷,山林纠纷从2019年的584件断崖式下降至2021年的4件,下降了99.3%。

林区灾害智能防控得到强化。整合省级护林巡护系统和丽水“云森防”智控综合管理平台等资源,实时动态监测预警森林火灾,“松材线虫病”防治等,实现“人防+物防+智防”。在实时预警上,通过提前感知、自动分析生态环境质量变化趋势,为生态安全预警及高效处置提供决策辅助。在实时管控上,建立“监测—分析—预警—处置—反馈—评估”全闭环,实现问题处置高效协同。

(三)“数”智赋能,方便群众办事

信息“一键查询”。依托“浙里办”平台,在PC端和手机端打造线上便民服务中心,集成林农信息,一体呈现“公益林是谁的、在哪里、面积多少、补贴多少”等信息,实现个人信息一键查询。

补偿金“一键直达”。公益林补偿金发放流程从“县乡村组户”逐级发放再造为“由县至户”一键直达，时间从原来的3个月缩短至7天，解决了以往补偿金迟发、错发、滞留等问题。

证明“一键派发”。林农的权（收）益证明变以往“农户申请→村小组签字→村主任确认→村委会开具证明→部门调查核对”的复杂流程，简化为系统一键派发电子“益林证”，并作为公益林流转、补偿收益权质押和林地地役权补偿收益质押贷款的权益证明。

林地“一键流转”。建立生态资源流转中心，集中发布林地流转、生态产品等信息，推进供需精准适配，实现林地流转。林地资源流转由“碎片发布、零散求租”创新为“线上集成发布—系统智能评估—供需精准对接—资源高效流转”的全流程线上操作。

贷款“一键发放”。银行集成林农个人信息、森林资源信息、个人征信等数据，集中授信，实现林农“一键贷款”。

三、启示前瞻

以数字化为牵引的生态产品价值转化改革的目标应定位在缩小城乡差距、助推城乡共同富裕和山区跨越式高质量发展上，施策的方向应立足于解决实际问题，采用的措施必须高效、有力、精准、可复制。龙泉的探索取得了初步的成效，对推广和下一步的深化改革提供了一定的经验与启示。

（一）精准赋能的“要道”在坚持需求导向

数字化改革，必须坚持以需求为导向，找准“要道”。林业治理和生态产品价值转化是全国山区面临的共性问题，龙泉作为全省最大林区，林农占比最大，“益林”为政府所向，“富农”为群众所盼。全面推广“益林富农”多跨场景应用，旨在最严格保护生态资源，实现林区治理提质增效的同时，多途径盘活森林资源，把最便利、最实惠的服务提供给广大林农，促进林农增产增收，为实现生态价值的有效转化提供数字化应用模板，更为广大林农实现共同富裕赋能蓄势。“益林富农”多跨场景应用对下一步的商品林改革提供了借鉴，同时可延伸至其他类似的领域和地区，激活要素新潜能，壮大新增长点，不断拓展共同富裕数字集成应用场景，推动共同富裕与数字化改革双向赋能、双向发力。

（二）精准发力的“要点”在坚持“小切口”

龙泉是全省生态屏障、长三角之巅和国家重点生态功能区，属典型的山区县，发展不足仍是龙泉最大的实际问题，加快发展仍是龙泉最重任务，龙泉发展的“潜力在山、优势在山、希望在山”，从“林”出发，靶向施策、精准发力，以公益林为小切口，专班化运作，牵引数字化改革，形成具有龙泉辨识度、影响力的应用场景和改革品牌，被列入国家、省、市各级各类典型案例，高点定位谋划打造山区“县域样板”，方可为浙西南山区跨越式高质量发展提供可借鉴可复制模式，为全省乃至全国推动山区共同富裕贡献龙泉的实践经验。龙泉的成功改革就是紧紧扭住“林”这个牛鼻子，把握住关键和要害，从而实现“大牵引”，同样其他领域和地方的类似探索也必须因地制宜，抓关键、抓重点才能取得改革的突破和提供可借鉴的案例。

（三）靶向施策的“要诀”在坚持系统思维

“益林富农”多跨场景应用的探索、实践是跳出单一部门和系统的局限，推进“多”“跨”协同的综合集成创新，在直面痛点难点的同时，做到各部门横向协同、纵向联动，其“秘诀”在于利用系统思维打造高效共建共享平台，横向联动林业、财政、国土、金融、公安、农业农村、应急、司法、纪委等17个部门，纵向贯通省市县乡村组户等7级，统筹党政机关整体智治、数字政府、数字经济、数字法治。这样就整合了经济、民主、法制、社会事业、生态文明、纪检监察等，融通了金融贷款、廉政风控、纠纷调解、社会公益等业务，真正实现聚合赋能、全面贯通、整体智治。龙泉“益林富农”多跨场景应用的实践，透视的是利用好系统综合集成的牵引力，因地制宜创造群众参与度高的鲜活应用场景，通过综合集成提升已有成果，实现整体功能的量级提升。

（项庆标　刘伟娟）

第四篇

公共服务优质共享

中共浙江省委十四届九次全会指出，共同富裕美好社会是人的全生命周期公共服务优质共享的社会形态。公共服务优质共享是群众最关心、最期盼、最有获得感的领域，也是一个世界性难题。要瞄准人民群众所忧所急所盼，率先高水平实现幼有所育、学有所教、劳有所得、病有所医、老有所养、住有所居、弱有所扶。基本公共服务均等化目标的实现，需要从解决公共服务不平衡不充分的问题出发，以公共服务高质量发展为导向，逐步消除城乡差距、地区差距、行业差距。一是标准化促进基本公共服务均等化，二是以城乡一体化补齐基层公共服务短板，三是以数字化赋能公共服务供给，四是以社会化激发公共服务创新活力，五是以更加开放、包容、创新的态度，调动各方力量积极参与，形成推动公共服务高质量发展的强大合力，不断满足人民群众日益增长的美好生活需要，不断增强人民群众获得感、幸福感、安全感。近年来，浙江公共服务水平不断提升，涌现了一批鲜活、优秀的典型案例，如金华“全民安心医保城市”、宁波住房租赁产城融合、杭州富阳“富裕阳光的美好家园”、温州瓯海“普惠型托育养一体化服务体系”、海盐县域义务教育优质均衡发展、衢州衢江山区医共体建设样板。本版块对以上典型案例进行梳理。

提升人的全生命周期服务
打造“富裕阳光的美好家园”

习近平总书记在2021年省部级主要领导干部学习贯彻党的十九届五中全会精神专题研讨班开班式上指出:“实现共同富裕不仅是经济问题,而且是关系党的执政基础的重大政治问题。要统筹考虑需要和可能,按照经济社会发展规律循序渐进,自觉主动解决地区差距、城乡差距、收入差距等问题,不断增强人民群众获得感、幸福感、安全感。”要坚持在发展中保障和改善民生,统筹做好就业、收入分配、教育、社保、医疗、住房、养老、扶幼等各方面工作,更加注重向农村、基层、欠发达地区倾斜,向困难群众倾斜,促进社会公平正义,让发展成果更多更公平惠及全体人民。

人民对美好生活的向往,就是我们的奋斗目标,为人民谋幸福,就是我们的初心。改革是否有效果,要让基层来评判、让群众来打分,要看人民群众的获得感。作为与人民群众关系最密切的公民个人办事事项,现实中,人的一生最多可能要办400多个证件,其中常用的证件、证明有103个。证件满天飞、办证跑断腿、材料反复交,一系列问题被办事群众百般诟病。群众对公民个人办事简易化、便利化、人性化的期望和呼声日高,愿望迫切。2019年,杭州市富阳区率先推出“人生一件事”改革,以“生命周期”的每个阶段作为“一件事”,创新办事模式,推动“最多跑一次”改革走在全省前列,切实增强人民群众的获得感以及由此带来的幸福感。

以“一件事”为标准，富阳围绕公民个人生命全周期9个阶段，包括出生、上学、就业、结婚生育、置业、救助、就医、退休养老、殡葬等，涉及216个“关键小事”进行梳理分类，通过源头采集、证明取消、功能整合、流程再造、共建共享，实现一站式办理、一体化服务，一次不用跑，一生一档案，终身可享用。

2021年，中央赋予浙江高质量发展建设共同富裕示范区的光荣使命，富阳成为全省28个试点之一。为了更好提升人的全生命周期服务优质共享，打造“富裕阳光的美好家园”，富阳聚焦“关键小事”，深化推进“人生一件事”，通过高办事效率推动高质量发展建设共同富裕示范区。

一、主要做法

截至2021年底，富阳推出多跨协同“一件事”40个，其中一次办14个、即办14个、快速办8个、无感智办4个，累计办理各类“一件事”80.5万余件次，跑腿次数压减83%，申报材料压减80.3%，办理时间压减78.2%；已归集“人生档案”证照6.1万余份，共汇聚归集数据5310万条，出生证、户口簿等人生档案专题库26类。

（一）构建“人生档案”，实现公民个人终身可享用

“无证明城市”并不是不需要证明材料，而是将公民办理的证明材料同步上传至网络，形成公民个人“人生档案”。在今后办事过程中，档案池已有的证件无须提交，实现一次办理终身享用。一是打破信息孤岛，实现数据互通互联。为有效破解各个专网之间、各专网与政务服务网之间不能互联互通，部门在办理相关业务时无法及时调取相关信息的难题，富阳依托杭州市“一窗受理”平台，自主开发建成“人生档案”数据库。“人生一件事”

改革系统,围绕公民个人全生命周期,采集提交证件信息及办理获得的证件信息,不断充实共享数据库,建成“人生档案”,并上传至云端,为下次办事提供有效的电子凭据,最终实现材料零提交,一生一档案。二是源头采集数据,确保内容真实可靠。为确保数据的完整性、真实性、准确性,富阳各职能部门通过高拍仪对证件拍照的手段,从事项办理的源头采集数据,对采集录入的数据进行审核。如在处理“身后事”时,无论是正常还是非正常死亡,数据采集均在医院或社区卫生服务中心完成。同时,建立数据实时更新制度,各部门在业务办理过程中,可实时从数据库提取各类数据,同时在业务办理结束后上传新数据到“云端”,从而及时更新“人生档案”数据库。另外,为提升证件法律效力,在部门上传证件图像的基础上,连通省市公共数据共享平台,定期提取全省通用的可信电子证照,进一步扩大“人生档案”数据库的应用领域。三是设置分类权限,保障个人隐私安全。对“人生档案”数据库设置使用权限,各职能部门只能查阅办理事项所涉及的证件材料,其余材料无法调取。实行痕迹管理,系统对工作人员的所有操作记录生成日志,由系统安全员定期检查,实现责任可追溯,杜绝非法操作。建立信息安全责任制,签订保密承诺书,确保数据安全职责从部门层层落实到具体个人。四是档案伴随终生,异地办事随时调取。上传至“云端”的数据,成为伴随终生的人生档案,群众通过认证,以身份证号作为唯一识别号进行证件搜索,随时可以根据需要获取“人生档案”数据库中各类证照信息。同时,不论身处何处,只要当地工作人员登录云账户,凭借设置的权限即可随时调取想要的信息,使异地办事更加便捷,完全不受时间和空间的限制。

(二)重组办事流程,推行多部门联办“一件事”

一是梳理事项,归集9个阶段。成立“人生一件事”改革工作专班,将公民个人全生命周期划分为9个阶段(出生、上学、就业、结婚生育、置业、救助、就医、退休养老、殡葬),明确每个阶段的牵头单位和配合单位,梳理公民个人在该阶段需办理的全部证件及需提供的全部证明材料。二是整合提升,进一步精简材料。以“人生一件事”的9个阶段为主攻方向,每个阶段均以“一件事”为标准,通过合并同类项、后期重复材料免提交、部分申请材料实现承诺制等方式,厘清各阶段所需提交的最简材料。优化申请表单,整合各后续部门的申请表,将原先需填写的多张申请表合而为一,让群众只填一张表就可办理多项事。如在“出生”这一件事上,群众只需在医院递交一份材料,即可实现为新生儿同时办理出生证领取、户口申报、医保参保、医保缴费、市民卡、证历本、生育津贴申领、预防接种证、婴幼儿保健册、家庭医生签约(母子健康手册App)10项业务。三是部门联动,推行一站式办理。过去,群众需要到不同的部门逐项办理所需证件,后续部门的审批需要前一部门核发的证件作为依据,整体办理速度受到中间环节审批影响较大。为有效破解部门间壁垒,富阳对“一件事”中不同部门审批职能、审批顺序进行优化再造,通过核心关键证件优先审批,后置审批逐层并进,求得完成全部审批“最短时间”的“最优解”。如人才就业“一件事”就需要跑14个部门,改革后只需跑1个部门或不用跑部门,就能完成“一件事”所有事项的办理,实现真正意义上的“一站式办理”。

(三)注重改革实效,提升群众获得感幸福感

一是办证更人性,进度实时查。为进一步缩短部门之间办理的间隔时间,富阳增加了自动弹窗提醒功能,确保工作人员及时收到办件信息,尽快办理有关业务。如果工作人员未能及时办理,系统上就会黄灯警告,并以短信的方式告知办理人员有业务尚未办理。与此同时,每个事项办理进度以短信的形式推送给办事群众,倒逼部门转型和提升工作效率,增强群众

改革获得感。二是办证更便捷，服务更精细。针对群众的需求，富阳把“一件事”办理地点前置，让群众就近可办。如出生、收养这两个“一件事”均涉及户口申报，过去在医院或民政局办好出生证明或收养证明后还需跑一趟公安部门，现在只需在医院或民政局填写申请表便能进行户口办理，且可以选择邮寄送达方式。三是证件更可靠，假证无处藏。由于过去各个部门数据并不连通，证件真实性核实难，导致假证泛滥，严重危害公民个人利益，破坏社会公平。富阳以“人生档案”为核心，由发证机关实时上传，且证件办理可追溯，确保证件真实可靠，从源头上杜绝假证泛滥的情况，进一步优化营商环境，确保公平公正。四是证照更完善，办事更高效。随着“人生一件事”项目的推进以及线上办流程的完善，越来越多的办理事项都在线上被打包抱团，公民个人在人生不同时期皆可实现关联事项“一站式办理”，办事系统沉淀下来的证照会越来越完善，公民个人办事所提供的材料会越来越少，到最后只提办事需求，部门就可主动联办，真正实现办事零跑腿、零材料。

二、示范看点

近年来，富阳坚决落实省、市决策部署，坚持办实事惠民生，以均等化为主线，加大公共服务供给，持续提升群众福祉，形成了新劳动教育、医养结合、就业创业服务、外来务工人员住房保障等一批亮点工作和经验成效，在全生命周期公共服务优质共享先行先试上积累了较好的基础和优势。2020年，全区民生财政支出占一般公共预算支出的79%；城镇和农村居民人均可支配收入分别达63302元、38089元，同比增长4.5%、7.2%；城乡居民收入倍差1.662，均低于省、市平均水平；获“中国最具幸福感城区”和“浙江省新时代美丽乡村示范区”称号。

（一）聚焦托育教育需求，教育公共服务体系进一步健全，新劳动教育模式系全国首创

稳妥推进三岁以下婴幼儿照护服务，建成以政府为主导的学前教育保障机制，“十三五”期间新建中小学幼儿园34所，2020年，每千人拥有三岁以下婴幼儿托位数2.1个，幼儿在公办幼儿园就读率近63%，接受普惠性学前教育服务率达90%。创新义务教育名校集团化办学模式和路径机制，成功创建省“互联网＋义务教育”试验区和“浙江省教育基本现代化区”。全国首创新劳动教育模式，形成“1＋N＋X”新劳动教育模式，入选全国中小学劳动教育实验区，成为国家级职业教育和成人教育示范区。

（二）聚焦工作就业需求，就业创业服务力度进一步加大，职业技能服务特色彰显

就业优先战略持续深化，各项援企稳岗、就业帮扶政策全面落实，出台实施新时期人才政策和新富阳人安居乐业15条（实行同城同待遇）政策，创新推出“工伤一件事”改革，逐步形成统筹城乡发展的就业服务和职业技能提升服务体系。2020年，全区实现城镇新增就业29665人，城镇登记失业率控制在2.42%，被省政府评为落实鼓励和支持就业创业政策力度大、提高就业创业服务水平成效明显的县（市、区），“乐业富阳”金名片进一步打造。

（三）聚焦就医健康需求，各类医疗服务资源进一步丰富，居民主要健康指标居省市前列

全区拥有6家区属医院、25家社区卫生服务中心、510家医疗机构，引进浙江省中医院、浙江省人民医院富阳院区，省市区三级医疗资源全覆盖。中医骨伤特色明显，与浙江中医药大学共建富阳中医骨伤医院，张氏

骨伤疗法被评为第三批国家非物质文化遗产。成功创建国家慢性病综合防控示范区,首批国家级青春健康教育示范基地,首创家庭医生移动诊疗平台和"先看病后付费"新诊疗模式。2020年,全区医保参保率99.8%,人均期望寿命达83.5岁,位居省市前列。

(四)聚焦住房安居需求,居民住房保障体系进一步完善,蓝领公寓经验模式获全国推广

加快构建多层次保障性住房体系,多措并举增加公租房保障,大力推进公租房、人才租赁房集中配建项目,蓝领公寓建设首次纳入住房保障体系并取得成效,普坤社区蓝领公寓的"住创一体"经验获住建部在全国推广。实施"新富阳人"公租房货币补贴,已发放84807户次、总计2544.2万元货币补贴。完成200万平方米老旧小区改造,受益人群覆盖近10万人,4955户农村存量危房得到解危。

(五)聚焦晚年养老需求,公共养老服务体系进一步强化,医养结合创新经验成为全国典型

全区建成社区级照料中心300家,实现乡镇(街道)全覆盖;老年食堂(助餐点)240家,80%村社提供老年人就餐服务,示范型居家养老服务中心乡镇(街道)全覆盖。养老服务体系建设获得2020年浙江省政府督查激励,医养结合模式作为全国典型经验推广,全区护理型床位占27.2%,老年健康促进行动被列为省级试点。完成220户困难老人家庭适老化改造,率先在全国利用非接触感知技术实现空巢老人安防瞬时感应救援、试点独居老人意外10分钟救援。

（六）聚焦困境救助需求，社会兜底服务水平进一步提高，数字赋能社会救助模式独具特色

基本构建分层分类社会救助体系，逐步建立“年、月、时”长效动态救助机制，“低保”、低边、特困家庭实现应保尽保，基本生活保障标准城乡统筹一体，每年按不低于杭州市上年度城镇常住居民人均消费支出的30%、50%同步调整，兜底保障标准水平不断提高。支出型贫困认定办法和渐退制度优化，进一步降低社会救助准入门槛和退出机制。困难群众救助“一件事”被列入全省数字化改革试点，建成全省首个“无碍智图”（“城市无障碍环境一张图”）场景应用。特殊群体保障更加有力，实现基础性儿童之家全覆盖，示范型儿童之家覆盖60%以上的乡镇（街道）。建成综合型慈善基地一个，开办全市首家“慈善药房”。

三、启示前瞻

习近平总书记在庆祝中国共产党成立100周年大会上的重要讲话中指出，新征程上必须“推动人的全面发展、全体人民共同富裕取得更为明显的实质性进展”。实现全体人民共同富裕，是中国共产党百年奋斗的重要目标，是关系党的执政基础的重大政治问题。实现第一个百年奋斗目标后，我们开启了全面建设社会主义现代化国家新征程。在中国共产党领导下积极探索全体人民共同富裕的实现之道，扎实推动全体人民共同富裕取得更为明显的实质性进展，是全面建设社会主义现代化国家的必然要求。

富阳立足人民日益增长的美好生活需要，力促人的全面发展和社会全面进步，力求人民生活富裕富足、精神自信自强、环境宜居宜业、社会和谐和睦、公共服务普及普惠。围绕人的全生命周期公共服务优质共享，聚焦

浙江所需、富阳所能、群众所盼、未来所向，率先在“浙里优学”“浙里长寿”“浙里安居”“浙有众扶”金名片上形成四大典型性、代表性和可复制推广的标志性成果，成为打响共同富裕示范区“七优享”金名片的典型范例。

——打造美好教育共同体县域范例，让每一个适龄孩子享有公平而有质量的公共教育服务。新时代教共体富阳模式创新形成，融合型、共建型教共体模式扩面深化，城乡紧密型教共体建立，“互联网＋义务教育”升级优化，实现农村学校全纳管、全覆盖，“新劳动教育”创新实践，骨干教师流动、教育教学资源共享加速，创建全国义务教育优质均衡区、学前教育普及普惠区，城乡、校际教育质量差距进一步缩小，打响富阳教育服务“安心”品牌。

——打造全龄友好型社会县域范例，让每一位“一老一小”享受温暖有保障的健康照护服务。普惠型托幼服务体系进一步完善，城镇托幼服务全覆盖，幼托一体服务试点积极开展，实现乡村托幼一体化，婴幼儿照护运行机制和政策保障更加健全；医养结合经验进一步放大，医养康养深度融合“大养老”格局加快构建，“空巢老人安全守护系统”拓展应用，覆盖政府兜底保障老年人群体，形成有效破解老年健康“数字鸿沟”富阳方案，“时间银行”“物业＋养老服务”等为老服务公益品牌逐步建立，创建省级老年健康促进行动示范区。

——打造全民安居乐业县域范例，让每一个富阳人拥有同样的勤劳致富和住有所居机会。面向所有就业群体、且符合富阳产业转型需求的终身技能培训提升和创业扶持服务体系建立，“富农用工”场景应用更灵活，“就业超市”推广应用，岗位供需信息更充分、匹配更精准；CCB建融家园住房租赁试点经验不断推广，共有产权保障住房试点、集体土地建设租赁住房深入推进，探索农村“民建公助”公寓化建设管理体制，多层次住房保障体系加快完善，困难群体住房问题得到多渠道有效解决。

——打造社会救助联合体县域范例,让每一个困难群众得到温暖关怀与及时救助。困难群众救助"一件事"集成联办改革试点持续深化,建成社会救助服务联合体,形成集救助、服务、保障于一体的多业务协同、多维度支持、多元素帮扶的社会救助整体智治新模式,逐步健全"线上+线下"慈善综合服务体系,建立向善行善"益共体","富春众善"品牌更加响亮,打造"五联一体、助困共富"样板地。

(胡洪明　楼海波)

推进住房租赁产城融合
夯实共同富裕舒适宜居条件

住房问题关系民生福祉，是实现城乡居民共同富裕的基本保障。住房租赁市场的发展，是完善房地产长效机制的重要方面，是实现“住有所居”的必由之路，是切实提升人民群众获得感、幸福感的重要抓手。改革开放以后，特别是1998年房改以来，我国住房市场化推进力度较大，商品房市场发展步伐较快，城镇居民居住条件发生了显著变化，使得8.5亿城镇人口告别住房短缺，城市家庭户均住房套数超过1.1，住房自有率超过85%。然而，我国住房领域发展不平衡不充分。住房租赁市场存在供给渠道狭窄、供给结构不合理、产品类型单一、市场培育不足等问题，导致租赁住房有效供给不足，供求结构不匹配，无法满足社会各级多层次、差异化的需求，造成“新市民”等经济薄弱群体住房困难突出。“十四五”规划提出“坚持房子是用来住的、不是用来炒的定位，租购并举、因城施策，促进房地产市场平稳健康发展”。做好城市困难群众住房保障工作，促进城市更新和存量住房改造提升，大力发展租赁住房的工作越发必要。

长期以来，由于宁波以工业为特征的产业结构，工业园区、经济开发区内的住房供需失衡严重，集体宿舍、职工公寓等住房供给缺口较大。特别是近年来宁波市制造业人口激增，新市民、青年人买房存在着较大压力，通过租房解决居住问题的需求非常迫切。宁波市抓住住房租赁市场发展的新机遇，大力发展住房租赁市场，增加租赁住宅有效供给，建设配套设施完善的租赁社区，逐步建立健全市场规则明晰、政府监管有力、权益保障充分的住房租赁制度体系，形成了供应主体多元、经营服务规范、租赁关系稳定的住房租赁市场体系，逐步探索出一条住房租赁产城融合的新路子，满足了新市民及青年群体的住房需求，有效解决“新宁波人”的居住问题，增强其安全感、幸福感和获得感，形成人口增长、产业发展双向互促的可持续发展模式。

一、主要做法

2020年7月，宁波入选新一批全国租赁住房试点城市（共8个）。为进一步加快住房租赁市场发展，推动宁波住房制度深化改革，实现宁波市民住有所居目标，宁波市实施“甬有安居”行动，出台《关于加快培育和发展住房租赁市场的实施意见》《深入推进“甬上乐业”计划的若干措施》《宁波市关于非住宅改建租赁住房的指导意见（试行）》等系列政策，发布实施《关于解决一线环卫工人住房困难的通知》，加快发展住房租赁市场，增加租赁住宅有效供给，建设配套设施完善的租赁社区，有效解决人才和新市民的居住问题，形成人口增长、产业发展双向互促的可持续发展模式。

（一）扶持专业化住房租赁企业，培育市场供应主体

宁波市充分发挥市场作用，调动住房租赁企业积极性，培育市场供应主体。一是鼓励房地产开发企业改变经营方式，从单一的开发销售向租售并举模式转变。鼓励房地产企业规模化租赁各类园区经营配套住房或商务公寓，通过完善公共配套设施和专业物业管理措施，形成邻里式租赁社区，满足周边就业人员的居住需求。二是积极引进国内知名住房租赁企

业，支持房地产经纪机构、物业服务企业结合市场需求，开展住房租赁业务，提供差异化和个性化的居间服务，以满足租赁市场中不同层次人群的租赁需求。三是鼓励国有企业开展规模化租赁业务，将自有住房、商务公寓、政府闲置房源用于租赁。支持国有企业利用自身可利用的公共建筑资源，进行相应的软硬件改造升级之后，提供价位适中、运营规范的租赁住房；鼓励国有企业与村集体经济组织合作，参与集体租赁住房的建设、运营和管理。

（二）建设产业园配套混合社区，增加租赁住房有效供应

宁波市多举措培育市场供应主体，多渠道增加租赁住房有效供应，提供多元化租赁产品。一是根据政府主导、政策扶持、市场运作、租金适度控制原则，由各区、县（市）政府组织国有住房租赁企业，积极参与租赁用地开发建设，并开展专业化、机构化、规模化运营。二是充分发挥国有企业“压舱石”“稳定器”作用，提供中低价位、运营规范的租赁住房，着力改善外来务工人员的居住消费环境，构建稳定的租住关系。三是通过统筹协调、系统规划、逐步建设、不断完善，全力推进混合社区的开发建设。通过打造“购娱一站式、功能一体化、人群多元化、建筑经典风、连廊户户通、公交无缝接、全区智能化、街区无围墙、海绵全覆盖、绿道通四方”的综合性混合租赁社区，致力改善产业工人居住条件，缓解潮汐式交通压力，吸引优质企业入驻。

（三）加大政策支持力度，落实租赁住房要素配置

宁波市综合施策，多方筹措租赁住房相关配套资金，切实解决租赁住房所涉及的“资金难”问题。一是不断完善公共服务政策。房屋租赁合同备案或经出租登记的住房承租人，可以按照国家及本市有关规定，享受相

关公共服务政策。流动人口承租人可以按照规定申领居住证,居住证持有人可以按照本市及各区县(市)相关规定享受义务教育、就业等基本公共服务。承租人符合住房公积金提取规定的,每人每月最高可提取公积金1000元用于支付房租,提取额度可根据宁波市住房租赁价格水平变化及公积金资金情况适时调整。二是加大财政资金支持力度。按照中央财政支持住房租赁市场发展试点有关要求,制定完善中央财政专项资金使用管理办法。2021年2月,宁波出台了《宁波市中央财政支持住房租赁市场发展试点专项资金管理办法(试行)》,明确对住房租赁市场给予专项资金支持。《办法》提出可将闲置商业用房、办公用房、工业厂房和集中式农房等改建为租赁住房(含职工宿舍),以及将审批通过的商业办公用地建设为租赁住房的项目并予以补贴,最高补贴为600元/平方米。三是加大金融政策支持力度。鼓励金融机构向租赁住房相关企业提供开发建设贷款、经营性贷款、专项金融债券等金融支持。引导建行宁波分行与宁波市住房和城乡建设局签署住房租赁工作战略合作协议,服务地方住房租赁市场工作。2017年12月,建行宁波分行与万科、恒大、雅戈尔等7家开发企业,南天、立得等4家中介机构签订了住房租赁业务全面合作协议,为住房租赁市场建设提供融资支持。

(四)推进租赁监管服务平台建设,加强租赁住房监管

宁波市健全住房租赁监管制度,不断完善住房租赁治理体系,提升住房租赁市场规范性,有效保障租住群体的权益。一是建立健全住房租赁相关规定制度。明确相关主体的责任义务,完善住房租赁双方权益保护机制,维护租赁市场运行秩序。2016年,为加强居住房屋租赁管理,着力解决群租及由群租引发的治安、消防、噪声扰民等问题,推进"平安宁波"建设,市政府出台了《宁波市居住房屋租赁管理若干规定》及配套政策措施,对规

范住房租赁特别是加强群租管理发挥了重要作用,取得良好社会效果。二是完善住房租赁监管服务平台。为推进住房租赁市场的发展,根据国家有关要求,宁波市启动了以政府为主导的全市住房租赁监管服务平台的建设,打造集租赁企业备案、各类租赁房源核验、信息发布、网上签约、租赁合同备案、信用评价等内容于一体的服务系统,为租赁双方提供便捷服务,该平台已经试运行。同时,结合“最多跑一次”改革,开通了租赁合同备案网办功能,方便群众办事。截至2020年,宁波全市租赁合同备案超过2.5万件。三是强化市场监管。持续整治“高收低租”“长收短付”等租赁市场乱象,严厉打击垄断房源、哄抬租金等违法违规行为。加快建立租金监测体系和住房租赁指导价格发布制度,提高市场租金透明度,规范市场经营行为。

二、示范看点

随着经济社会的发展和住房制度改革的不断深化,宁波市探索实现居住领域共同富裕的新途径,形成统一规范、成熟稳定、城乡协调的多主体供给、多渠道保障、租购补改并举的住房保障新发展格局,以公租房、保障性租赁住房和共有产权住房为主体的住房保障体系不断完善,把宁波打造成“甬有安居”共同富裕创新发展先行市。

(一)住房保障体系不断完善

工业是宁波的优势,也是宁波的根基。宁波作为“长三角一体化”的重要组成部分,同时也是“一带一路”建设综合试验区、首个“中国制造2025”试点示范城市、首个中国—中东欧“16+1”经贸合作示范区。随着宁波前湾新区、甬江科创大走廊、宁波南湾新区、宁波临空经济示范区等重大片区的布局划定，宁波迎来发展新机遇，将促进技术产业工人集聚，吸引更多外来人口来宁波就业安居。通过努力，宁波建立健全了集“租、售、补、改”于一体的多层次城镇住房保障体系，较早地实现符合条件的城镇中低收入家庭应保尽保，同时兼顾解决符合条件的新就业无房职工、稳定就业外来务工人员等群体的阶段性住房困难。据宁波市住建局提供的数据，截至2021年10月，宁波市共建成公租房70686套（含企业投资公租房），累计实施公租房配租家庭73084户，累计发放货币补贴保障42647户，发放补贴金额约2.3亿元。宁波市已累计建成各类保障性住房约780万平方米，累计保障各类住房困难家庭15.2万余户。

（二）住房保障覆盖面不断扩大

近些年，宁波开展新市民住房保障制度改革试点，采取公租房、保障性租赁住房、共有产权房等形式，解决无房新市民特别是从事基本公共服务行业人员的阶段性住房困难。住房保障覆盖面不断扩大，逐步从住房困难家庭群体扩大到了新市民、青年人，使各个层次的住房保障对象都能享受到相应的住房保障服务，共享共同富裕成果，有效消除“夹心层”现象。2021年7月7日，市政府办公厅下发《关于解决一线环卫工人住房困难的通知》，从放宽准入条件、提高补贴水平、多渠道筹集房源、跟踪督办落实等方面，解决一线环卫工人的住房困难问题。2021年10月25日，由宁波市保障性住房建设投资有限公司提供的面向一线无房环卫工人的宝丽茗苑小区租赁住房亮相，首批10名环卫工人在宝丽茗苑小区办理了入住手续。该批房源作为租赁市场试点住房，综合考虑周边环境因素和装修情况后，按照第三方评估公司估算的市场租金进行计租，承租的一线无房环卫工人可申请公租房租赁补贴。

（三）租赁市场试点改革不断深化

对于以制造业为基础且外向型经济正在转型的宁波来说，劳务型人口在未来很长一段时间内仍将是人口增长的主力军。随着城市人口的持续流入和流动人口的总量不断增加，新市民通过租房解决居住问题的需求将更加迫切，住房租赁市场需求将进一步增加。宁波深化租赁市场试点，实行租赁住房用地计划单列。利用集体建设用地和企事业单位自有闲置土地建设租赁住房，以开发园区、产业园区和小微园区为单元加强租赁住房配建，配套用地和配建建筑面积上限分别提至10%和15%。如杭州湾新区于2018年启动探索的“混合社区”已成为一张崭新名片和示范样板。在工业区建设若干租赁社区，打造可充分满足未来年轻产业工人交往空间和业余生活的用地混合、功能复合、职住平衡的综合型生活社区，使产业人员具有强烈的归属感，实现由“外来打工者”向“本地新市民”的转变，为新区集聚人才、留住人才，更好地推动新区产业发展和提升新区综合竞争力。该新区规划了5个混合社区，总建设用地约500公顷，其中居住用地约150公顷，建筑面积约为200万平方米，配套建设小学、幼儿园12所，可容纳12.5万名产业工人过渡居住。

（四）专业化住房租赁企业快速发展

现宁波已有世联红璞、万科泊寓、龙湖冠寓等全国性品牌公寓运营商入驻，及部分租赁机构提供租赁服务，不断完善、丰富了本市租赁市场的业务种类和模式。长租公寓中，世联红璞2016年开始在宁波落地首个长租公寓项目，至2020年底，运营规模已达3000余间；万科泊寓2018年正式进入宁波市场，通过租赁城市低效资产进行改造和运营、自持物业，已获取7个项目，已开业2000余间；龙湖冠寓已成功在宁波开业2家门店，开业房间量约500间房。2017年11月,建行宁波分行与宁波市住房和城乡建设局签署住房租赁工作战略合作协议,服务地方住房租赁市场工作。2017年12月,建行宁波分行与万科、恒大、雅戈尔等7家开发企业以及南天、立得等4家中介机构签订了住房租赁业务全面合作协议,进一步将住房租赁市场建设推向纵深。截至2020年6月,政府公共住房服务管理系统覆盖10个县市区,实现宁波区域全覆盖。住房租赁贷款余额16.7亿元,“新租贷”余额15.27亿元。

三、启示前瞻

(一)加快发展住房租赁市场

解决外来新市民阶段性住房问题,如何让他们“引得进、住得好、留得下”,成为亟须解决的一大难题。宁波作为沿海地区较为发达的城市,考虑到人口、空间和距离等要素,紧密结合区域产业特点和各类人才、产业工人的居住需求,以提升多维度建设能力为抓手,分层次地逐步实现“住有所居”,完善与共同富裕先行市相匹配的住房保障体系。发展住房租赁市场,形成多主体供给、多渠道保障、租购并举的供应体系,最大限度地满足居民的居住需要。

(二)鼓励社会参与保障性住房建设

住房需求作为基本生活需求,历来是政府需要重点解决的社会问题。提高住房保障能力,实现全社会“居者有其屋”,事关经济社会稳定发展全局,也是政府发挥社会管理职能的职责所在。从中长期来看,鼓励社会参与以公租房为重点的保障性住房建设或吸收私人住房纳入公共租赁房管理体系,有利于充分利用存量,避免重复建设,充分发挥社会组织作用,提高保障性住房运营管理效率,推进和谐社区建设。

(三)创新租赁社区管理模式

由于租赁住房居民构成更为复杂,个人诉求的差异性和邻里关系变动性较大,需要积极发挥区域化党建、基层党组织、社区党员的引领作用,形成以兴趣和爱好为联结、以机制创新为支点、以情感链接为纽带的社区共同体,以此构建“有颜值、有文化、有温度”的特色租赁社区场景。只有这样,才能帮助新市民和青年人更好地融入城市工作与生活,促进精神文化生活共同富裕,为“住有宜居”幸福品牌提供租赁元素,为高质量发展建设共同富裕示范区贡献力量。

(钟春洋)

建设普惠型托育养体系
提供“养老养小”优质服务

本文以共同富裕公共服务优质共享领域为研究视角，以温州市瓯海区构建“普惠型托育养一体化服务体系”为研究内容，通过走访调研，分析归纳构建“普惠型托育养一体化服务体系”的具体做法、示范看点和启示前瞻，为全省及全国提供公共服务优质共享瓯海样本。

第七次全国人口普查数据显示，2020年瓯海区家庭户规模与2010年相比减少0.45人，60岁及以上老龄人口为9.32万，占全区户籍人口总数的20.1%。当前及今后一段时期，一代加速“老龄化”、二代被动“少子化”、三代政策“三孩化”等情况出现“三碰头”，家庭“养老”“养小”压力陡增。与此同时，人民群众对美好生活的需求从物质层面需求转向物质、精神与公共服务需求并重，多样化、特色化、个性化的养老、托幼等需求加速释放。瓯海区活跃的民营经济有助于全域推广“公建民营”发展模式，有助于全域培育本土养老、托育服务企业，大量民间资本成为托育养一体化发展的重要支撑。在此背景下，瓯海区着力构建“普惠型托育养一体化服务体系”，促进公共服务优质共享领域试点建设，逐步解决群众所急、所需、所盼的托育、养老实事，切实提升人民群众获得感、幸福感、安全感和认同感。

一、主要做法

为进一步深化托育养领域供给侧结构性改革，瓯海区实施普惠型托育养"设施双覆盖、场景双融合、要素双匹配、服务双提升"等重点工程，促进托育养老双轮驱动、两面一体、协同发展，探索形成"一老一小"共同富裕瓯海模式，争创全省托育养老服务标杆区。

（一）设施"双覆盖"工程

镇街托育养老服务机构逐步全覆盖。计划到2023年，瓯海区新增养老服务机构9家、规范运营示范型居家养老服务中心7个、新增养老床位1700张，每千名老人拥有55张机构养老床位；托育服务机构52家，每千人托位数达3.5个，普惠性幼儿园在园幼儿占比91%，普惠性托位占比80%，幼儿园公办学位数占比60%，幼儿园托班设置率达35%，镇街婴幼儿成长驿站覆盖率100%，镇街婴幼儿照护服务机构覆盖率100%。

托育养老服务设施配建指标适度集中。支持将托育、托幼、卫生医疗等配建指标进行适度集中。推行新建住宅小区养老服务设施用房套内建筑面积不低于项目住宅总建筑面积2‰的标准，每处养老服务设施用房面积不少于300平方米，同时联动设置托育配套建设面积标准不小于360平方米，户外场地不低于180平方米。通过购置、置换、租赁等方式，积极盘活老旧小区、空置公租房、国有低效用地等存量资源，实现老旧社区养老服务设施面积不少于200平方米，托育服务设施面积不小于80平方米。

托育养老机构规模化、连锁化、品牌化。按照"统一标识、统一装修、统一功能、统一运营"标准，对现有公办、公建民营养老、托育机构进行一体化改造。搭建"1＋N"养老联动网络，鼓励养老服务设施集成式运营，以镇街养老服务中心为枢纽，加强与住宅小区养老驿站辐射联动，开展老年人助餐、助浴、助急、助医、助行、助洁等服务。充分利用幼儿园现有场地、师资等资源，向下延伸托班，为群众提供公益性、普惠性的幼儿托育和亲子早教服务。

（二）场景“双融合”工程

“老幼共乐”双融合。改造利用已有社区综合服务设施、瓯江红驿站、银龄之家等公共场所开辟“老幼共乐”空间，打造幸福养老驿站1处、婴幼儿成长驿站20家。选择开阔的养老服务中心、社区公共活动空间，增设积木、魔方、秋千等幼儿游玩设施，在托育园、青少年活动中心等场所设置老年报刊阅览室、鼓词播放室和品茶室等，形成“一老一小阳光相伴”场景，打造“老幼双乐空间”。

“老幼共学”双融合。加快解决“老幼共学”用房产权归属问题，充分发挥共学用房地理区位优势，鼓励和引导第三方力量运营管理。“楼下”和“楼上”分别布局托育早教机构、老年人培训活动中心。发展社区老年教育、幼儿培训双融合，支持现有老年大学、老年电大等老年人集聚教育场所利用自有场地和设施，开辟一定空间用于托育培训，定期开设婴幼儿照护课程，切实打造“老幼共学”场景。

“老幼共游”双融合。以瓯海旅游资源为依托，联动研学项目，开发以健康养生、休闲度假为主的老人队伍和以游戏、参观为主的幼儿队伍相结合的旅游融合模式。倡导有能力的祖辈携带孙辈参加春、秋游活动。在温州乐园、温州极地海洋世界、温州三垟湿地、茶山山根小镇、泽雅风景区、仙岩风景区等旅游景点设计“老幼共游”元素，提供老少皆宜的游玩景观和活动项目，推进发放“老幼共游优惠票”等促进共游的创新做法。

（三）要素“双匹配”工程

托养场所双匹配。在年度建设用地供应计划中保障托育养老用地需求，并结合实际安排合理区位。科学布局非营利性托育养老场所，对兴办非营利性托育养老机构的大型民营企业采取划拨等方式供应土地或划拨国有房产，对租赁场地的予以租金补贴。将新建小区与在建、拟建的未来社区、乡村新社区托育养老设施场地优先提供给兴办非营利性托育养老机构的企业。

补贴经费双匹配。积极采取财政补助、减免租金等政策措施优先支持普惠性托育养老服务机构发展。对验收合格的婴幼儿成长驿站按照基础型婴幼儿成长驿站5万元/家建设补贴及2万元/年运营补贴，示范型婴幼儿成长驿站10万元/家建设补贴及4万元/年运营补贴标准给予补贴。对镇街级养老服务中心按照示范型和标准型每年补助50万元、30万元，对村（社区）居家养老服务照料中心按照一星级至五星级每年补助1.2万元、3万元、4万元、8万元、12万元。

降本减负双匹配。鼓励探索生育津贴、延长产假、带薪养育假、弹性工作制等措施，让“三孩政策”落实见效。推行公办敬老院托管、“时间银行”、镇街养老服务中心与住宅小区养老驿站打包运营等试点，特别是同步落实养老、托育用电、用水、用气享受居民价格标准，全面降低运营和收费成本。加快出台发放“托育券”“养老券”政策，优先保障三胎婴幼儿家庭、特殊老年人家庭和生活困难家庭，家庭持券可自由选择托育养老服务机构。

（四）服务“双提升”工程

智慧服务双提升。建立健全“互联网＋”的托育养老动态综合监管体系，三年实现托育养老机构100%接入智慧监管体系，并完成与区公安系统的对接。发展互联网直播互动式家庭育儿养老服务,鼓励开发婴幼儿养育、父母课堂等数字化课程。计划到2023年,婴幼儿家长科学养育知识普及率能够达到85%以上。

社会参与双提升。引入优质专业社会组织,为老年人提供上门服务,充分调动养老服务市场活跃度。探索"时间银行"养老模式,有效开发利用老年人力资源。扩大家庭适老化改造范围,按政府和社会7:3比例承担改造费用,最高补助金额不超过21000元/户。深化拓展社会力量市场化办托模式,通过公建民营、民办公助、购买服务等方式,支持社会力量举办托育服务机构。在大学城、中央商务区、开发区"一区六园"等年轻职工集聚区域,支持有条件的用人单位利用自有场地或设施,单独或联合举办托育服务机构,面向单位职工子女或对社会公益、普惠开放,按每个新增托位1万元的标准给予定额补助。

人才培养双提升。本科高校设置托育养老服务相关专业占比三年内将达到80%,职业院校托育养老服务相关专业招生数量达到1800人。深化校企合作,联合温州大学、温州职业技术学院、瓯海职专集团学校等院校,大力支持实训基地建设。推行托育养老"职业培训包""工学一体化"培训模式,打造养老护理员培训基地,提高养老护理人员培训数量,实现每万名老年人拥有持证护理员达21人,学生考取养老护理员证书率达90%。鼓励相关专业毕业生在瓯海就业,按照本科及以上、专科、中职等学历分档给予个人5万元、4万元、3万元的补贴,对未来持有五个等级职业技能等级证书的养老护理员、保育师每人每月分档给予100—1600元不等的补贴。

二、示范看点

近年来,瓯海区养老服务体系建设先后被评为第三批全国智慧健康养老应用试点示范单位、省级康养服务体系试点单位，获省政府督查激励。托育服务工作在全省工作现场推进会上作典型经验发言，被国家发改委专刊通报、领跑者专刊刊发，获时任常务副省长冯飞、副省长成岳冲批示，学前教育补短提升工程获省政府督查激励。2021年7月底，瓯海区入选全省高质量发展建设共同富裕示范区首批试点，聚焦“一老一小”民生重点，注重改革创新，持续加大优质公共服务供给，不断强化公共服务共建共享，路径探索有力，逐步实现托育养老设施布局、场景服务、数字赋能等领域一体化，在共同富裕建设公共服务优质共享领域走出示范先行之路。

（一）构建多元主体共建共办机制，设施布局一体化示范先行

以政府为主导，构建多元主体共建共办机制，引入社会资本参与普惠型养老托育机构一体化改造和建设，实现设施布局规模化、连锁化、品牌化。实施“养老机构跟着老人走、托育机构跟着幼儿走、老人幼儿手拉手”计划，打造“15分钟居家养、育服务圈”，促成托育养老水平“双提升”。到2023年，争创全省托育养服务标杆区、全国婴幼儿照护服务示范区、浙南养老服务高地。

（二）构建“老幼共乐共学共游”共享生态，场景服务一体化示范先行

进一步深化养老托育领域供给侧结构性改革，注重普惠性、基础性、兜底性，扩大服务供给，提升服务质量，促进“一老一小”两个社区活动场所互融互通、互相陪伴。到2025年，逐步形成“养老机构＋托育机构”示范模式，实现集学、观、演、娱、养于一体的“老幼共游”目标，建成让每户家庭省钱、省力、省心的“老小同学”场景，构建“老幼共乐共学共游”共享生态。以满足养、托、育、教一体化发展目标，全面建成育养友好型社会。

（三）打造智慧型托育养老共富体系，数字赋能一体化示范先行

建设“互联网＋养老＋托育”系统示范模式，全面打通家园数据信息交互壁垒，打造便利化、实时化共享场景，构建人性化、智慧型“养老＋托育”示范体系。整合升级现有“智慧养老”系统和“3岁以下婴幼儿照护服务智汇”系统，探索推进“托养无忧”一体化示范平台，有效促进卫健、民政、公安等社会资源与服务的联动，实现数字赋能一体化示范先行。

三、启示前瞻

（一）探索托育养老创新政策和机制，公民共建儿童老龄友好型社会

瓯海区实施公办托育费用限价政策，灵活采用激励性财政政策，在场地、运营、审批等领域给予政策支撑。采用“一站式”联审机制，创新“小区配建”“公房改建”等建设模式，实行“公建民营”“择优比选”等运营模式，为“托养一体”打下建设审批和运营基础。制定出台托育养老服务事业发展的税收和收费补贴政策，落实托育养老机构用电、用水、用气享受居民价格政策。将大型民营企业以出资、捐赠等方式用于兴办托育养老机构的资金计入税前列支，给予民营大中型企业初始出资成立托育养老非营利性组织免税资格。对兴办非营利性托育养老机构成效突出的企业给予信贷支持、用能指标奖励、优先供地、荣誉嘉奖等方面扶持。鼓励解决员工社会保障问题。建立科学全面的常态化托育养老评估标准化体系，建立常态化督查机制。

（二）持续推进托育养供给侧改革，助力全民全生命周期健康服务体系构建

瓯海区全面构建“1＋13＋N”养老服务供给机制，即数字赋能1个智慧养老服务平台，13个镇街实现社区养老服务中心全覆盖，提供多元化养老服务，构建幸福养老服务体系。三岁以下婴幼儿照护服务领跑全省，创新推出培训基地式承办、托幼一体化承办、企业内部承办、机关事业单位承办、社区承办和市场导向模式六种办托模式，基本形成主体多元、管理规范、质量保证的托育服务体系，走出一条“普惠性、高质量、规范化”的托育服务路子。持续推进的托育养供给侧改革，将助力构建全民全生命周期健康服务体系。

（三）数字赋能托育养领域，推动托育养服务质量和效率双变革

瓯海区以数字化改革为契机，持续赋能托育养老领域。借助“互联网＋健康养老”信息平台，推进养老服务信息与户籍、医疗、医保等信息资源对接，完善养老服务支付系统。打造集成式婴幼儿照护服务信息管理平台，对婴幼儿照护机构的申办过程、综合监管、信息公开、诚信记录及业务数据等进行信息化管理，推动服务质量和效率双变革。以综合监管信息化为例，系统可实时采集、上传、储存日常服务图像、音视频及位置等信息，家长及职能部门均可通过互联网端口开展实时监管，实现“机构省心、家长放心”。

（四）系统推进组织体系建设，提供可持续“养老养小”优质服务

瓯海区成立共同富裕示范区建设工作领导小组，编制托育养老一体化专项规划，并纳入经济社会发展相关规划和目标责任考核。建立联席会议制度，发挥卫健、民政、教育部门的专业优势，推动“医、养、教、育”融合，形

成“短期指导、中期培训、长期培养”的人才输送链条。不断加强校企合作、产教融合等工作，推进瓯海区各养老、托育机构与温州护士学校、浙江东方学院民政学院合作，开展老年照料职业技能培训、试点婴幼儿照护专业培养计划，长期充实年轻力量进入养老、托育队伍，为建设普惠型托育养体系提供源源不断的“养老养小”优质服务。

（陈春柳）

坚持共享理念，
实现县域义务教育优质均衡发展

教育是国之大计、民之大事。2011年，我国全面普及了城乡免费义务教育，从根本上解决了适龄儿童少年“有学上”问题，但区域之间、城乡之间、学校之间的办学水平和教育质量还存在不少差距，人民群众持续增长的高质量教育需求与供给不充分不平衡的矛盾依然明显，与共同富裕的目标仍有差距。

21世纪之初，地处较为发达地区的海盐同样面临义务教育资源要素分配不均、体制机制改革不深等问题，在很大程度上制约了当地义务教育均衡发展。海盐县委、县政府充分认识到义务教育均衡发展存在的难点堵点，坚持教育优先发展战略，遵循“缺什么补什么、有什么优什么、什么难改什么”的思路总体规划，以加强硬件投入夯实教育基础为起点，分阶段分步骤统筹城乡、重塑机制，持续提升义务教育软实力，打造“优学在盐”教育品牌，率全国之先推动义务教育在县域层面从“基本均衡”走向“优质均衡”。2013年，海盐县被教育部授予首批“全国义务教育发展基本均衡县”称号，2015年，成为浙江省首批13个基本实现教育现代化县之一。2019年，接受国家级关于县域义务教育优质均衡发展县的督导评估，获评全国首批两个县域义务教育优质均衡发展县之一。此后，海盐聚焦“优质均衡，活力宜学”教育内涵，加快教育发展方式转变，2021年以85.55分获得全省教育现

代化发展水平监测A等,列全省第五位。

一、主要做法

(一)政府层面

第一,高位统筹规划。2013年,修订《海盐县"2013—2016"年义务教育资源布局(建设)规划实施意见》,着力破解农村学校基础建设薄弱问题。2017年,提出"率先实现全国县域义务教育优质均衡发展"目标,出台《海盐县争创全国义务教育优质均衡发展县实施方案》。后又出台《海盐县中小学布局专项规划(修编)(2016—2030)》,力争破解二孩政策、城镇化带来的城区资源紧张问题。

第二,资源统筹配置。坚持教育经费、教育项目、教师编制、教师待遇优先安排,2013年以来,总计投入基本建设资金10余亿元,近三年教育经费占一般公共预算支出比例保持在25%左右,建立义务教育学校教师工资与当地公务员工资长效联动机制。统筹城乡义务教育协调发展,实现城乡"六统一",即全县学校布局统一规划、学校建设统一标准、教育装备统一配置、干部教师统一管理、办学水平统一评估、教育经费统一保障。

第三,外培统筹管理。创新校外培训机构规范性整治机制,建立校外培训服务行为"三清单",事前通过梳理法理依据,形成分类处置"信息清单",把好监管前置关;事中开展"网格+督导"的日常监管,建立县—镇(街道)上下联动、部门横向协作的多跨执法治理体系,形成联合治理"操作清单",把好监管过程关;事后明确公示制度,形成黑白名单"公示清单",把好监管长效关。

（二）学校层面

第一，打造校际共同体。成立13个“1＋X”学校发展共同体建设，通过“以城带乡”“以强带弱”等合作共建模式发挥共同体内教师专业所长。打造“制度链”“人才链”“资源链”三链结构，实现学校管理、教师发展、资源共享、考核并轨一体化发展模式。依托长三角一体化发展首位战略，与上海市杨浦区建立战略合作联盟，在管理团队建设、师资队伍建设、学生培养与课程建设等方面开展深度合作交流。

第二，创新发展性评价。外部借力，与华东师大共同开展国家社科基金重点课题“教育现代化评价指标体系及推进路径研究”，研究建立现代化学校发展评价体系。内部发力，制定《海盐县学校发展性评价实施方案》，建立规范性、基础性、发展性三大评价指标体系，综合性、过程性、增量性评价学校年度发展情况。设立统筹奖励基金，引领学校争先创优。

第三，建设智慧化校园。2019年被列为全省区域整体推进智慧教育综合试点单位，深入推进省“互联网＋义务教育”实验区建设，成立7个覆盖义务教育段全部学校的线上“1＋X”新型智慧学习空间。作为全省“城乡携手、同步课堂”先行试点区，义务教育学校实现县域内学校优质教育资源同步即时共享。抢抓数字化改革机遇，自主建设的县校协同系统成为浙江省教育厅第一批数字化改革创新试点项目，校园安全周边综合智治应用在全省推广。

（三）教师层面

第一，基于标准的“平衡式”流动。创新编制管理机制，实施教师“结构性动态调整”，制定义务教育班师比标准，着力破解由城镇化进程加快后农村学龄人口的减少而导致的部分农村学校师生比失调的困境。自2019年起，将小学1∶2.2、初中1∶3.5的班师比作为可流入教师的上限，并设小学1∶2.5、初中1∶3.7的班师比作为流出教师的下限，缓解了总编控制下校际师资不均衡及结构性缺编问题，实现学科岗位的专业平衡。

第二，效益导向的“组团式”支教。建立中小学校长、教师定期轮岗交流制度，按照在一所学校连续任教满12年教师总数的10%的比例组织教师开展轮岗交流，积极倡导名优校长、教师到农村薄弱学校任教，同时通过“定量分配”组织一批农村学校教师到城镇学校交流学习，实现教师资源全域流转。近五年来，共有226名教师、校长从城镇学校轮岗交流或组织调动至农村学校，占流动人数的24.5%。

第三，质量为上的“引育式”培优。分层分类开展梯度培养，建好高学历教师、青年教师、名优教师、后备干部4支队伍。引入华东师大8名博士生导师组建导师团。创建18个中小学校“一流学科团队”，创新推出副教研员制度，实施“卓越领航”教师培育计划，选拔建立中小学卓越师资培养库，制定“名师孵化机制”，不断扩展农村学校各级各类名师、学科带头人的团队规模。

（四）学生层面

第一，公平减负就学。全面实行零择校、零择班、零择座、零指定“四零”承诺，深化均衡编班管理，坚持平行分班，各小学在编班时，由电脑进行随机分班；初中学校以小学毕业学业考试成绩为依据，对新生进行“蛇形”分班，确保每个班级之间平均分不超过2分。落实“双减”工作，实行作业分层布置统筹管理，沈荡中学《“三强三保”扎实推进“课后服务”》入选全省首批双减案例。

第二，特殊群体关怀。推行新居民子女积分制入学，优化新居民学校布局，实现随迁新居民子女同城同教。建成标准化特殊教育学校，完善送教上门和"医教结合"的政策，建立健全特殊教育学校、随班就读和送教上门三位一体的残疾儿童少年义务教育保障体系。建立留守儿童档案，开展"代理家长""党员妈妈""爱心妈妈"等帮扶活动，确保留守儿童健康成长。

第三，素质教育先行。率先开展初中综合素质评价改革，围绕品德表现、运动健康、艺术素养等四个维度制订评价细则，评价结果以最高20分计入中考成绩。持续推进义务教育课改深化，打造学校特色课程"一校一品"，全面构建文教融合、体教融合、卫教融合等综合教育体系。

二、示范看点

海盐县域义务教育优质均衡走在了前列，2019年，全国县域义务教育优质均衡发展督导评估认定启动现场会在海盐举行，教育部部长陈宝生与会并在讲话中明确指出，海盐为义务教育优质均衡发展提供了一种"范式"和"标本"。具体来说，海盐以县情为基础建强顶层设计，以公平为导向优化资源配置，以改革为手段促进均衡协调，以优质为目标夯实教育基础，让海盐义务教育成为百姓眼中看得见、手中摸得着的幸福。

（一）顶层设计更具前瞻性和落地性

"县域义务教育校际差异系数"是《浙江高质量发展建设共同富裕示范区实施方案（2021—2025年）》中关于"率先基本实现人的全生命周期公共服务优质共享"的重要指标。海盐立足县情、统筹研判，分2013—2016年、2016—2030年两个阶段有序完善县域义务教育基础设施、合理优化各类资源配置，全县义务教育学校100%达到省义务教育标准化学校要求，校际七项差异系数逐年缩小。海盐经验在全国统筹县域内城乡义务教育一体化改革发展现场推进会等重要会议上作交流。

（二）义务教育更具透明性和公平性

城乡孩子同标教育、一体成长是教育公平的重要表现。海盐聚焦学生群体，从面上着手，推动城区和镇区公办小学、初中就近划片入学比例实现100%；在点上发力，2020年义务教育段残疾儿童入学率100%，符合条件随迁新居民子女公办学校学位保障率100%，确保教育起点公平。聚焦教师群体，2021年义务段农村学校师资水平与城镇学校持平，生师比、一级教师以上比例、骨干教师占比等指标已优于城镇学校，助力教育过程公平。

（三）城乡教育更具均衡性和协同性

海盐2014年启动教师城乡交流，建立健全学校干部统一调配、教师“结构性动态调整”等机制，卓有成效地推动了县域优质师资的流动和共享，千余名教师参与交流，占义务教育教师总数的35%以上。建立因校而异的综合发展评价机制，既要求学校发展达到基础要求，又充分尊重鼓励学校个性化、特色化发展，力戒“千校一面”，一些传统意义上的薄弱学校有了“够得着”的进步通道，如海盐沈荡中学发展性评价从“B等偏后、B等靠前、A等、全县第一”逐年稳步晋升，相应资源也得到倾斜。

（四）教育改革更具综合性和发展性

义务教育优质均衡发展更加注重综合素质教育。海盐深化教改，积极促进育人模式变革，形成城西小学“腰鼓特色课程”、三毛小学“三毛漫画特色课程”等省市精品课程25项，其中澉浦小学科技创新项目、滨海中学自行车队等获得国家级、省级以上荣誉。全面培养学生综合素质，全县现有国家级校园足球特色学校7所，沈荡中学等3所学校被认定为省中小学劳动实践教育项目试点学校，每年举办科技创新大赛、“万名学生进社区（村）”

实践活动等,确保学生学得好、学得优。

三、启示前瞻

推动义务教育优质均衡发展,要坚持系统观念,围绕“一理念、两资源、三主体、四机制”统筹发力,逐步实现从“有书读”到“读好书”的跨越。

(一) 推动义务教育优质均衡发展要秉持共享理念

办好每一所学校、教好每一个孩子,是义务教育改革和发展的基本要求,也是建设美好社会的重要追求。推进义务教育优质均衡,首要的是贯彻共享理念,充分考虑教育公共资源是否公平配置,学生是否平等地享有入学的机会及教育服务,学生群体、学校和教师是否均等地享有政策条件,学校的布局结构是否更能满足弱势方的需求等,做到理念共享、资源共享、方法共享、成果共享。海盐正是贯彻共享理念,从学校、教师、学生、家庭、社会等多主体考虑,从培优扶弱、校际流通、基建连通、鼓励特色、综合考评多方面推动义务教育优质均衡发展。同时,要充分理解优质均衡的内涵。优质均衡是义务教育向更高质量、更广范围、更高层次的发展目标,区域、城乡、校际、群体的教育质量差距大幅度缩小,而不是简单的平均化,也不是绝对的优质化,必须承认区域、城乡、学校之间存在的差异和差距,按照“底线标准+特色发展”的理念重新定义均衡样态。推动义务教育优质均衡发展,更要整体思维、协同推进,不能“劫富济贫”。

(二) 推动义务教育优质均衡发展要统筹两大资源

在统筹考虑整体公共利益基础上,进行相对公平与均衡化的公共教育资源分配和供给,奠定了义务教育向优质均衡转变的基石。海盐坚持“四个优先”,将资源向教育事业倾斜,重点抓好资金和师资两大资源。充足的资金保障是义务教育优质均衡的加速器,有利于完善教学基础设施,优化教学条件,保障学生特殊需求。在资金保障中,尤其要重视信息基础设施的投入,学校基建的互联互通、线上教学的实现,也是推动教育资源共享的重要载体。优秀的师资力量是义务教育优质均衡发展的永动轮,要深化教师队伍政策改革,推动教师科学配置,进一步打破区域壁垒和行政壁垒,充分发挥优质教育资源的示范、辐射和带动作用,有效保证学生受义务教育的公平、均衡、优质。在资源保障时,要注重增量和补差相结合,也要注重标准化、规范化、合理化,统一制定基础设施建设标准、教育经费保障标准、教育装备配置标准、教师配置保障标准、帮困助学标准体系等,并动态调整,保障公平性。

(三)推动义务教育优质均衡发展要聚焦三大主体

义务教育涉及政府、学校、学生三大主体。一是压实政府总责任。政府作为公共产品与服务的提供者,同时肩负着促进义务教育均衡发展的政治责任、财政责任和行政责任,要运用行政力量调解好区域间、城乡间和学校间的利益关系,均衡配置义务教育资源,实现义务教育整体效益的最大化。海盐在缩小义务教育差距的初期,政府扮演了重要角色。二是发挥学校能动性。除了政府外力驱动外,学校在义务教育中的主人翁精神十分重要,要从被动的校际合作、人才流动向主动的协同发展、特色发展、综合提升转变。作为教育的内生力量,还要以内涵发展为核心,以创新素养为突破口,以综合改革为动力,培养学生的关键能力。三是保护学生权益。学生是义务教育的接受者,要充分维护学生正当权益,保证受教育的公平权,同时落实“双减”政策,让学生减负,培养学生综合素质。

（四）推动义务教育优质均衡发展要健全四大机制

海盐在推动义务教育优质均衡发展中，着力建立“统—改—协—评”四大机制。一是健全统筹机制，确保部署整体化。县级层面要以县为主，全方位统筹义务教育发展规划、资源、管理、改革、服务等，将有限资源效益最大化。之后逐步上升到市级层面，强化市级的统筹推进与组织管理作用。二是健全改革机制，确保发展现代化。围绕高质量教育体系，以教育评价改革为牵引，统筹推进育人方式、办学模式、管理体制、保障机制改革。三是健全协作机制。除了立足于本土校际合作外，还可以与沪杭等优质教育资源集中的邻近地区形成教育联盟。四是健全评估机制。合理的评估机制有利于引导学校正确发展，避免形式主义、官僚主义、怠政懒政。对标国家、省级教育督导评价标准，结合本地实际，制定一套“动员学校良性竞争、鼓励教师争先创优”的发展性评价机制。提高评价过程科学性，从多主体、多渠道获得反馈意见，推动评价更真实，倒逼义务教育优质均衡发展。

（许文婷）

推进“互联网＋医保”建设
打造“全民安心医保城市”

全民医保是推动健康浙江战略的重要内容，是浙江高质量发展建设共同富裕示范区过程中实现人的全生命周期公共服务优质共享的必然要求。金华坚持以人民健康为中心，紧扣共同富裕目标，聚焦高质量医保体系建设，强化数字赋能，积极探索医保治理体系和治理能力现代化，率先提出打造“全民安心医保城市”，让人民群众“无病安心、有病宽心”，给人民群众带来更多的幸福感、体验感、安全感、获得感和满足感。从办好人民群众看病就医的民生实事、关键小事入手，大力推进“互联网＋医保”建设，为人民群众提供更便利、更安全的数字化、智能化服务，金华医保多项做法已经想在前、做在前、走在前，形成了具有金华辨识度、在全省体现示范引领效应、在全国有较大影响的“金”字招牌，为建设共同富裕美好社会形态提供了有益借鉴。

要实现共同富裕，全民健康是重要基础。从2009年新医改拉开大幕以来，金华医保从以治病为中心到以健康为中心打造“全民安心医保城市”，进行了一系列的改革探索，以更大的力度、更实的举措破解人民群众看病难、看病贵问题。在“十三五”期间，金华医保先后获批6项国家级、省级试点，基本医疗保险参保人数突破510万，户籍人口参保率达99.97%，居全省第一，住院综合报销水平达85%以上。2020年，金华大病医疗自费费用超5

万元的仅44人，占全省（2662人）的0.15%，占当地参保人数的比例为全省最低。迈入“十四五”，金华医保结合“扛旗争先、崛起浙中”工作要求，突出数字赋能整体智治，高质量打造“全民安心医保城市”，让人民群众真切感受到共同富裕美好社会形态看得见、摸得着、真实可感，对金华医保实现治理体系和治理能力现代化提出了新要求。然而，金华医保还存在着一些结构性的问题和短板，主要表现在多层次医保体系内各制度衔接不够顺畅、医保制度碎片化问题依然存在、医保服务能力还存在差距、医保治理现代化水平还有待提高等，这都迫切需要金华医保加快实现现代化转型升级。

一、主要做法

（一）数字赋能医保综合管理平台，打造“全民安心医保城市”品牌

金华医保通过全面整合医保结算、“DRGs”支付、“DRGs”大数据监管、药店“云监控”、人脸识别、智能审核、智能分析等八大业务系统，建成“全民安心医保城市”综合管理平台，实现从实时结算、全民参保、基金收支、高效服务、智慧监管、支付改革、药价监测七个维度跨部门归集数据展开分析，真正实现了一屏统揽、一网通管、一键智控。借助综合管理平台，金华医保形成“基层首诊、双向转诊、急慢分治、上下联动”的分级诊疗就医制度，强化基本医保、大病保险、医疗救助、商业健康保险及公益慈善等制度协同，织密医疗保障网，让“全民安心医保城市”真正成为金华的金名片。

（二）数字赋能医保筹资运行机制，打造全国“四位一体”全民医保先行区

金华医保建立市级统筹云平台，利用大数据和信息化系统，精准掌握全市参保、结算、基金收支及医疗机构的动态运行数据，合理划分市、县两级管理职责。在云平台上，金华医保按照“收支两条线”管理办法，统一基金征缴和拨付流程，实现筹资管理的精准高效。借助云平台，金华医保还统一全市编制职工医保基金、城乡居民医保基金的收支预算，完善基金预算编制多部门联合审核机制，形成数字化基金预算运行绩效管理机制，逐步建立起可考核、易评价的医保基金运行绩效管理体系，切实提高医保基金运行绩效。

（三）数字赋能医保支付方式改革，打造全国医保支付方式改革先行地

在国家深化基本医疗保险支付方式改革的背景下，金华医保以建立管用高效的医保付费机制为目标，突出数字赋能，在全国先行先试推进多元复合支付方式改革。金华医保全国首创门诊“APG(门诊病例分组)点数法”付费改革，持续完善门诊“APGs”分组方案，按照同病同效同价的原则，完善差异系数、中医药支付政策，激发医疗机构的内生动力，满足人民群众多层次健康需求。对标“421”工作目标，金华医保按照国家标准做好国家“DRG(病组点数法)”医保信息采集和培训评估工作，通过对住院医保基金进行总额预算管理，以点数来体现病组、床日、项目等医疗服务价值，在全域推行“DRG”付费改革，切实提高医保基金使用绩效。同时，金华医保还在全市范围内摸清急性后期康复医疗服务需求和供给的现状，制定医疗跟踪服务分类、准入评估、支付标准、监督管理等系统性的付费办法，力争纳入全

国试点。

（四）数字赋能医保基金监管机制，打造全国医保智能监控示范点

利用“互联网＋网格化”管理，金华医保推进信息互联互通、共享共治，完善医保基金综合监管制度，建立健全多部门、跨单位间协同监管的工作机制，严厉打击欺诈骗保行为，切实保障医保基金安全。以建设医保智能监控国家示范点为抓手，金华医保还积极进行基金监管方式创新，完善五大智控监控平台，建立“城市大脑”医保驾驶舱，成立市县两级联动指挥中心，形成“互联互通、信息共享、互相印证、智能一体”的医保智能监控体系，实现医疗机构监管、药品追溯码监管、两定机构人脸识别监管三个100%，全面提升金华医保治理能力现代化水平，助力金华全国医保智能监控示范点建设。

（五）数字赋能“三医联动”改革，打造全省“三医联动”改革系统集成示范区

以数字化转型提升医保管理服务能力为契机，金华医保建立健全医保药品、诊疗项目评价机制和评价指标体系，提升医疗医药供给的服务质量。理顺医疗服务比价关系，完善医疗服务价格形成机制，推进全市医疗服务综合改革，推动医疗机构内部分配机制与医疗技术服务收入、绩效考核结果挂钩，与药品医用耗材和检查检验收入脱钩，让医生能够专心为人民群众看病。结合“省级统筹、省市联动、市级联合”的药械采购新模式，金华医保积极探索药品耗材集中采购新机制，完善药品医用耗材供应保障、医保支付标准与集中采购价格协同机制，加强对药品医用耗材交易价格的监测，形成良好的医药供给服务秩序，让人民群众看得起病、吃得起药，助

力金华打造全省“三医联动”改革系统集成示范区。

（六）数字赋能医保服务品质提升，打造全省医保办事最便捷城市

金华医保加快建设智慧医保大数据智能分析系统，搭建稳定可靠、安全高效的医保专网，建设互认、兼容、共享、集约、高效的医保信息管理服务平台，打造省市联动医保行业专属云，形成全渠道、全业务、智能化的医保数字服务体系。加快提升“互联网＋医保”线下窗口服务和线上大厅服务质量，力争服务事项“简化办”“掌上办”“聚合办”“就近办”。推动全国跨省门诊异地联网结算，全面推广医保电子凭证应用和“网订店送”新模式，打造全省医保办事最便捷城市，真正做到医保为民、利民、便民。

二、示范看点

（一）医保制度体系更加完善，带给人民群众更多幸福感

在推行数字化改革过程中，金华建立起以“分档统筹法”全民医保制度为主体、“选缴保费法”大病保险为延伸、医疗救助为托底，商业健康保险与慈善捐赠、医疗互助共同发展的多层次医保制度体系，医保能力显著增强，让人民群众享受到更加优化的全生命周期医疗服务。人民群众享受到看病就医服务全市“无异地”、同档次待遇“无差别”、全市“一站式”即时刷卡结算，看病住院报销高达85%—90%，有效化解“因病致贫、因病返贫”难题，切实提高了人民群众看病就医的幸福指数。

（二）医保支付方式更加精细，带给人民群众更多体验感

在2019年获批按“DRG”付费国家试点后，金华医保以“提质量”为目标，确立“DRG”付费动态调整机制，并引入“ECC”技术完善“DRG”分组动态调整机制，实现病组从原来的634组增至1106组，全市均次住院费用比2018年下降43.23元。2020年，金华医保又在全国率先开展门诊按人头包干结合“APG点数法”付费改革，与住院“DRG点数法”付费形成闭环管理，使医保支付方式更加精细，大大减少了过度治疗现象，给人民群众看病就医费用支付带来了更为丰富的体验感。

（三）医保基金监管更加有力，带给人民群众更多安全感

自2019年以来，金华医保已建成“DRGs”大数据监管平台、智慧医保大数据分析平台、“5＋4”医保智能审核平台、“药品追溯码”监管平台和人脸生物技术识别平台五大监管平台，全方位锁定677家定点医疗机构、975家定点零售药店和509名万参保人，初步形成了全方位、全覆盖、全过程的无缝隙医保智能监管体系，构建了全领域、全流程、全环节、无死角的医保基金安全防控网。在医保基金安全防控网的支撑下，金华2020年全市共计追回医保基金9624万元，有效维护了医保基金安全，给人民群众生命财产带来更为安全的保障。

（四）医保经办服务更加便捷，带给人民群众更多获得感

金华医保积极打通信息平台，推动经办服务全域共享，并在“浙里办”医疗保障专区新增“亲情代办”模块，解决“一老一小”看病就医难题。全市261家定点医疗机构纳入长三角都市区直接刷卡结算范围，实现长三角地区异地就医门诊费用直接结算，34个规定病种门诊省内直接刷卡结算，给

3万多名异地安置退休人员带来便利，真正实现了人民群众医保经办“零次跑”。如今，从新生儿“出生一件事”、到职工“退休一件事”、再到逝者“身后一件事”，全市人民群众在全生命周期都能享受到便捷的医保经办服务。

（五）医保服务价格更加合理，带给人民群众更多满足感

金华医保利用“全民安心医保城市”综合管理平台，稳步推进医疗服务价格改革，合理调整体现医务人员劳务价值、高难度手术项目的医疗服务价格，总弥补率为98%，实现了市区医疗服务价格的统一。借助综合管理平台，金华医保深化药品医用耗材采购改革，实现“一网通管”，在全省率先开展未过评药品带量采购，分两批对涉及人民群众常用的299个药品向社会公开带量采购。113个中选药品平均降幅25.7%，单个药品最高降幅73.6%，仅第一批药品带量采购就为患者减轻药品负担高达1.14亿元。

三、启示前瞻

“全民安心医保城市”走在全省前列，离不开金华医保加强党的全面领导，坚持党在医保事业发展中的领导核心地位，不断健全医保系统责任落实机制。督促各级医保部门、定点医疗机构切实加强基层党组织建设，充分发挥党组织战斗堡垒作用和党员先锋模范作用。完善公立定点医疗机构领导班子和领导人员特别是主要负责人的监督约束机制，加强对其履行政治责任、基金监管责任的监督考核与执纪问责，筑牢监管底线，为打造“全民安心医保城市”保驾护航。

让人民群众“无病安心、有病宽心”，离不开金华医保紧扣“以人民健康为中心”目标定位，强化数字赋能整体智治。一方面，加强顶层设计，完善平台建设，织密织牢“医疗保障网”。聚焦百姓看病就医民生实事、关键小

事，进行系统谋划，大力建设“全民安心医保城市”综合管理平台，加快实现老百姓小病不出门、出门不垫资、住院不被赶、健康有人管。另一方面，强化数字赋能，创新业务应用，守好用好“救命钱袋子”。制定实施全市统一的经办制度，全面推进“网上申请、线下寄送”“首地办结制”，实现窗口医保服务事项高质量“全市通办”，医保经办事项全部实现“网上办”“掌上办”。

数字赋能公共服务更加优质共享，离不开金华医保大力推进部门协同联动创新，健全为民办实事长效机制。建立全市各级医保部门协作联动机制，深化“三医联动”“六医统筹”。加强与发展改革、人力社保、财政、卫生健康、民政、税务、市场监管、药监、公安、审计等部门的沟通协调，破除部门“信息孤岛”，加强信息互通共享。建立监督管理协作联动制度，健全为民办实事长效工作机制，实现公共服务更加优质均衡。

让全市人民群众真切感受到共同富裕美好的社会形态，离不开金华加大医保事业资金投入，壮大医疗卫生人才队伍。加大全市医保资金财政支持力度，健全医保资金分配使用管理和项目建设规范机制，提高资金利用的信息化管理水平，加强资金监管和绩效评价。加强医保人才队伍建设，强化医保数字化业务专项培训，提高医保业务人员工作能力和管理水平。充实基层医疗部门医护人员力量，提升基层医疗经办能力，确保全市各项医保工作制度“横向到边、纵向到底、责任到人”。

（沈冰鹤）

打造整合型医疗卫生服务体系
推进医疗资源优质共享

基层医疗卫生服务是人民健康的守护者。基层医疗卫生服务承载着人民对更好的医疗服务水平、更体面的健康服务体验、更积极的健康生活方式的期许。2021年7月,《浙江高质量发展建设共同富裕示范区实施方案(2021—2025年)》公开发布,在公共服务优质共享方面,提出了“优质医疗资源供给更加充分、布局更加均衡,县域就诊率90%以上”的目标,提出了“健全为民办实事长效机制,推进公共服务优质共享先行示范”的新要求。县域医共体建设正是基于供给更加充分、布局更加均衡、医疗资源优质共享更加有效的目标逐步推进的。

针对基层群众“看病难、看病贵”,城市医院拥挤不堪的现实问题,浙江省自2012年起,在全省范围内实施了“医疗人才下沉、城市医院下沉,提升县域医疗卫生服务能力、提升群众就医满意度”的“双下沉、双提升”工程;2017年浙江省开启县域医共体建设试点工作;2018年,以医共体为主要模式的整合型医疗卫生服务体系在全省铺开。经过体制重构、机制重塑、制度重建,医共体建设已经实现了县域医疗资源整合、县乡村医疗服务融合、县域医疗服务体系聚合的效应。对照共同富裕示范区建设,“深化县域医共体和城市医联体建设”既是推进公共服务优质共享先行示范的重要内容,也是实现优质医疗卫生服务共享的重要路径,更是展示群众获得感的重要窗口。衢州市衢江区地处浙江省西部、钱塘江上游,区域总面积1748平方千米,下辖10个镇、8个乡、2个街道,共271个行政村,总人口37万,南北跨度130多千米。衢江区属浙江省山区26县之一,城乡医疗卫生服务水平与省内先进地区有一定差距。衢江区医共体建设的探索对推进医疗卫生服务优质共享具有典型的示范效应。

一、主要做法

自2018年以来,衢江区以医共体建设为契机,在资源整合、机制融合、保障聚合等方面积极推进县域医疗卫生服务体系的构建,形成了建立中心、建强机制、建好平台的基层医疗卫生服务格局。

(一)以区域分中心建设为重点重构县域医疗卫生格局

衢江区辖区南北130多千米,车程近4小时。辖区内共有21家医疗机构,各医疗机构之间资源不均、能力不一、服务水平参差不齐。在县域医共体改革的推动下,衢江区以区域中心建设为抓手,整体提升辖区内医疗卫生服务质量。一是建立乡镇医疗机构分中心。在离城区30分钟左右车程的南北两地各建立了两个乡镇医疗机构区域分中心。通过做强四个乡镇区域分中心,实现医疗资源的集约化使用、医疗机构集中化建设的局面。二是建设保障分中心。衢江区整合全区设备资源,建立临检、影像、心电、病理、消毒供应五大共享中心,实现基层检查、区级诊断、区内互认。三是拓展"院前急救+院内收治"网络中心。衢江区将医共体总院院前急救网络向基层延伸覆盖,区域卒中、胸痛、创伤三大中心建设得到有效发展。边远山区的医疗急救时间从原来的1个多小时缩短为20分钟左右,极大提高了急救效率,有力保障了群众生命安全。

（二）以编组共建为枢纽重塑县域医疗卫生服务机制

为激活医共体机构与人员的活力，积极探索医共体组建机制、运行机制与考评机制。一是探索建立“编组共建、分级联动”机制，实现机构活。按照“编组共建、分级联动”的思路，以四大乡镇医疗机构建设为中心，按照编组共建的模式，搭建了“总院—编组—分院”的架构，达到了以大带小、以强带弱的效果。二是探索建立双向交流机制，实现了人员活。医共体间领导班子建设方面，探索“交叉任职”模式，通过总院与总院、分院与分院、总院与分院领导班子交流使用，促进一家人理念形成。医疗队伍建设层面，通过统岗并岗、腾岗减岗、因岗定人，打破编制，变单位人为系统人。三是探索建立分类绩效考评机制，实现评价活。全区21家医共体分院院长“全体起立、重新找位”，面向全省公开选聘，7家分院院长实行年薪制，14家分院实行奖励制。总院下沉人员，实行科室挂联分院机制，下沉坐班并参与分院管理，分院的业务量和传帮带工作，被纳入总院科室主任的考核。分院医卫人员，绩效与分院院长挂钩。特定人员和艰苦岗位，实行定向激励，对偏远分院职工发放岗位补贴。通过分层分类考评形成医共体人员“一条心”。

（三）以智慧健康建设为手段重建县域医疗卫生服务平台

积极推动智慧健康建设，“线上＋线下”同步优化县域医疗卫生服务平台。一是打造衢江区智慧健康服务平台。衢江全域通过互联互通国家四甲认证，实现医疗医院管理信息系统、电子健康档案、传染病报告、家庭医生签约服务、公卫妇幼等信息互通共享，减轻医务人员工作负担。二是拓展医疗服务智能化运用场景。推出健康证数据共享、就医刷脸支付、电子健康卡全程就医、云胶片服务、上门问诊实时医保结算、“医后付”等服务，检验检查结果100%共享,居民电子健康档案开放率64.25%。三是探索智慧化监管。3家区级医院和21家分院医院管理信息系统、电子病历全面上线,两家医共体物资管理系统上线,医保电子凭证结算全区推广应用,通过贯通医疗医保医药等相关信息系统,建立实时、动态、连续、综合的监管服务平台,实现对服务数量、业务收入、医疗质量、病种结构、药品耗材使用和医疗费用等的常态监管和动态分析,做到监管全过程可控、成效可查、责任可追,为政府和行业主管部门提供决策依据。

二、示范看点

“共同富裕是实现人的全面发展和社会全面进步的一场深刻社会变革,是中国特色社会主义制度优越性的集中体现,是对西方现代化和福利社会的一种超越。”医共体建设鲜明地展示了“共”的理念、“同”的路径和“体”的感知。

(一)“共”的理念提升了县域医疗卫生机构的聚合力

医共体建设有力地推动了区域内医疗卫生服务机构的建设,有效地盘活了区域内的医疗卫生服务人力资源,有力地推动了基层医防融合,极大地提升了基层医疗卫生服务机构的聚合力。一是改善了区域医疗卫生服务基础。医共体建设期间,衢江区对医共体总院衢州市第二人民医院二期、区妇保院迁建、杜泽分院住院楼建设、高家分院迁建以及12家分院整体改造提升,21家分院中医馆建设全覆盖。二是盘活医疗卫生服务人力资源。衢江区按照“按需设岗、按岗聘用、人岗相适”要求,根据医共体分院服务人口和功能定位,核定专业技术岗位数量、职称配备、管理岗位职数,统筹调配全区域医疗卫生服务人员。通过统岗并岗、腾岗减岗、因岗定人,打破编制，变单位人为系统人。新冠肺炎疫情期间，医共体内统一排班、调度，达到医务人员统筹最大化。三年来，医共体总院专家到分院排班4000余人次，诊疗2万余人次。三是提升了医疗质量。对医共体总院而言，医共体总院承担着编组内分院的业务指导、规范化和标准化建设、后勤保障等职责，这就促使医共体总院必须形成完整的管理体系与制度。对医共体分院而言，在管理质量标准、业务培训、医院规范化和标准化建设等方面得到了总院专业的指导和帮助。譬如在形象展示方面，衢江区二院共同体统一了医院标识、服装、器械、药品管理等，有效地提高了区域内医疗机构的医疗质量。

（二）“同”的路径提升了区域医疗卫生服务体系的融合力

一是形成了县乡村一体的医疗卫生服务体系。医共体建设破除了区域内医疗机构既往资源分散、重复投入、无序竞争的问题。区域内医疗卫生服务机构逐渐形成“一家人”“一本账”“一条心”的格局。二是推动了区域内医疗卫生服务的同质化发展。衢江区在“编组共建、分级联动”思路的推动下，形成“总院—编组—分院”的架构。总院和分院实行专家统一排班，推动优质医疗资源下沉。同时，也促进了区域内医疗卫生服务的同质化发展。三是促进了医防融合。在浙江省“四统四分，三挂一突”基本公共卫生服务项目下，衢江积极推动公共卫生与临床医疗人员、资源、信息、服务高效协同、无缝衔接，促进医防融合。将总院专家编入家庭医生团队中，低收入农户全部纳入家庭医生签约重点人群动态管理，并实行高血压、糖尿病免费用药，医保报销外费用实行财政兜底政策，已服务糖尿病患者169人次、高血压患者906人次，累计财政补助11830元，有效减少就医支出，提高患者服药依从性和规范性。

（三）“体”的感知提升了群众的获得感

医共体建设以来，基层医疗卫生服务的基础变好了，设备更新了，群众的就医体验感得到了明显改善，分级诊疗制度也得到了落实。一是方便了群众就近就医。乡镇医疗卫生机构的院舍得到了极大的改善，医疗设备的配置与更新也得到了改善。衢江区21家医共体分院中，13家能开展门诊手术，11家能提供住院服务，所有分院都开设夜间门诊急诊和提供慢性病长处方。二是改善了群众的就医体验感。医共体建设以来，衢江区区域内的医疗机构不仅在硬件上得到了改善，在软件上也得到了全方位的提升。特别是2019年衢江区智慧健康服务平台通过国家医疗健康信息互联互通四级甲等认证，2020年医共体总院通过国家互联互通四甲和电子病历四级认证，可在全市范围内实现刷脸付、医后付、云胶片等七项便民服务，手机可直接预约挂号、查询结果、扫码支付，群众就医更加便捷，就医体验感明显改善。三是推动了分级诊疗制度的落实。衢江区通过医共体建设，实现了资源、技术、人员的优势互补，构建“基层首诊、双向转诊、急慢分治、上下联动”的分级诊疗体系。通过医联体建强医共体总院，通过科联体建强区域内乡镇分医院。医共体实施以来，基层就诊率提高到66%，区域内就诊率已达到91.04%。

三、启示前瞻

浙江省县域医共体建设从试点到全面推开，已经探索了五年的时间，在推动县域医疗卫生资源整合、医疗服务能力聚合、群众医疗卫生服务获得感等方面取得了实质性的进展。但是，继续深化医共体建设，走向优质、高效、整合的目标还需要走很长的路。

（一）深化整合型医疗卫生服务体系建设的内涵

在改革试点阶段，党政“一把手”的重视是推动整合型医疗卫生服务体系建设的重要动力。在架构改革完成之后，如何确保常规运行高效有力，需要不断深化内涵建设。一是深刻理解“优质高效整合型医疗卫生服务体系”的内涵。“优质”意味着高水平的医疗服务技术水平和人性化程度，使群众既看得上病、看得好病，还能更方便地看病、更舒心地看病。“高效”即资源配置效率与管理运行效率同步提高。因此，在需求侧更加注重人民全生命周期的健康需要，在供给侧更加注重以预防为主。二是深刻认识服务体系构建治理性变革。整合型医疗卫生服务体系的构建必然会引起政府、卫健部门、医共体、社会、人民各主体的关系重塑。政府侧重于整体规划与顶层设计、卫健部门加强指导与监督、医共体治理效能逐步提升、社会积极参与、人民享有更好的医疗卫生健康服务。三是正确认识体系构建的制度性与长期性。医疗卫生服务体系的构建需要财政、医保、人力资源等政策的配套，需要政府多个职能部门的协同，这就需要对试点或先行地区进行经验的总结，在制度层面进行固化推广。此外，人民在长期的生活过程中形成了特定的诊疗方式和就医习惯，譬如对权威医院或者医生的信赖。需要在社会舆论、公众平台等积极引导人民群众尝试接受新的诊疗方式，改变唯大医院、唯专家的就医思维。

（二）完善基于整体性治理的运行机制

医疗卫生服务体系的构建是整体性工程，需要从整体上完善其运行机制。一是建立医疗卫生服务体系建设服务于地方发展的机制。医疗卫生服务体系建设与地方经济社会发展息息相关，需要建立起系统性、结构性的与地方发展相适应的发展机制。特别是对于山区26县而言，需要充分认识到《浙江省山区26县跨越式高质量发展实施方案(2021—2025年)》对区域发展、城乡发展的巨大推动作用。综合利用好省委对山区26县跨越式发展的政策红利,综合性一体化同步推进卫生健康领域的改革。二是畅通卫生健康领域协同发展机制。医疗机构、疾控部门、社会保障、人力资源等方面形成了一个巨大的卫生健康网络,特别是近年来对重大疫情防控救治能力和突发公共事件应对水平提升越来越迫切,需要政府重新理顺卫生健康领域各部门的职能与职责,建立高效协同的运行机制。三是优化医共体运行机制。医共体总院要从单纯医疗服务转向治理效能提升。做深做实"一家人""一本账""一盘棋"改革,构建统筹、协调、高效的运行机制,实现集团化管理、一体化运作、连续式服务。一方面要加强总院管理能力建设,提升管理队伍专业化水平;另一方面要充分发挥总院龙头作用,提升分院的管理能力、服务水平。

(三)提升医疗卫生服务体系建设的保障能力

基层医疗卫生服务体系建设具有长期性、公益性的特点,需要政府在政策配套、人力资源保障与制度供给等方面给予持续支持。一是政策配套保障。整合型医疗卫生服务体系建设是系统性、整体性的工程。要瞄准《"十四五"优质高效医疗卫生服务体系建设实施方案》关于"重点支持公共卫生防控救治能力提升工程、公立医院高质量发展工程、重点人群健康服务补短板工程、促进中医药传承创新工程"的"四大工程",有重点地进行政策配套扶持。二是加强人力资源保障。一方面,基层医务人员流失问题仍然没有得到根本性的解决,需要持续加大对基层医务人员的薪酬、绩效、补助等激励,引导系统内的医务人员扎根基层、服务基层。另一方面,当前对基层医疗卫生服务体系建设的专业性、研究性的人员比较紧缺,在加大引进培育医务人员的同时,需要高度重视对基层卫生健康事业发展研究人员的培养与引进。三是强化制度保障。公共卫生服务、重大疫情防控救治与突发公共事件应对是涉及全社会层面工作,需要基层积极探索,总结经验,形成制度,逐渐形成健康有序的基层医疗卫生服务文化。

（张冬洁）

第五篇

打造精神文明高地

《浙江高质量发展建设共同富裕示范区实施方案(2021—2025年)》提出:"打造新时代文化高地,推进社会主义先进文化发展先行示范。"如何加快推进全域文明创建,打造精神文明高地?省委书记袁家军在中共浙江省委十四届九次全会的讲话中指出,"精神文明是社会进步的显著标志,是示范区建设成效的重要衡量标准。要坚持物质文明和精神文明相协调,加强社会主义核心价值观引领,深入实施新时代文化浙江工程,不断提升全社会文明素质。一要守好红色根脉。以中央批准成立省习近平新时代中国特色社会主义思想研究中心为契机,打造学习宣传实践党的创新理论的重要阵地。二要健全高品质精神文化服务体系。推进公共文化服务现代化试点,深入实施百亿文化设施建设工程,加快建设国家版本馆杭州分馆、之江文化中心等新时代浙江文化地标。三要打造江南特色的文化创新高地。推进文化产业数字化战略,打造具有国际影响力的影视创新中心和数字文化产业集群,扩大高品质文化产品和服务供给,更好满足人民精神文化生活需求。四要构建以文化力量推动社会全面进步新格局。打通文化与经济、政治、社会、生态文明建设深度融合的通道,实施全域文明创建工程"。

本板块选取的案例,就是近年来衢州市、嘉兴市南湖区、绍兴市诸暨市、岱山县、桐庐县、德清县、松阳县、东阳市横店镇等地打造精神文明高地的典型案例。

多元驱动，
打造优质均衡海岛教育新样板

义务教育优质均衡发展是满足人民群众美好生活需要、高质量发展建设共同富裕示范区的应有之义。岱山古称蓬莱仙岛，位于浙江舟山群岛新区中部，由379个岛屿组成，区域总面积5242平方千米，其中陆域面积326.5平方千米，是典型的陆域小县、海洋大县。全县辖6镇1乡，常住人口20.8万，户籍人口17.4万。岱山虽地处东海一隅，是远离大陆的海岛地区，却有着深厚的尊师重教历史底蕴。早在宋朝时期，岱山书院就是当时浙东地区较有影响力的书院之一。改革开放后，小小海岛更是掀起了兴学育人的热潮，逐步形成了学前教育、基础教育、职业教育、成人教育等具有海岛特色的教育体系。1986年，岱山因教育事业发展成绩突出被评为全国基础教育先进县，是当年浙江省入选的仅有的三个县市之一。

进入21世纪，随着城市化建设的不断推进，海岛教育事业也面临着基础教育总体质量出现下滑、城乡教育水平差距扩大、渔农村师资队伍结构与状态不理想等困境与难题，而人民群众对获得公平优质教育的愿望越来越强烈。与此同时，长三角一体化、舟山群岛新区、浙江自贸试验区等国家战略的持续推进，国际一流的舟山绿色石化基地建设投产，宁波舟山港主通道舟岱大桥建成通车，自贸时代、大石化时代、大桥时代的到来也对岱山教育提出了更高要求。

民之所盼，政之所向。多年来，岱山始终坚持回应人民关切，从战略高度重视教育，从系统改革角度发展教育，推动海岛教育优质均衡迈上新台阶，先后被评为全国义务教育发展基本均衡县、浙江省教育基本现代化县，全国义务教育优质均衡发展县通过省级验收。近年来，岱山更注重发挥教育在建设共同富裕示范区海岛样板中的基础性、先导性、全局性作用，锚定高水平打造优质均衡教育这一目标，久久为功，通过政府主导、多元发力，加快补齐海岛教育短板，努力办好人民满意的教育。

一、主要做法

（一）优化资源配置，努力办好家门口的每一所学校

加大海岛教育保障。成立县委教育工作领导小组，全面负责全县教育重大工作的谋划设计、统筹布局与协调落实，实现对全县教育工作的组织保障。同时坚持在经济社会发展规划上优先安排教育、在财政资金投入上优先保障教育，教育经费支出占一般公共预算收入比在2018年为20%，2020年提高到29%。出台《岱山县加强海岛教育三年行动计划（2019—2021年）》，在校生均公用经费定额标准基础上，对离岛实行30%的差别化上浮，加大对离岛地区的投入保障力度。全面优化教育布局，近年来整合各类学校（含幼儿园）20所、新建（迁建）学校24所、改扩建9所。在校园建设上，以标准化学校、美丽校园、现代化校园为目标，全面提高义务教育阶段学校办学条件。

加大教师引进培养力度。教育是基础，人才是根基。一方面，积极引导本地优秀高中毕业生报考师范类委培生，输送到省内重点师范大学进行培养，弥补优质师资不足，提高教师队伍稳定性。另一方面，加大对高校优

秀毕业生、紧缺人才招引力度，聘请省内外名师，引进名师工作室，实施“银龄支援计划”，提升各学科特别是紧缺学科教学实力。

加强与长三角优质教育资源协作。把握区位优势，主动融入长三角教育一体化发展。2021年，岱山县教育局与上海市奉贤区教育局签订战略合作框架协议，两地将围绕政策互鉴共享、“互联网＋教育”共建共享、高端人才协同培养、友好学校结对交流、学生研学互动交流等开展合作，首批已有5所学校与奉贤学校结对。加强与高端民办教育集团合作办学，开办上海世外教育附属高亭初级中学，实现管理体制和办学模式综合创新。之后还将加速推动与上海、杭州和宁波等地的合作办学。

（二）突出数字赋能，以“互联网＋”突破山海阻隔

迭代升级“互联网＋教育”。通过互联网扩大优质教育资源辐射面，将教育资源整合向离岛、小规模学校倾斜。2018年，位于岱山城区的高亭中心小学和离岛地区的长涂中心小学被列为浙江省同步课堂试点学校。2019年，岱山又有3所城区学校与3所离岛学校实行“互联网＋义务教育”结对帮扶，同时各学校逐步完成高品质同步课堂教室建设，将城区优质学校优秀教师的课堂教学同步到乡村小规模小学，实行教学教研双同步，促进教学资源共建共享。

构建海岛未来教育场景。建设县域一体化智慧教育平台，构建岛际教育共同体、学生综合素养评估系统等未来教育场景，推动实现每所学校、每位教师、每名学生精准数字画像。通过打造教学、研讨、师训、巡课、评价五大模块，汇聚优质教学资源，打破时空界限，实现名师、教研员对一线教师线上全天候专业引领，破解离岛教师工学矛盾，有效促进海岛教师成长。

（三）坚持分类帮扶，牢牢守住教育公平底线

“零择校”全覆盖。2011年，岱山在全省率先实施“零择校”，全县义务教育公办学校全部实行按学区就近上学并全面实现“零择班”。为进一步巩固“零择校”成果，岱山于2020年建立义务教育学校招生预警机制，针对区域内学校学位供给情况及时发布新生入学预警信息，引导生源均衡配置，确保入学工作平稳有序。

随迁子女入读公办学校全覆盖。坚持普惠公平，让每一位随迁子女享受同等教育资源，对外来务工人员随迁子女入学对象，坚持“相对就近、免试入学、一视同仁”的原则，采用“农村公办学校托底，城区公办学校兼顾”的办法，保障其接受义务教育的权利。外来务工人员随迁子女入读本地公办学校后，在分班、日常教学、评先评优等方面均与本地学生享受同等待遇。

特殊儿童就读全覆盖。坚持学校教育面向全体，以资源教室建设工作为抓手，大力发展融合教育，通过配备专职教师、开设卫星班等方式，保障县内持证残疾学生接受公平且高质量的教育。同时将特殊教育体系逐步从义务教育阶段延伸到学前教育和高中阶段，进一步助推特殊教育质量提升。

（四）深化改革创新，激发海岛教育内生活力

深化教育人事制度改革。全面实行“县管校聘”，将教师和校长从过去的“学校人”改变为全县义务教育系统的“系统人”，促进师资在海岛的合理流动。打好外岛教师积分调动制、骨干教师校际交流制、绩效分配制度改革等组合拳，健全完善“引得进、沉得下”的离岛师资调配机制。在绩效分配、教育基金奖教专项等方面全部向离岛教师倾斜，离岛学校教师在享受

特岗津贴的同时叠加享受乡镇工作补贴。以衢山岛为例,本岛骨干教师交流到衢山岛学校,年收入可比原先增加4万元左右。

深入推进"双减"工作。实施"学为中心"课堂教学改革,围绕提升教育教学质量、提高作业管理质量、提高课后服务水平、完善家校社协同机制等,强化学校育人主阵地作用。实施"一校一策",充分利用学校的教育资源和特色,推进科普、体育、海岛"非遗"等丰富的课后服务内容。规范校外教育培训,实现校外培训机构非营利性办学全覆盖。

提升教育服务经济社会发展能力。根据全县产业发展趋势,深化产教融合、校企合作,培育高素质技能人才队伍。为对接国家重大战略项目舟山绿色石化基地建设发展,2017年5月,浙江国际海运职业技术学院石油化工学院挂牌成立,学院与浙石化紧密合作,按照"现代学徒制"模式定向培养浙石化所需专业人才,首届毕业生全部获得"化工总控工"职业资格证书并成为浙石化员工。

二、示范看点

九年义务教育学龄人口入学率100%,新居民子弟公办学校入学率100%,义务教育巩固率100%,省义务教育标准化学校达到100%,连续八年义务教育"零择校"……一个个数字背后凝结着的是岱山为推进海岛教育优质均衡发展所做的不懈努力与务实探索。

(一)海岛教育资源布局更趋合理

近十年来,岱山稳步推进三轮义务教育布局调整工作,选优配强师资力量,努力让每个孩子在家门口就能上好学。截至2021年,全县共有小学10所、初中4所(含九年一贯制1所),实现海岛乡镇全覆盖。校际差距明显缩小,2020年,校际差异系数小学为0.295、初中为0.178,均优于0.5的国家标准。城乡教育互帮互助机制进一步完善,2019年,岱山在全省率先实现“互联网+义务教育”结对帮扶全覆盖。目前已建立4对以本岛城区优质义务教育学校为龙头的教学共同体,教共体成员以合作共赢为原则共同开展高效化的教研训活动。学前三年教育全面普及,实现等级幼儿园覆盖面100%。

(二)海岛教育软硬实力明显提升

城乡学校教育装备全面提档升级,目前全县14所义务教育学校均为省标准化学校、市美丽校园、市文明学校。可以说,在岱山,最安全的地方是学校,最美丽的环境是校园。学校信息化建设卓有成效,在舟山市率先实现了教室交互式多媒体、校园无线网络、校园安防监控、中小学录播教室全覆盖,也为做好海岛“互联网+教育”打下了坚实基础。2020年,各结对学校共开展同步课堂245节次、线上网络研修376次,“互联网+”真正实现各学校之间的有效联合,“一块屏幕”让海岛孩子共享优质教育资源。在培育师资力量方面,近五年共委托浙江师范大学等高校定向培养教师75名,岱山2021年新进教师中委培生占比达到74%。有8所义务教育学校与长三角名校结对,引进3个特级教师工作室,有效补足高质量师资短板。

(三)海岛教育公平底色愈加鲜明

2020年秋季,全县共有185名随迁子女到高亭城区学校就读,135名幼儿到高亭城区公办幼儿园或城区普惠性民办幼儿园就读。针对舟山绿色石化基地建设做好配套服务,对浙石化公司员工进行精准服务,累计安排浙石化职工子女就学942名,并根据职工上下班时间,安排“中餐+托管+定制延时”服务,有效解决职工家长后顾之忧。为特殊儿童点亮教育明灯。目前全县共有11所学校建有资源教室，3—14周岁持证学生入学率100%。新建2所幼儿园资源教室。建成2个培智教学点，探索从送教上门到定期接纳送教服务对象进校康复学习的转变。其中，高亭中心小学特殊儿童培智点专职教师张丹因成绩突出，于2020年获浙江省特教园丁奖。

（四）海岛教育发展动力显著增强

通过实施“县管校聘”制度，近五年有65名城镇教师交流到农村或外岛。2021年，全县义务教育学校教师、校长交流人数占比19.4%，其中骨干教师占比38.5%。2021年秋季起，全县14所义务教育学校均已推行课后服务“5＋2”模式，同时增加临时托管、延时托管、短时托管等个性化服务菜单。当前共有6497名学生报名参与课后托管服务，其中小学参与率80.82%，初中参与率54.2%，实现全县义务教育学校、有需要的学生两个100%全覆盖。特色育人更有成效，如秀山小学以气象科普教育作为特色品牌，于2020年被评为全国气象科普教育基地之一。又如长涂中心小学依托开办30多年的“小海军少年军校”，被教育部评为全国“国防特色教育学校”之一。

三、启示前瞻

（一）坚持党的全面领导是做好教育工作的根本保证

习近平总书记强调，加强党对教育事业的全面领导，是办好教育的根本保证。只有坚持党对教育事业的全面领导，才能使教育事业站定社会主义办学方向，坚持以人民为中心的理念，最大限度满足人民群众的受教育需求。县乡作为承担基础教育改革与发展的主体，更要切实做好发展教育事业的“第一责任人”。在岱山,党委、政府发展教育的主体责任不断强化,每年至少召开一次县政府常务会议和县委常委会,专题研究教育改革重大事宜;县委、县政府主要领导积极推动重大教育改革并亲自把关;县四套班子主要领导和相关领导每年都会开展教育调研,深入基层听意见、作指导,确保岱山教育事业发展能够适度超前于经济社会发展。通过建立健全党委统一领导、党政齐抓共管、部门协同落实、社会广泛参与的教育领导体制机制,进一步夯实海岛教育基石,以全县之力托举教育事业发展。

(二)立足海岛实际是破解教育困境的重要着力点

唯有立足地方实际,才能推出破解教育困境的实招、硬招,实现教师专业化发展、学生全面发展、学校特色发展。海岛是岱山县情的最鲜明特征,也是做好海岛教育工作的重要着力点。多年来,岱山始终立足海岛县这一最大实际,靶向定策、精准施策,在教学硬件、软件、师资等关键点上做好文章,全方位提升办学品质。尤其注重补足短板,对处于教育弱势的地区、学校予以适当的政策、资源倾斜,同时利用好地方办学优势和特色资源,提高学生综合素养,增强学校办学竞争力。除了练好内功,更要借好外力。岱山充分把握地处长三角一体化战略布局黄金南翼的区位优势,引入高端优质教育资源,更好地满足海岛人民对于优质教育的迫切需求。

(三)改革创新是提升教育现代化水平的强大引擎

改革创新是时代发展的不竭动力,更是教育发展的时代主题。坚持改革创新,就是要破除制约教育事业发展的各种梗阻,激活教育主体内生动力。岱山坚持问题导向,针对学校、教师、学生不同教育主体,创新管理方式,大胆改革教学,共同形成助推教育发展合力。坚持改革创新,就是要以互联网、大数据、人工智能等现代信息技术引领教育理念和教育模式的创新。早在2013年，岱山就开始谋划并逐年加大对岛内学校信息化建设的投入力度。近年来，岱山更以数字化改革对教育治理进行系统性制度性重塑，加快推进信息技术与教育教学的融合创新，高效构建教育治理新平台、新机制及未来教育新生态。同时在推进教育数字化改革过程中，还要注意尊重学习者的学习规律、教育规律和技术的发展规律，科学推进教育数字化改革。

（四）增强服务地方经济发展能力是完善教育体系的新路径

随着地方产业升级和经济结构调整不断加快，各行各业对技术技能人才的需求越来越紧迫，教育对经济发展的“服务”属性更加凸显。在推进教育优质均衡发展的过程中，要逐步从义务教育向两端延伸，特别是在高等教育、职业教育方面，要构建服务型教育体系，实现教育发展与经济发展的良性互动，促进区域经济与教育事业的共同发展。岱山是一系列国家战略叠加地，在全面承接国家战略的黄金机遇期，岱山教育也以服务地方经济发展为指向进行实践探索，开办浙江国际海运职业技术学院石油化工学院，与浙石化合作，“订单式”培养企业所需人才，正是岱山办好新时代职业教育的有益尝试。今后还要进一步完善职业人才培养模式与校企合作的制度建设，打通职业教育与普通教育之间的通道，为地方经济发展提供更坚实的技能人才支撑。

（王晓）

以新时代文明实践中心为抓手打造“温暖之城”

共同富裕是社会主义的本质要求，是物质和精神高度协调的全面富裕。2021年10月16日，《求是》杂志发表习近平总书记的重要文章《扎实推动共同富裕》。文章明确共同富裕是“全体人民共同富裕，是人民群众物质生活和精神生活都富裕”。浙江省委书记袁家军指出：“精神文明是社会进步的显著标志，是示范区建设成效的重要衡量标准。”新时代文明实践中心作为传播党的创新理论的重要载体，是推进全社会精神文明建设的创新之举。桐庐县作为全国首批50个新时代文明实践中心建设试点县（市、区）之一，坚决扛起“文化文明”大旗，深入实施文明创建工程，扎实推进中心建设工作，提升城乡公共文化服务均等化水平，丰富人民精神文化生活，推动思想进步和社会进步，引领全县共同投身于社会主义精神文明建设，将桐庐打造成为一座有温度的城市，为高质量打造共同富裕示范区县域标杆铸魂赋能。

一、主要做法

杭州市桐庐县位于浙江省西北部，县域总面积1825平方千米，下辖6镇、4乡、4街道，共181个行政村，总人口41.88万，其中乡村人口20.66万，占总人口的49.33%。桐庐县先后被评为全国首批县级文明城市、全国首批法治政府建设示范地区、中国最具幸福感县级城市等。作为全国首批50个试点县(市、区)之一,桐庐县以打造全国一流“信仰中心、服务中心、指挥中心”为目标,始终坚持“智慧治理+文明实践”有机统一,将中心建设作为推进社会治理的重要路径、文明建设的实现方式、群众工作的战略性工程来抓,坚持构建整合化平台、建设常态化队伍、打造品牌化活动、开展精准化服务,让桐庐这座温暖之城更有温度、更聚民心。

(一)坚持党建引领,试点工作落实落地

加强组织领导,明确职责任务。为保障新时代文明实践工作稳步推进,桐庐县将试点工作列入县委“一号工程”,在制订下发试点工作实施方案基础上,配套制定《温暖之城建设行动方案》。建立健全县、乡、村三级联动指挥体系,明确党委“一把手”挂帅负责制。县四套班子领导带头以志愿者身份,深入村社开展理论宣讲、文明劝导等志愿服务活动。实行“夜话文明”“季度督察”等工作机制,推动新时代文明实践工作落实落地。

统筹阵地资源,搭建实践平台。构建“15分钟志愿服务圈”,统筹各类阵地资源,打造文明实践中心、所、站、点四级服务阵地,全县已建成14个乡镇(街道)实践所、203个村(社)实践站。融合智慧治理中心、志愿者之家、妇女儿童活动中心等建成县级新时代文明实践中心。统筹农村文化礼堂、社区文化家园等场所建设新时代文明实践站所,积极打造具有本土特色的实践所和实践站。盘活各类爱国主义教育基地、文体活动场馆等资源作为新时代文明实践点,将阵地建设在可看可学的地方。

(二)健全体制机制,志愿服务常态长效

抓实队伍建设,壮大服务力量。建立党员带头、各方参与的志愿者服

务队。建立党员志愿服务队，发动全县各级党组织全面建立“桐先锋”党员志愿服务队。建立群众身边志愿服务队，发动各村社建立以党员、妇女、老年人、乡贤为主力的“4＋X”志愿服务队，常态化开展卫生环境整治、空巢老人关心关爱等志愿服务活动。建立社会组织服务队，发动企业、社会公益组织等积极参与志愿服务。全县注册志愿者队伍已达1400余支，注册志愿者超过11万人，实现每4个人中就有1个志愿者。

强化数字联动，提供精准服务。建设“志愿桐庐大数据”平台，打造集项目点单、信息发布、阵地预约于一体的“文明实践中心数据驾驶舱”。联合电信公司打造“联心屏·微话亭”，收集广大农村居民通过电话上报的服务需求。将百姓热线967000设定为新时代文明实践热线，后台与“智慧联动”平台打通，县级中心可实时联动加盟企业、志愿服务队派送服务。

健全激励机制，推动志愿服务。制定《桐庐县志愿者嘉许回馈办法（试行）》，志愿者在志愿汇App统一进行注册，将志愿服务时长1∶1兑换成“益币”，志愿者可直接用“益币”在自动贩卖机上消费，提升获得感和荣誉感。制定《桐庐县优秀志愿者守信联合激励办法（试行）》，联合桐庐农商银行推出首个“志愿信用分贷款”项目，以志愿者志愿信用分为授信标准，最低月利率可优惠至4‰，个人贷款额度最高达30万元。

（三）创新服务形式，文明新风浸润人心

抓实理论宣讲，厚植人文素养。延伸已坚持26年的县直机关“周四夜学”机制，在县级中心层面设立“桐江人文讲堂”，各基层所（站）依托基层党校、乡村书院、文化礼堂等地开展“礼堂夜话”，常态化组织开展理论和政策宣讲活动。推进乡音宣讲进基层，相继组建“畲话家常”“快递党音”“老李说理”等10余个特色宣讲团，深入农村、企业、社区等开展宣讲。不定期组织开展科普知识、交通安全知识、服务礼仪、专业技能等培训，借助垃圾分

类攻坚战组织开展分类宣传活动、借助文明城市复评开展文明宣传等，规范基层群众的文明行为。创设“读书驿站”和“云阅读”等公共阅读阵地，在县城商场、宾馆、文化场馆设置实体化漂流读书架和“网络点学”触摸屏50余处，丰富基层群众的业余生活，提升文明素养。

抓实志愿服务，传播文明行动。提升基层群众的文明素养，必须要抓好志愿服务这支队伍，寓宣传教育于志愿服务之中。新时代文明实践中心在针对老年人、残疾人、青少年等不同群体的不同服务需求时，相继创设“老年之家”“光明诵”“少年创客”等近千个志愿服务项目。常态化开展文明实践志愿服务活动，每月5日和25日组织开展机关“文明共管日”活动，各机关组织党员同志赴结对社区或共管道路开展道路清洁、文明劝导等工作，以实际行动教育群众，引导群众积极参与文明行动。

抓实榜样选树，弘扬文明乡风。以新时代文明实践为载体，在县级层面和各文明实践所（站）广泛组织开展文明家庭、星级文明户、信用户、美丽庭院等评选活动，选树身边典型，以平时可见可触摸的文明行为和好人好事辐射带动周边群众，营造争做好事善事、共建文明和谐邻里的良好氛围。对于长期积极参加志愿服务活动，在文明实践、服务群众、服务中心工作等方面事迹突出、群众公认的志愿个人和集体进行公开表彰，积极营造“人人为我、我为人人”的团结友爱互助文明氛围。

（四）坚持对话协商，共建共享全民参与

调动基层群众参与建设的积极性和主动性，充分发挥主人翁意识，是推进新时代文明实践中心建设进程的重点工作。桐庐县创新推出“新村夜话”机制，依托各文明实践站（所），组织村干部与群众在村头、树下、塘边、礼堂等地，围绕环境治理、美丽村庄建设、垃圾分类、移风易俗、村民纠纷等一批民生“关键小事”，交流当前面临的困难和问题，提出解决方案。“新村

夜话”机制共有“访讲议办评”五个环节。在每期“新村夜话”开展前，各村站（所）组织党员志愿者、网格志愿者，深入各自网格、农户家中征集困难问题和意见建议，经梳理上报形成讨论话题。根据议题内容，组织新时代文明实践志愿者、相关行业模范代表、党政机关代表、乡贤代表、本地土专家、普通农户等，采取“围炉夜谈”“圆桌会”“板凳会”等形式促膝讨论。通过上述交流平台，鼓励普通农户提出建议，获得回应，真正体现出人民的主体地位。

二、示范看点

桐庐县以新时代文明实践中心试点为契机，大力推进“温暖之城”建设，2019年顺利通过全国和省级新时代文明实践中心试点验收。成功将试点工作与文明城市创建等各项重点工作有机结合，2020年以全国第九、全省第一的成绩通过全国文明城市复评，获中央文明办通报表扬，位居“2020中国最具幸福感百佳城市”榜首，在丰富人民精神文化生活、提升社会文明程度、塑造“温暖向善”潇洒桐庐方面取得了显著成效。

（一）聚焦“暖城”建设，公共文化服务水平更加均衡

通过进一步优化城市精细化管理水平，实现建设均等化，使公共文化服务惠及所有人，增进群众福祉，为推进精神生活共同富裕铺就亮丽底色。

硬件设施建设更加完善。关注残障人士、老年人、孕妇、儿童等特殊群体需求，完善道路和公共场所无障碍设施、母婴室等，打造面向全体公众的环境友好型城市。打造城市、农村文化活动阵地，选点展示桐庐善行义举的道德馆、好人广场，凸显桐庐温暖本色。

公共服务更加精细化。结合推进“最多跑一次”改革，进一步提升政府

部门行政服务水平和效率，使人民群众办事更加便捷，“脸难看、门难进、事难办”现象基本绝迹。推动《桐庐县城市管理领域失信行为惩戒管理办法（试行）》等落地实施，推进综合行政执法体制改革和基层社会治理现代化。推行“我们的议事会”“孝心车位”“邻里守望”等特色品牌项目，形成邻里互助、友爱和睦的“温暖小区”。推行公园广场共建共管，打造“温暖广场”，鼓励和引导社会公益组织开展“驻场服务”“驻园服务”。关注残疾人、困难户、老年人等特殊群体，完善“两个红包、两个礼包、两个全覆盖、一个补贴”等惠民政策，推动微型养老、智慧养老服务，动员社会力量成立各类公益基金，提升城市温暖程度。

（二）聚焦“暖行”培育，精神文明建设呈现新气象

通过文明实践传承优秀文化，推进文明共进，打造“有礼桐庐”，为推进精神生活共同富裕构建文化氛围。

在完善体制机制中壮大志愿服务力量。志愿服务是社会文明进步的重要标志，是展现城市软实力的重要途径。通过推进文明实践志愿服务建设，形成了城市与乡村力量联动的志愿服务运行机制。截至2020年12月，全县注册志愿者已突破11万余人，志愿服务组织数量高达1600余个，年度志愿服务时长超过56万小时，分别比2018年增长了97.61%、188.51%、105.46%。

在宣传思想工作中传承先进文化。通过创新理论宣讲方式，组建志愿宣讲队伍，围绕重大理论、形势政策、重大变化、模范典型、文化传承五个方面宣传中华优秀传统文化、革命文化、社会主义先进文化。将农家、庭院、文化礼堂等作为宣讲阵地，以谈体会、故事会、大讲堂等方式让广大农村党员和群众利用空闲时间就近参加学习，让基层群众做到“知史爱党、知史爱国”。

在引导群众中弘扬新风正气。以“除陋习提素质”交通文明宣传教育活动、“桐庐文明车”评选、公职人员交通违法行为通报等为抓手，市民“礼让斑马线”等文明行为进一步加强。深化“痰吐更文明”“车窗抛物限”“烟蒂不落地”“行路不跨栏”“遛狗拴紧绳”五大专题整治行动，动员全县成员共同参与抵制不文明陋习，市民文明素质和城市文明程度进一步提升。在文化礼堂等地主动亮晒村规民约、家风家训、红白事标准菜单，开展“和睦邻居节”主题活动，广泛开展道德模范、“星级文明户”“文明家庭”“最美家庭”和“好媳妇好婆婆好妯娌”等评比活动，推进农村移风易俗。自2015年开始，桐庐各行各业涌现出“桐庐好人”130人、团体3个，其中，获评“浙江好人”12名，“最美杭州人”3名，“杭州市道德模范”2名，“杭州好人”17名。

（三）聚焦“温暖善治”，凝聚群众力量共建美好生活

新时代文明实践以持久的、具有亲和力的文明示范、思想教育、文化艺术活动等方式服务群众、教育群众。建立群众主体认知，强化群众共同参与意识，满足群众多样化、多层次需求，营造共生共享、共创共富的氛围，为推进精神生活共同富裕凝聚强大力量。

在解决问题中增进思想认同。桐庐县新时代文明实践中心工作始终聚焦群众所思所想所盼，在解决实际问题、解决生活困难和精神困惑中，增进群众对党的创新理论的政治认同、思想认同和情感认同。动员4000余名网格志愿者深入基层了解群众需求，依托新时代文明实践“智慧联动”网络平台，建立网格员征单、文化员报单、乡镇所领单、大联动派单、服务队履单“五单”工作流程，实现信息网络流转、在线派单服务，月均流转群众需求7000余条。在全县综合信息指挥平台，增设“新时代文明实践工作专区”，联动解决群众需求5300余件。

在全民协商中实现基层共治。依托新时代文明中心建设成果，组织

"新村夜话"宣讲团和广大党员志愿者,通过搭建协调平台,让县领导、村干部、村民、专家等面对面交流,切实让群众为家乡建设建言献策。2020年,全年累计组织开展"新村夜话"宣讲活动1485场次,受众112561人次,在宣讲过程中收集群众民生需求3360件,办理解决各类问题2918件。在全民参与家乡建设的氛围下,各社区(村)实现了更优质的发展。分水镇后岩村、横村镇白云村相继入选全国乡村治理示范村,横村镇白云村成为首批浙江省善治示范村,19个社区(村)被评为杭州市和谐(文明、平安)示范社区(村)。

三、启示前瞻

幸福感是指人类基于自身的满足感与安全感而主观产生的一系列欣喜、愉悦的情绪。建设"温暖之城",打造最具幸福感城市样本,必须以"为人民服务"为出发点健全体制机制,以文化创新推动思想进步,以文明提升推动社会进步,以文明实践使共同富裕真正让群众看得见、摸得着。

(一)要以人民需求为出发点,体现政府关怀

习近平总书记多次在不同场合表示,要从群众的需求出发,解决好群众的急难愁盼事,"群众利益无小事","要把我们所提倡的与人们日常生活紧密联系起来,在落细、落小、落实上下功夫"。桐庐县在开展新时代文明实践中心试点工作过程中,精准对接群众需求,服务好群众最关心的切身利益,提升获得感;服务好群众最紧要的现实需求,提升满足感;服务好群众不断增长的精神文化需要,提升认同感。

（二）要充分调动农民群众积极性和主动性，实现全民参与

文明创建需要凝聚全社会的统一共识，需要全社会广泛参与，桐庐县十分重视文明创建过程中群众的力量。在重大节日或者重要纪念日时做好宣传动员，发布倡议书，提倡全体市民要文明过节、节俭行事，推动乡风文明。鼓励参与各类文化艺术活动，在丰富农民群众精神生活的同时，减少各类聚众赌博、封建迷信活动，实现文明娱乐、文明交往，践行文明之风。充分发挥村民主体作用，吸引其参与到村级事务中来。

（三）要完善队伍管理机制，发挥县级中心引领作用

文明实践中心、站（所）的主要力量是志愿者队伍，如何统筹管理好这些志愿者，关系到文明实践服务的质量和未来发展。县级中心要发挥好引领作用，规范志愿者队伍的建设和志愿服务项目质效。桐庐县志愿者队伍来源广泛，有党政机关、国有企事业单位人员，有科教文卫等重点领域的专业技术人才，以及本地乡土文化人才、热心市民等社会人士。为确保志愿服务队伍统一管理和志愿服务项目质量得到保障，印发《桐庐县新时代文明实践中心县级联盟建设方案》，统筹相关单位资源，建立理论教育、青少年教育、法律宣传等“七大联盟”，通过“中心搭台、组团送戏、志愿驻馆、品牌共建”四大工作机制，形成“中心调动联盟、联盟带动单位、单位助力中心”的良性工作格局，将志愿服务力量动员起来。

（四）要健全长效机制，深化文明实践中心建设效果

新时代文明实践中心建设的成果要想得到稳固和发展，就必须要建立长效机制来保障志愿服务能够平稳持久。为此，桐庐县做出了一系列有益探索。一是建立工作推进机制。先后印发《关于新时代文明实践志愿服务

机制建设的实施方案》《桐庐县新时代文明实践中心县级联盟“组团送戏”进村社活动方案》《新时代文明实践专项考核办法》等文件，组建志愿服务队，根据实际情况对每个志愿服务项目规定全年服务场次，确保基层文明实践站“季季有主题、月月有活动”。二是建立激励机制。制定《志愿者嘉许回馈办法（试行）》和《桐庐县优秀志愿者守信联合激励办法（试行）》，对志愿者进行激励。此外，通过一年一度的最佳志愿服务组织、最佳志愿服务项目评选活动，对参与人数达到一定规模、志愿服务成效显著且持续稳定开展活动的志愿者队伍进行表彰奖励。

（童波　张淑云）

“德文化”助推共同富裕文化高地建设

共同富裕不单是经济目标，还要实现人和社会全面发展。德清县经济社会发展的稳定性、均衡性较好，2021年城乡收入比为1.61∶1，并被评为第六届全国文明城市，已经进入追求物质富裕和精神富有双轮驱动、相互促进的阶段，形成了公民道德建设的“德清现象”。在共同富裕的道路上，德清以“人有德行、如水至清”的“德文化”精神文明品牌建设为抓手，把精神富足作为县域共同富裕的最大特色，更加注重人的现代化，发挥人的创造性，提升个体的获得感、幸福感和成就感，在为实现共同富裕的政策行动提供强大的价值观念引领和思想文化支持的同时，也为全省乃至全国提供更为全面、更为精准、更为高效的共同富裕县域样本。

一、主要做法

2021年8月，德清县委制定出台《关于率先打造精神富有县域样板的实施意见》，提出推动物质富裕和精神富有协调发展，加快构筑与高质量发展建设共同富裕示范区相适应的新时代精神富有高地，走出一条具有时代特征、浙江特色、德清特点的共同富裕精神富有之路，到2025年率先打造成为“理想信念强、道德品行美、文化生活优、社会风尚好”的精神富有县域样板。同时,认真贯彻落实中共中央、国务院《新时代公民道德建设实施纲要》,持续培育“德文化”品牌,通过以奖促德、以馆展德、以文弘德、以爱润德、以得励德,筑牢全社会“道德基石”。

(一)以奖促德,发挥典型示范

早在1997年,德清县民间就开始了“百姓设奖、奖励百姓”有关实践,探索政府引领与民众自发相结合的创新基层治理模式。

一方面,尊重群众首创精神,推动农民、职工、个体户、退休老人等基层群众,自掏腰包设立孝老爱亲、拥军爱国、热爱科技、注重环保等各类民间奖项,以小奖励放大主流价值观。另一方面,政府进行规范引导,成立浙江省首家民间设奖协会——德清县民间设奖协会,县文明办成立民间设奖指导管理领导小组作为该协会的业务主管部门,县委宣传部制定出台《德清县民间设奖指导管理办法》《德清县民间设奖协会章程》,形成了“党委领导、政府负责、社会协同、公众参与”的社会管理新格局,有效发挥了政府在民间设奖活动中的导向引领作用。2021年,借力数字化打造“民间设奖”线上展示、聚力平台,激活群体力量,做大奖池基数,新增群众筹、群众督等内容,不断扩大“民间设奖”影响力。

(二)以馆展德,打造城市品牌

德清县于2009年建成全国首家公民道德教育馆,以道德馆为中心,从宣讲活动、城市建设和“讲道德”系列工程等方面加快城市品牌的打造。

目前,德清县公民道德教育馆已全面升级,展示面积近1000平方米,被评为全国社科普及基地和浙江省爱国主义教育基地,累计接待海内外访客200余万人次。道德馆全面介绍德清公民思想道德建设的特色做法及取得的成效,并植入新时代文明实践中心和志愿服务联合会功能。一方面,通过从道德模范、先进典型群体中遴选出与主题教育契合度较高的先进人物组成德清道德模范宣讲团、“有德青年”宣讲团，深入开展“五走进”[①]道德模范巡回宣讲活动，打造道德大讲堂。另一方面，将道德品牌有机植入城市建设规划。在英溪公园、塔山森林公园、武源街等中心城区的人群集聚地，以县内道德典型、民间奖项、“讲道德”系列工程融合中国梦、社会主义核心价值观、家风家训、文明礼仪等为主题内容，精心设置节点小品，建成“德文化”公园和“百德桥”“向善桥”“道德模范沙画一条街”等精神地标，集中展示道德建设成果，全面呈现“德文化”品牌。

（三）以文弘德，引领时代新风

德清县以各类道德模范和先进典型为原型，创作了各个门类的文艺精品，塑造新时代的道德文化肖像，打造推广和宣传的金名片。

大型现代越剧《德清嫂》，以浙江省诚实守信道德模范蒋引娣等新时代女性为原型，采用明星班与草根班双轨运作模式，既走进国家大剧院也登上乡村小舞台，还以“文化走亲”“道德结亲”的形式赴杭州、嘉兴等地的城市社区、乡村大舞台巡演，累计演出超250场，观众超15万人次。以义务守护烈士陵园半个世纪的浙江省道德模范蔡永法为原型创作的数字电影《守》，以时代楷模获得者德清上柏麻风病医疗团队为原型创作的长篇报告文学《一百年的暗与光》，以德清县第一位民间设奖人马福建为原型创作的小品《老马不傻》，原创文明礼仪民谣《文明德清十八礼》，以展现全面小康建设精彩缩影、社会主义现代化先行省县域样本创作的报告文学《德清清地流》等一大批反映“德文化”的优秀文艺代表作品，以不同的方式讲述道德故事，传递道德能量。同时，通过举办长三角“德文化”节，开展跨省域

① “五走进”：走进企业、走进校园、走进机关、走进社区、走进农村。

“道德走亲”,设计推出“有德小子”热门IP(广泛应用于新时代文明实践活动、全国文明城市创建宣传和大型活动宣传等各项工作中),开展文明习惯养成行动计划,培育有德少年、有德青年等“有德系列”落地群像,开设县域新闻媒体《善行德清》《社会主义核心价值观》等栏目宣传模范事迹,持续扩大“德文化”品牌影响力,形成以道德模范为榜样的道德文明新风尚。

(四)以爱润德,凝聚社会力量

积极运用榜样的示范效应唤起广大群众心中的“大爱”,掀起学习榜样的热潮,并在政府引导下,以新时代文明实践志愿服务为推进公民道德实践的重要载体,形成多个规模大、特色亮的志愿服务组织,共同传递温暖、传递爱。

一方面,由县文明办成立县新时代文明实践志愿服务总队,出台《德清县志愿者激励嘉许办法》,建立德清特色志愿服务领导机制、考评机制、线上线下联动机制。整合部门资源,以项目化模式对志愿服务进行管理,累计孵化、扶持“医路同行365”“爱出者爱返”等志愿服务项目120个。另一方面,依托德文化学院、长三角志愿服务培训中心,邀请专家学者进行系统性授课,成立山鹰救援队、众安救援队等专业化志愿服务队伍。2021年,建立新时代文明实践志愿服务云平台,利用互联网实现线上线下志愿服务管理功能的全方位覆盖,采用“志愿+互联网”的新模式。

(五)以得励德,实现共建共享

多年来,德清县坚持以“讲道德”为主题,积极推广并开展“讲道德·更健康”诚信农产品工程、“讲道德·更和谐”和谐医患关系工程等一系列“讲道德”工程,并将其融入民众生产生活全过程、各方面,把无形的道德财富转化为百姓看得见、摸得着的实惠。

一方面，推行“道德银行”“道德绿卡”和“道德信贷”等，通过“讲道德·更受益”道德信贷工程，优先为农村文明户提供信贷支持，根据文明家庭资金需求特点，有针对性地提供信贷服务、简化信贷流程，累计发放“道德信贷”8.32亿元。并以此为基础，实施诚信建设行动，建立诚信典型选树发布、守信激励和失信惩戒等机制，开展诚信领域突出问题五年专项整治，打造“诚信指数”“诚信积分”“诚信档案”等诚信品牌，助力构建社会诚信体系。另一方面，由县文明办发起的“德文化”礼遇基金，经民政部门同意后组织实施，以自愿捐赠为主，委托农商银行管理，主要用于道德模范的贫困救济、身体健康检查和疗休养补助等，真正达到建立关爱道德模范长效机制的目的。县委宣传部、县文明办等部门还联合佐力、华美、乐源等本地企业布点推广爱心雨伞、爱心午餐、爱心冰箱等城市“爱心地图”，让市民既成为社会主义核心价值观的践行者，又成为暖心行动的受益者，推动形成了公民道德建设红利共建共享的良好局面。

二、示范看点

“德文化”是新时代文化高地的德清样本之作，有助于助推共同富裕文化高地建设，有助于推进社会主义先进文化发展先行示范，有助于加快形成互帮互助、共创共富和富而思进、共创共享的社会氛围，激发全社会人人争当先锋模范的榜样力量，为共同富裕示范区建设提供不竭的精神动力。

（一）激发民间道德力量，推动凡人善举蔚然成风

自1997年出现首个民间设奖以来，德清县积极调动民众的道德自觉性，厚植“凡人善举”的道德基因。目前，全县共设民间道德奖项77个，累计奖励各类先进典型1万余人，发放奖金奖品200余万元，形成了“百姓设奖、

奖励百姓”的德清现象。通过“群众设、群众选、群众评、群众学”的评先评优典型选树机制，常态化开展道德典型选树，形成了“金字塔”式先进典型群体，先后涌现出全国道德模范潘美儿，全国道德模范候选人钱素春、陆松芳、高燕萍，全国“最美家庭”章宬家庭，浙江省道德模范蔡永法、马福建、蒋引娣等一批道德模范；培育出全国学雷锋志愿服务“四个100”先进典型最佳志愿服务组织“德清嫂”、2020年度浙江省志愿服务先进典型最佳志愿服务组织“清禾公益”等优秀志愿服务组织，丰富了道德模范类型，形成了道德模范的群体效应。

（二）打响“德文化”品牌，筑牢百姓精神家园

德清将“人有德行、如水至清”融入社会主义核心价值观，凝练为“德文化”品牌，通过新闻媒介、文艺巡演、艺术创作、微电影展播、道德讲堂等多种方式宣传“德文化”，将“德文化”融入城市景观和群众日常生活。在横向上，以文化礼堂、文化校园、文化车间、文化广场、新时代文明实践中心（点）等文化阵地践行“德文化”，并成立由职能部门牵头的家园先锋、家园卫士、家园文体等7支志愿服务队与“德清嫂”“德小青”等特色服务队；在纵向上，建立县、镇、村三级志愿服务组织，以社会主义核心价值观为引领，实现理想信念教育常态化、制度化，筑牢意识形态的思想文化阵地。

（三）全民参与，提升社会文明程度

民间设奖协会、县志愿者协会等越来越多的社会组织和民间团体承担起共同参与道德治理的责任。目前，德清县依托新时代文明实践的中心、所、站、点四级阵地体系，以规范化、项目化、专业化、数字化、全域化的“五化”模式推进志愿服务活动，县域内共有注册志愿者近14万人，占全县常住人口的21%。而且，从其他道德建设举措来看，“德文化”建设领域已不再

局限于传统道德文化范畴，而是拓展到交通安全、农业、商业、金融业等具体行业。依托“德文化”软实力，德清县实现平安建设“十五连冠”、全国文明城市县级城市第一，极大地提升了群众文明素养和社会文明程度。

三、启示前瞻

《中共中央 国务院关于支持浙江高质量发展建设共同富裕示范区的意见》中指出，共同富裕具有鲜明的时代特征和中国特色，是全体人民通过辛勤劳动和相互帮助，普遍达到生活富裕富足、精神自信自强、环境宜居宜业、社会和谐和睦、公共服务普及普惠，实现人的全面发展和社会全面进步，共享改革发展成果和幸福美好生活。德清树立和弘扬的“人有德行、如水至清”的“德文化”与民间合力建设创造性转化的载体，唤醒当地群众内生最深沉的本土文化共同记忆和自信自强的文化觉醒，在融合产业和城乡建设中创新性发展优秀传统文化，挖掘弘扬运用传统文化资源，培育数字文化等新兴文化，形成刚柔并济充满生机活力的治理模式，为县域建设共同富裕示范区精神富有先行地提供宝贵经验与启示。

（一）以社会主义核心价值观为引领是灵魂核心

以社会主义核心价值观为引领，是德清建设共同富裕文化高地的灵魂核心。《中共中央 国务院关于支持浙江高质量发展建设共同富裕示范区的意见》提出，坚持以社会主义核心价值观为引领，加强爱国主义、集体主义、社会主义教育，厚植勤劳致富、共同富裕的文化氛围。“德文化”始终坚持把宣传贯彻习近平新时代中国特色社会主义思想、弘扬社会主义核心价值观融入建设的全过程。平凡的英雄榜样来自身边，使榜样更具体、更接近，从而产生“榜样能为，我亦能为”的心理认同和道德自信，可以昭示效仿者从小处做起，在平凡而具体的实践中不断升华自己，一点一滴地为社会积累正能量。用榜样力量真正完成“德文化”的传承与发扬，建设美好社会，有助于树立“创新致富、勤劳致富、诚信谋富、先富帮后富”理念，形成“互帮互助、共生共享、共创共富”氛围。

（二）“三位一体”道德治理模式是底层逻辑

“三位一体”道德治理模式是德清建设共同富裕文化高地的底层逻辑。“德文化”经历20余年的发展形成了独特的“三位一体”道德治理模式。该模式指个人、政府、社会共同参与“德文化”的培育与建设，形成以社会为中心，道德建设与地方治理相互融合、相互促进的新型模式。具体运行机制为：当个人发起某项道德奖项或道德行动后，政府及时关注、支持并推动，始终引导群众以正确的导向和标准为方向，而后由社会力量主导参与运作，形成良性循环。政府对源自民间的“德文化”创新、建设与持续发展进行引导、推动，从传统的控制者转换为平等的参与者；社会力量主要指由政府推动培育的民间设奖协会、志愿者协会等社会组织，在新型道德建设模式中成为“德文化”建设的核心力量；而个体则是“德文化”的具体参与者和实践者，他们既是道德建设的主体，也是道德建设指向的对象，更是道德内化的基本单位。该模式避免了“剃头挑子一头热”现象，真正让百姓的“金点子”成为推动基层治理的“金钥匙”。

（三）坚持以人民为中心是根本落脚点

坚持以人民为中心是德清建设共同富裕文化高地的根本落脚点。“德文化”建设始终坚持以人民为中心，把增进人民福祉、促进人的全面发展作为一切工作的出发点和落脚点，从人民群众最关心最直接最现实的利益问题入手，将“德文化”品牌有机植入城市规划，建设美好和谐宜居家园；通过

“讲道德”系列活动(见表1),拓展到金融、交通、医疗等各个领域与行业,做到全域传播与收益,真正实现由人民创造,为人民所享。“讲道德 办实事”的道德治理为县域创建共同富裕示范区的道德高地提供了实践启示。

表1 “讲道德”系列活动

活动名称	开展领域	活动内容
“讲道德 更安全”村道文明工程	交通安全	促进农村安全出行
“讲道德 更健康”诚信农产品工程	农业	关注农产品经营诚信
“讲道德 更健康”食品药品安全工程	商业	围绕食品药品安全
“讲道德 更受益”道德信贷工程	金融业	给予道德行为者与文明家庭优惠
“讲道德 更和谐”和谐医患关系工程	医疗卫生	着重改善医患关系
“讲道德 更有爱”爱心地图工程	城市生活	爱心冰箱、爱心雨伞、爱心午餐
“讲道德 更文明”小城镇文明行动	城市生活	垃圾不落地、出行讲秩序、办酒不铺张、邻里讲和睦

(陈董骄　沈晰　沈雪庭　徐露)

筑牢"红色根脉"，
打造精神文明高地的南湖探索

嘉兴市南湖区作为中国革命红船起航地、红船精神发源地、党的根脉之地以及江南文化和儒商文化发祥地，凭借丰富的红色资源和深厚的传统文化，在精神文明高地建设领域先行先试，探索开展了精神文明高地"十大标志性成果"建设、"船·扬文明"品牌24项行动等一系列特色工作，文艺精品创作层出不穷、文化惠民翻开崭新篇章、文化润心凝聚磅礴力量。2021年7月，浙江省公布建设共同富裕示范区首批试点名单，嘉兴市南湖区成为打造精神文明高地领域4个试点之一，支撑共同富裕的南湖样本愈加扎实。

一、主要做法

党的十八大以来，嘉兴市南湖区大力弘扬伟大建党精神、红船精神，深入实施"八八战略"，不断放大现代先进文化的创造力、传播力、影响力，以打造"弘扬红船精神示范地、新时代文明实践全国样板地、江南文化文明高地、城乡融合发展先行地"为目标，持续提升城乡居民文明素质和社会文明程度，打造新时代精神文明高地南湖范例的基础愈加扎实。基本做法主要体现在四个方面。

（一）红船精神根植于民，思想基础牢固扎实

红船精神历久弥新，滋养着这座城市，也润泽着广大南湖儿女的心灵，引领着思想的进一步牢固扎实。在红船精神的指导下，2010年，嘉兴市南湖区率先成立全国首个红船精神研究会，着重开展“红船精神在南湖的实践”“习近平新时代中国特色社会主义思想在南湖”系列研究，以党的创新理论引领实践，以南湖的实践经验丰富理论。开展党课教学改革三年行动，出版发行以弘扬和践行红船精神为内容的长篇报告文学三部曲《从南湖出发》《初心照我行》《这里是南湖》，有力推动了理论阐释入脑入心，将红色火种播进南湖党员干部群众心中。传承践行“开天辟地、敢为人先”的首创精神，坚定不移推进政府数字化转型，在全省首推电子行政服务中心和24小时自助政务服务区，群众和企业进“一个门”、跑“一个窗”、办“千件事”，被作为26条经济体制重点领域改革典型经验之一在全省推广；传承践行“坚定理想、百折不挠”的奋斗精神，全线作战共筑严防严控的铜墙铁壁，全力以赴抓招引、推项目，农村居民人均可支配收入增速居嘉兴第一；传承践行“立党为公、忠诚为民”的奉献精神，成立“96345”党员志愿者服务中心，带动近万名党员志愿者共同开展服务，累计受理各类求助445万多件。南湖儿女的共同信仰，成为打造新时代精神文明高地最坚实的思想基础。

（二）区域发展富庶均衡，物质基础牢固扎实

坚持以高质量经济发展，做大共同富裕蛋糕。聚焦率先富庶，紧扣“1341”产业体系，三次产业迈向价值链高端，经济高质量发展迈上新台阶。高新技术产业集聚发展，规模以上工业增加值增长22.4%，其中，高新技术产业、战略性新兴产业、装备制造业增加值分别增长24.7%、32.8%、30.2%。全区GDP达637.8亿元，年均增长7.4%，跻身省级服务业强区，获

批浙江南湖经济开发区，入围省制造业高质量发展示范区创建名单，被列入省级数字经济创新发展试验区。统筹均衡协调，深入实施新一轮乡村振兴，大力实施强村惠民行动，千方百计拓宽居民增收渠道，推进低收入群体持续较快增收，城镇登记失业率维持在2%以下，民生领域财政支出占比提升至82%。2020年，城乡居民收入差距比实现1.5∶1，已与发达国家基本持平，成为全国城乡发展最均衡的区域之一。富庶、均衡、和谐的发展优势，成为打造新时代精神文明高地最坚实的物质基础。

（三）价值引领昂扬向上，实践基础牢固扎实

坚持以社会主义核心价值观为引领，奋力谱写新时代“两个高地”建设新篇章。以东部第一的成绩成功创建“国家公共文化服务体系示范区”，农村文化礼堂实现全覆盖，率全省之先开展“社区文化家园”试点工作，覆盖率达95%以上，相关经验在全省推广。新时代文明实践中心被确立为全国试点，中心、所、站、点四级矩阵互联，新时代文明实践基金和“四员”队伍模式全国领先。新时代文明实践综合数字指挥平台初具雏形，联通华数电视、大屏端、手机端和电脑端等“一视三端”，完成第一批次10个阵地的可视化、直录播等系统建设。南湖合唱节、城乡文体十大联赛、365天天欢乐大舞台等10多个文化品牌浸润人心，被中国合唱协会授予“全国首个县（区）合唱基地”“中国合唱基地示范城”等称号。以“感动中国”人物朱丽华为代表的一大批红船旁的“南湖好人”，正逐步成为这座城市的精神榜样。红色文化产业获省文化产业专项资金扶持，“红色文创”实力圈粉，5件作品获国家级创新成果优秀奖，4项文艺精品力作获省精神文明建设“五个一工程”奖。“凝心聚力”的主流价值引领，成为打造新时代精神文明高地最坚实的实践基础。

（四）网格连心全域推进，群众基础牢固扎实

坚持以人民为中心的发展理念，持续深化新时代“网格连心、组团服务”，全方位提升基层治理和为民服务水平。推动“微网格”“微家园”双微联动，全区3905名党员干部担任微网格长，整合党员干部、“三官三师”、村（社区）干部等服务资源，充分发挥“一名党员就是一面旗帜”的先锋模范作用，全面推动“一编三定”机制落地，1.4万余名在职党员干部通过到居住地村（社区）报到并认领服务岗位，组建服务团队600余个，开展服务1800余次。创新“网格连心、组团服务”线上载体，实现“只找一个人，能办所有事”，平台注册用户超28万人，解决群众各类报事16万余条，党群服务阵地人气指数走在全市前列。结合中心城市品质提升，建成覆盖主城区的11座“禾城驿·温暖嘉”红色驿站，以暖心党建完善社会保障体系。在面对面、心连心的沟通交流中，推动党群关系从“连民心”向“聚民心”转变。不断织密的“连心网”，夯实了打造新时代精神文明高地最坚实的群众基础。

二、示范看点

嘉兴市南湖区以列入全省高质量发展建设共同富裕示范区“打造精神文明高地领域”试点为契机，统筹推进物质文明和精神文明协调发展，坚持以满足人民群众日益增长的美好生活需要为根本目的，以红船精神为引领，全力打造精神普遍富足的南湖样板，不断夯实支撑共同富裕的精神底座。

（一）坚定“红色信仰”，构建起主流思想领航铸魂体系

蓄足“打造精神文明高地”的引领力和向心力需要有红船领航，以更高的政治站位，建设自信自强的文明图景。嘉兴市南湖区大力弘扬红船精

神，深入开展党史学习教育，聚焦“七讲七比、争先攀高”党建高地创建，实施红船精神“七进”行动，高标准建成新时代“重走一大路”等一系列红色精品线，推出《因为信仰》《红船》等多部文艺精品。打造全省首个数字党课馆，开展各类宣讲3750场，让党的创新理论“飞入寻常百姓家”。结合党政机关整体智治，创新打造“365红船e指挥平台”，形成“指导落实—督查检查—考核评价—追责问责”工作闭环，实现对意识形态领域的全方位、全流程掌控，被列为全省高质量全面落实意识形态工作责任制综合试点。

（二）把牢“价值导向”，构建起最美风尚引领体系

蓄足“打造精神文明高地”的创新力和前行力，以正确的价值导向，始终坚守“创建让生活更美好”的初心，持续提升城市的温度化管理。围绕全国文明典范城市创建，持续打造红色志愿之城，确定每月25日为全区志愿服务日，培育推广“爱心车队”“一米花园”等“微德治”项目。以新时代文明实践中心全国试点建设为统领，拉高标杆、打造品牌、争创样板。集成打造“区新时代文明实践中心”智慧平台，精准匹配志愿服务需求，让群众不出家门就能感受到“指尖上的志愿服务”。2021年，累计开展线上线下志愿服务超6000场次，特别是“南湖红船民兵连”和“红船小讲解”志愿服务队被列为全国学雷锋志愿服务“四个100”先进典型。以社会主义核心价值观为引领，深入实施公民道德建设工程，着力提高国民素质和社会文明程度。持续擦亮“最美南湖人”金名片，建立健全道德模范、好人礼遇机制，以朱丽华为代表的一大批红船旁的“南湖好人”，正逐步成为这座城市的精神榜样。

（三）坚持“以文化人”，构建起优秀文化润心体系

蓄足“打造精神文明高地”的文化力和大众力，以温情的方式方法，绘就城市文明新图景，为共同富裕擦亮“文明典范”的金名片。

紧紧围绕庆祝建党100周年，成功举办“从南湖出发”大型融媒体活动及千人大合唱、中国农民丰收节、城乡文体十大联赛等一系列群众喜闻乐见的活动，参与人次超千万，相关报道12次登上中央电视台《新闻联播》。大力实施文化惠民工程，聚力构建公共文化阵地综合体，系统推进区图书馆、区文化艺术中心等“三馆三中心”建设，已形成由46个文化礼堂、56个文化家园、16个智慧书房、46个农家书屋组成的城乡文化矩阵。深入实施文化传承复兴行动，加强对大运河、南河浜、胥山、白坟墩、西曹墩等历史文化遗产的保护、传承和活化，高水平开发建设运河文化长廊三塔片区，全面展现古今融合、城景融合、文旅融合的千年古城新风貌。

（四）突出“区域协调”，构建起统筹城乡融合发展体系

蓄足“打造精神文明高地”的组织力和保障力，以更实的措施手段，统筹城乡发展，完善运行机制，在新的赶考路上全面开启新时代精神文明建设的新征程，始终坚持“推进共同富裕根本靠发展，关键靠统筹”，以高质量发展夯实精神文明的物质基础。高标准推进省旅游业“微改造、精提升”行动试点区建设，精心打造“浙江数字诗路e站南湖体验中心”，促进红色旅游、红色教育、红色制造融合发展。加快推进新一轮乡村振兴，大力实施强村惠民行动，千方百计拓宽居民增收渠道，城乡居民收入倍差缩小至1.33∶1的历史新低。迭代升级“学在南湖、健康南湖、大爱南湖、颐养南湖、善育南湖、安居南湖”六大品牌，已组建3对共建型、7个协作型教育共同体，建成全市首家社区“健心客厅”。

三、启示前瞻

共同富裕是社会主义的本质要求，是文明全面提升的社会形态，也是

中国共产党的重要使命。嘉兴市南湖区蓄力“打造精神文明高地”，谱写“精神文化更加富有，在彰显共同富裕人文之美上成为典范”，强调在人民群众物质不断富裕的进程中，同步实现精神文化富有，对共同富裕示范区建设具有重要的意义和启示。

（一）培育具有新时代特征、红色印记的共同富裕精神文化

必须高度重视共同的价值追求，努力打造共同富裕的精神文化品牌。一是传承好选贤与能、讲信修睦、为公为民、止于至善等优秀传统文化；二是弘扬好开天辟地、敢为人先的首创精神，坚定理想、百折不挠的奋斗精神，立党为公、忠诚为民的奉献精神的红船精神，将其转化为打造共同富裕示范区典范城市的精神动力，融入城市发展的基因与血脉；三是落实好新时代嘉兴人文精神，从细处小处着手，使城市人文精神真正成为百姓心灵的居所、精神的家园，增强归属感和荣誉感；四是致力于理论创新，结合红色根脉之地，形成区域内独特的共富精神，如敢于追梦、勇于创新的求索创富精神，善于实干、催人奋进的奋斗创富精神，甘于平凡、不负人民的奉献创富精神。

（二）营造良好社会心态、向善道德境界的精神文化社会氛围

良好的社会心态是社会和谐的重要标志，也是精神文化富有的重要内容。积极鼓励大众养成自尊自信、理性平和、积极向上的精神状态，在践行共同富裕示范区典范城市中应保持良好的精神风貌，每个人应实事求是地认识自己、接纳自己，理性面对社会现实，理性分析个人得失，以积极的态度对待问题，以乐观的心态对待生活。同时，对高尚道德人格的追求，是实现精神文化富有的必由之路。通过广泛宣传，塑造关爱他人、知恩图报的爱心与美德。在创建共同富裕的美好图景中，形成“一人富不算富，大家富

才是真的富”的社会共识，尽自己所能助人为乐、行善积德，共创共享、奉献社会，从而在全社会营造更加浓厚的共同富裕精神文化氛围。

（三）提升以人民为中心、满足群众获得感的精神文化新期待

实现精神文化富有，建设主体是人民群众，受惠主体也是人民群众。这需要城市管理者多了解市民的关切，对标共同富裕示范区典范城市创建的新要求新举措和人民群众的新期盼新期待，将精神文化活动与群众的美好生活需求对接，推进城乡区域基本公共服务更加普惠均等可及，统筹做好就业、收入分配、教育、社保、医疗、住房、养老、扶幼等各方面工作，让发展成果更多更公平地惠及全体人民，让人民群众真真切切感受到共同富裕看得见、摸得着。与此同时，提升城市精神文化富有不仅看“主体”，更要看“个体”，每个市民的言行举止关乎一个城市的格局与气质，是精神文化富有的重要组成部分，因而广大民众也要自觉强化精神文化意识，让精神文化滋养心田。

（余剑　戚红蕾）

从“治身”向“治心”跃升的诸暨实践

习近平总书记强调，共同富裕是“社会主义的本质要求”，是“人民群众物质生活和精神生活都富裕”。推动新时代文明实践工作不断走深走实走心，是浙江高质量发展建设共同富裕示范区、打造新时代精神文明高地、推进社会主义先进文化发展先行示范的重要抓手。诸暨作为越国古都、西施故里，经济发达，底蕴深厚，是全国经济综合竞争力百强县（市），全国新时代文明实践中心建设首批试点县（市），浙江唯一的新时代文明实践“先行试验区”（全国共十个）。基于以上良好的基础优势，诸暨市是探索推进共同富裕实现精神富有、物质文明和精神文明协调发展的理想试点“场域”。近年来，诸暨市坚持以党的群众路线的典范“枫桥经验”为引领，着眼新时代文明实践工作要突破“干什么”“怎么干”“谁来干”“何以干得长久”四大问题，紧扣新时代文明实践工作要实现“凝心聚力，服务群众，以文化人，成风化俗”四大目标，探索、创新、升级了一大批诸如“一起学习”理论宣讲、“1963法润”直播平台、“板凳课堂”、村级关爱基金、爱心食堂、移风易俗、全城志愿等特色鲜明的新时代文明实践品牌，走出了一条党建统领、人民主体、共建共享的新时代文明实践之路，打通了宣传群众、教育群众、关心群众、服务群众的“最后一公里”，取得了理论传播更顺畅、高质量发展更持续、精神生活更丰富、基层治理更有效、乡风民风更淳朴的积极成效。诸暨市的相关经验做法受到中央宣传部和省委主要领导肯定,被中央改革办、中央文明办专报刊发,从中央到地方各级权威媒体聚焦宣传,并多次在宣传系统全国全省会议上作经验汇报交流,成为县域助推省域高质量发展建设共同富裕示范区的典型范例。

一、主要做法

习近平总书记指出,“群众路线是我们党的生命线和根本工作线,是我们党永葆青春活力和战斗力的重要传家宝”。“枫桥经验”作为党领导人民创造的一整套行之有效的社会治理方案,是党的群众路线在基层社会治理领域的实践典范。诸暨作为“枫桥经验”发源地,以解决问题为突破口,把满足人民群众实际需求作为工作的出发点落脚点,不断做实做细“小切口、大问题”文章,充分保障群众在新时代文明实践中的主体地位。

(一)精准定位,着眼新时代文明实践工作“干什么”的问题

诸暨市以“枫桥经验”核心价值为工作开展着力点,坚持以人民为中心,尊重群众主体地位,不断以深化“五项行动”为抓手,努力把新时代文明实践中心建成“学习传播科学理论的大众平台、加强基层思想政治教育工作的坚强阵地、培养时代新人和弘扬时代新风的精神家园、开展中国特色志愿服务的广阔舞台”。一是理论政策走心行动。坚持线上线下联动,建设完善“暨阳微时论”三分钟快讲、“1963法润”直播、“金句接力”云端速递等平台载体,开展“板凳课堂”“8090年轻干部回乡上一课”等面对面宣讲,让党的创新理论和方针政策“飞入寻常百姓家”。二是核心价值普及行动。推出“市民文明行为十条”,引导群众养成文明有礼好习惯;常态化选树道德典型,打造“市有好人街、镇有好人墙、村有好人榜”的阵地集群,推

动全社会形成“发现好人、推荐好人、崇尚好人、争当好人”的良好风尚。三是优秀文化传播行动。实施文化惠民工程，深入挖掘与传承吴越文化、耕读文化、“三贤”文化、“非遗”文化、红色文化、“诸商”文化，组织“我们的节日、我们的村晚”等活动，让优秀文化传播更接地气、贴近生活、走进群众。四是文明乡风培育行动。结合“十里不同风、百里不同俗”的地域特色，因地制宜、一村一策，制定“红白喜事”操办标准，引导群众不讲排场讲规矩，摒弃陋俗讲文明；创新工作方法，完善村规民约，把“移风易俗”事务的决策权、管理权、监督权交给村民，真正让群众参与进来，让文明乡风吹进千家万户。五是邻里守望暖心行动。推出“我为老人烧餐饭”“我为环卫工人送早餐”“我为家乡带个货”“我为孩子上堂课”“我为邻里搭把手”“我为节日送祝福”“我为百姓送健康”“我为金婚留光影”等暖心八件事，让群众不断增强获得感、幸福感、安全感。

（二）完善机制，明确新时代文明实践“怎么干”的问题

为推动新时代文明实践工作落实落地落细，诸暨市牢牢把握浙江省数字化改革契机，主动从体制机制上谋创新抓发展，积极推进新时代文明实践中心建设一体化、系统化、集成化、智慧化，不断增强新时代文明实践工作的势能动能效能。一是建立一体化推进机制。坚持“一盘棋”谋划、“一张网”布局、“一张图”作战，将新时代文明实践工作纳入全市经济社会发展“总盘子”，纳入年度目标责任制考核、意识形态工作检查，完善评价反馈、绩效评定机制，落实三级党组织主体责任。二是建立网格化运行机制。充分用好“枫桥经验”这个传家宝，以自然村为基础单元，科学划分网格，聘请“五老”志愿者、乡贤能人、退役军人等担任网格员，通过日常走动、实地了解、定向专访等形式，第一时间汇总群众需求、精准对接服务，实现新时代文明实践工作真正“进村入户、见人走心”。三是建立集约化统筹机制。探

索新时代文明实践“最多跑一次”“最多跑一地”改革，依托农村文化礼堂、社区文化家园、文明实践所、城市书房等，构建“15分钟新时代文明实践服务圈”。创新“镇镇联盟、村社走亲”服务模式，集成邻镇、邻村资源建成镇街志愿联盟、村社“志愿轻骑兵”，实现资源共享、力量共用。四是建立智慧化管理运行机制。充分利用网络化、数字化等手段，实现数字赋能，推动志愿服务提质增效。比如，诸暨市依托融媒体中心建设新时代文明实践云平台，运用大数据、云平台等技术，打造集群众需求搜集、任务分配指派、过程实时跟踪、处理反馈上报、绩效考评分析等于一体的全过程智慧化管理运行机制，实现志愿服务需求在线、资源在线、服务在线。

（三）健全队伍，解决新时代文明实践工作“谁来干”的问题

结合“枫桥经验”始终强调的一切依靠群众、一切为了群众的理念，诸暨市积极着眼推动新时代文明实践工作既要有数量、更要有质量，既要有声势、更要有效果的目标，探索建立来源多样的志愿服务队伍，通过深入细致和暖心贴心的服务，切实帮助群众解决生产生活中实实在在的难题。一是党员干部带头示范引领。以“我为群众办实事、我为企业解难题、我为基层减负担”实践活动为引领，创设“先锋微家”微信小程序，开展在职党员服务社区“亮旗”行动。建立市级部门向新时代文明实践站所常态化联动输送机制，组建20支志愿服务队，推出256项惠民清单，推动优质服务资源下沉下乡。二是身边力量便民常驻。根据诸暨市“5＋X”社会组织标准化体系建设要求，实现乡风文明理事会、乡贤议事参事会、平安志愿者义警队、邻里纠纷调解队、580志愿服务队“两会三队”社会组织在全市村社的全覆盖，并因地制宜打造若干个性化、特色化的志愿团队，构建起守望相助的志愿服务队伍。三是公益组织专业助力。突出“专业人干专业事”的导向，用专业能力回应民之所需、民之所盼、民之所急。近年来，诸暨市依托全市

1000多家公益性社会组织,大力吸纳发展咨询员、科技特派员、村务评议员、法律服务员等,为老百姓提供心理辅导、法律援助等专业服务。四是会员学员积极参与。积极引导老年大学、妇女之家、行业协会、专业协会等团体,结合实际情况灵活入驻市、镇(乡、街道)、村(社)三级新时代文明实践阵地,将学员、会员发展为志愿服务队员,发展壮大团队力量。

(四)建立基金,探索新时代文明实践工作"何以干得长久"的问题

诸暨市紧扣保障新时代文明实践工作低成本可持续的目标,探索建立"两级基金",充分激发全社会参与新时代文明实践积极性。在市级层面,由诸暨农商银行认捐5000万元,以留本取息模式运行,每年产生220万元利息,重点用于礼遇好人、褒奖志愿、资助创新项目、扶持村级关爱基金等。在村级层面,采取多元化建、规范化管、常态化用的模式设立关爱基金,用群众力量满足群众需求。其中,多元化建,即采取党员干部带头捐、乡贤企业爱心捐、村民群众互助捐、移风易俗公益捐、结对单位定向捐等方式不断做大基金"蓄水池";规范化管,即募集资金由关爱互助协会管理,制定管理章程,建立收支台账,使用情况定期在村民微信群、村务公开栏、村民代表大会公布,做到民管民用、阳光运行,同时实施村级关爱基金活力指数考评,要求"季排位、年评优";常态化用,即落实"三重一好"关爱体系,做到重大变故志愿有慰问、基金有帮扶,重点对象志愿有结对、基金有关爱,重要节日礼堂有活动、基金有保障,好人好事村社有夸奖、基金有礼遇,让关爱基金源之于民、用之于民。诸暨市已实现476个行政村"关爱基金"全覆盖,基金总规模达1.13亿元。

二、示范看点

自新时代文明实践工作开展以来，诸暨市运用“枫桥经验”的核心内涵，始终坚持群众的主体地位，通过依靠群众、发动群众、引导群众、服务群众，全力打开“治身”向“治心”跃迁通道，让新时代文明实践的具体要求，不再是简单约束群众行为的规范，而是内化于心成为群众的自觉意识，外化于行成为群众的自觉行为。

理论传播更顺畅。诸暨市始终坚持把学习宣传习近平新时代中国特色社会主义思想作为新时代文明实践的首要政治任务，通过讲给群众听、演给群众看、送给群众学、组织群众谈等鲜活形式，拉近与群众的距离，增进与群众的感情，让党的创新理论、方针政策得到党员群众共鸣共情，进而夯实理想信念之基。

高质量发展更持续。诸暨市让新时代文明实践的内容主动融入乡村振兴、数字化改革、共同富裕等重点工作，找准结合点精准发力，助力经济社会高质量发展。比如，通过技能培训、就业指导等志愿服务，帮助群众提升能力素质；根据块状经济特点成立特色产业志愿服务队，为农户提供线上销售培训指导，帮助村民增收；聚焦重点弱势群体，想方设法开展针对性的关爱帮扶活动，推动实现“共同富裕路上一个都不掉队”。

精神生活更丰富。在关爱群众、服务群众中引导群众、凝聚群众，有效发挥春风化雨、润物无声的作用。比如，通过让群众自编、自导、自演的节目在文化礼堂、新时代文明实践所里登台亮相，把各类文化产品和服务送到家门口等方式，涵养群众的核心价值观，充实群众的精神世界，挤压各类宗教势力、封建迷信的空间。

基层治理更有效。诸暨市始终坚持“枫桥经验”的“浇花要浇根、帮人要帮心、帮人要帮到底”的传统理念，以情感人、以情化人、以情育人，在潜移默化中增强村民对村集体的认同感、归属感，为有效化解社会矛盾夯实情感基础。同时，实现新时代文明实践网格与社会治理网格二网合一、一网两用，提升效率，增强效能。

乡风民风更淳朴。在新时代文明实践滋养下，诸暨市平均每五人中就有一名志愿者，大家争相通过奉献社会来实现自我价值，“最美现象”从“盆景”变“风景”，“诸暨好人”从“个像”变“群像”，涌现出一批身边典型。比如，群众通过互帮互助实现婚事简办、丧事新办，并将“红白喜事”部分结余捐给关爱基金，用于村里助老扶困等公益事业，使“人人有责、人人尽责、人人享有”的社会生活共同体理念深入人心。

三、启示前瞻

诸暨市积极推动“枫桥经验”向新时代文明实践各领域覆盖、各环节延伸，使得人民素质和社会文明程度明显提高、团结友爱互助蔚然成风，也为全省乃至全国其他地方推进新时代文明实践工作提供了可供参考的范例。

（一）新时代文明实践工作，要在满足群众需求、办好实事中入手破题

精准务实、突出特色、回应群众关切是做好新时代文明实践工作的关键，要坚持小切口解决大问题、小载体撬动大转变，在解决实际问题中传播新思想、引领新风尚。比如，对准婚丧嫁娶大操大办负担重这一群众关切的痛点堵点，诸暨大力推进移风易俗，帮助群众减轻经济负担和精神负担。再如，在“红白喜事”大操大办整治取得初步成效之后，诸暨又因地制宜推出了一系列与开展移风易俗相配套的志愿服务项目。这些工作的初

心都是聚焦群众“急难愁盼”的关键小事、民生实事，希望让群众在得实惠中受教育、在潜移默化中提升境界。

（二）新时代文明实践工作，要在组织群众、吸引群众中落实落地

新时代文明实践的本质是群众工作，这就要求我们在联系服务群众上多用情，在宣传教育群众上多用心，在组织凝聚群众上多用力。诸暨市在理论宣讲中让青年人讲给青年听、让身边人讲给身边人听，在移风易俗中让群众说服群众、让群众带动群众、让群众帮助群众，在关爱基金建设中倡导“人人慈善、人人公益”等，都是有效运用了“枫桥经验”密切联系群众、放手发动群众、相信依靠群众的工作方法，才能让新时代文明实践的理念、精神在诸暨人民心中扎根成长。

（三）新时代文明实践工作，要在大力推进、全力保障中提质增效

新时代文明实践工作顺利推进的关键是“一把手”真重视，所以必须发挥县级党委的“一线指挥部”作用，落实好书记作为新时代文明实践中心主任的职责，推动书记切实扛起责任。诸暨市将新时代文明实践中心建设作为市镇村“一把手工程”纳入市委和市政府的重点工作、专项行动，统筹谋划、靠前指挥、主动上阵，既抓“面上谋划”又抓“点上深化”，既有情怀担当又有压力传导，最终形成全市上下齐心共推的工作合力。

（四）新时代文明实践工作，要在持续探索、逐步提升中久久为功

新时代文明实践是一项打基础立长远的工作，要处理好集中推进和稳扎稳打的关系。在体制机制建设上，诸暨从具体项目入手，不断完善机制、丰富内容、固化模式，形成一套运行体系。在推进路径上，诸暨坚持循序渐

进、不搞“齐步走”，按照调研开路、试点先行、分批扩面、全面实施的思路有序推进，不断优化流程、提升效能，打造全链条的工作闭环。在工作方式上，注重把定性为主的工作任务转化成可实际操作的定量指标，建立规范完善的量化指标体系，实现新时代文明实践工作“定性＋定量”的双跃升。

（田胡杰）

衢州率先打造新时代文明生活示范市的经验启示

《浙江高质量发展建设共同富裕示范区实施方案(2021—2025年)》提出,至2025年,浙江人文之美更加彰显,努力成为精神普遍富足的省域范例,成为与社会主义现代化先行省相适应的新时代文化高地。衢州市率先在全省打造新时代文明生活示范市,建设四省边际文化高地,有利于为浙江成为精神普遍富足的省域范例、与社会主义现代化先行省相适应的新时代文化高地奠定基础、树立标杆。

2020年11月10日,中央文明办公布第六届全国文明城市入选名单,衢州市成功入选,在40个入选的地级市中总成绩位列全国第四。高位入选全国文明城市,是衢州市2018—2020年三年文明城市创建圆满的终点,也是文明城市建设崭新的起点。文明城市建设是一项持之以恒、永不停步的系统工程,为避免全国文明城市“牌子到手、创建到头”现象,做好创建文明城市“后半篇文章”,衢州市提出了打造新时代文明生活城市、建设全国文明典范城市的美好目标。这是衢州市立足新发展阶段而确立的新的奋斗目标,也是回应浙江把“支持衢州建设四省边际中心城市”写进“十四五”规划和2035年远景目标的使命担当,更是衢州市站在高位创成全国文明城市这一新的起点上,推动文明创建成果转化为城市治理现代化的效能和优势,加快实现全域文明、全体文明、全面文明的崭新探索。

一、主要做法

2021年4月，衢州市出台《巩固全国文明城市创建成果　奋力打造新时代文明生活示范市实施方案（2021—2023年）》，开启了新时代文明生活示范市建设的新征程，从目标确立、行动开展、机制构建等多维度进行了系统推进。

（一）明确打造目标，迭代优化顶层设计

衢州市明确了“十四五”时期要奋力打造新时代文明生活示范市的目标，全力巩固提升全国文明城市创建成果。新时代文明生活示范市的建设目标是对全国文明城市创建目标的迭代升级，主要体现在三个方面：一是明确未来三年全国文明城市年底复评成绩目标。衢州市提出，2021—2013年，在每年全国文明城市地市级城市年度复评成绩排名中，衢州市保持在全国前十位。二是明确有礼指数综合测评成绩目标。2021—2013年，衢州各县（市、区）、市级单位年度有礼指数综合测评成绩逐年提升，2021年达到85分以上，2022年90分以上，2023年95分以上，且三年市民满意度均在98%以上。三是明确全国县级文明城市创建目标。全国文明城市创建由市级向县级延伸，并逐渐达到全覆盖，县县都是全国文明城市。2021年和2022年，江山市、开化县的全国县级文明城市年度测评成绩要位居全省前列。2023年，江山市、开化县力争成功创建全国县级文明城市，同时，龙游县、常山县力争入围全国县级文明城市提名城市。

（二）开展系列行动，培育新时代文明生活习惯

通过开展文明养成“十大行动”，培育文明生活习惯，提升社会文明程

度。一是开展新思想学习行动。始终把学习贯彻习近平新时代中国特色社会主义思想作为首要任务,依托各类有效载体,健全理论普及工作体系。深入推进“8090”新时代理论宣讲,不断创新传播手段和话语方式,持续推动党的创新理论飞入寻常百姓家。二是开展文明习惯养成行动。建设一批新时代文明生活示范标杆,推广作揖礼,倡导健康生活,推进全民阅读,建设网络文明,营造浓厚社会氛围。三是开展爱国卫生提升行动。创新洁净家园,开展文明健康细胞创建和无烟党政机关创建。推进垃圾分类,推行生活垃圾源头减量处理。深化“厕所革命”,开展“星级公厕”“示范公厕”“共享公厕”建设。四是开展文明餐桌行动。广泛开展“人人公筷、家家光盘”全民总动员,带动全社会树立节约意识。五是开展文明出行行动。倡导文明行车,推进自觉排队,深化文明旅游,打造无障碍环境。六是开展绿色生活倡导行动。鼓励低碳出行,开展“绿色消费”普及活动,引导群众养成节能环保的消费意识和简约适度的消费习惯。七是开展移风易俗深化行动。倡导文明节庆,改革婚丧礼俗,深化殡葬制度改革,实行生态节地殡葬。八是开展健康心理疏导行动。健全基层心理健康服务平台,完善服务体系。广泛开展心理健康科普宣传,加强宣传引导。九是开展公益覆盖行动。培育发展公益组织,鼓励市民考取社工证。完善志愿服务体系,深化小锦鲤品牌建设,推进志愿服务常态化。建设新时代文明实践云平台,打造“15分钟文明实践服务圈”。十是开展道德模范选树行动。定期开展最美衢州人、有礼之星、有礼标兵等典型选树活动,常态化开展学习宣传。

(三)构建长效机制,加强新时代文明生活保障

通过构建六大长效机制,切实保障文明生活持续长久。一是构建有礼市民培育长效机制。持续深化社会主义核心价值观教育实践,深化“八个一”有礼城市建设,组织实施新时代文明生活行动,把核心价值观有机融入

城市景观、市民生活、文化活动中。二是构建有礼创建长效机制。健全组织领导体系,坚持完善市领导包保、闭环推进制度,推进创文专班整体工作机制。健全督查考核体系,常态化推进有礼系列擂台赛,完善有礼指数考评体系。健全共建共享体系,常态化开展“双联双服务”、公职人员参与文明劝导等志愿行动。三是构建有礼城市管理长效机制。深化城市管理体制机制,完善城市管理领域多跨联合协同配合机制。推进城市管理标准化、法治化、数字化,细化城市管理清单、责任清单和网格清单,加强和规范事中事后监管,实现数字城管平台智慧化升级。四是构建有礼基层治理长效机制。坚持党建带创建,深化城市“三联工程”“周二无会日”“红色物业联盟”“三通一智(治)”等特色载体,建立健全街道(乡镇)、社区(村)、网格、楼栋、居民五级网络管理组织体系,推行文明建设网格化管理。建立覆盖全社会的文明诚信系统,深化礼法共治,形成不文明行为惩戒闭环。五是构建有礼细胞建设长效机制。加强文明村镇、文明社区、文明单位、文明行业、文明家庭、文明校园建设。六是构建有礼关爱帮扶长效机制。关心关爱未成年人,建立健全未成年人思想道德建设工作联动协调机制。探索制定褒扬道德模范和志愿者的政策,帮扶礼遇先进典型。

二、示范看点

衢州市打造新时代文明生活示范市在全市上下共同努力、全体市民共同参与下,坚持以文化人、以文培元,深入践行社会主义核心价值观,新时代文明生活示范市建设取得了一定成效,为推动衢州市跨越式高质量发展、加快四省边际共同富裕示范区和四省边际中心城市建设奠定了基础。

（一）“文明健康绿色环保”的文明生活新气象逐步显现

衢州市通过有礼馆、新时代文明实践中心、学雷锋志愿服务站、社区家长学校、文化礼堂等平台，立体展示文明创建带来的实实在在的变化，促进文明生活理念不断深入人心。“衢州有礼”阅读联盟成立，南孔书屋建设持续推进，全民阅读体系不断完善。文明健康细胞创建和无烟党政机关建设深入推进，干净整洁的工作生活环境不断营造。生活垃圾强制分类全面实施，“厕所革命”深入推进，城市人居环境日益整洁，城市品质不断提升。文明餐桌行动持续开展，市民节约意识不断增强。文明出行习惯逐渐养成，群众自觉排队的主动性进一步提高。

（二）“南孔圣地·衢州有礼”的城市品牌影响力持续提升

“南孔圣地·衢州有礼”城市品牌不断植入文明生活的全领域、全过程、全体系，衢州城市品牌持续打响。中央电视台、《人民政协报》、浙江卫视等中央、省级媒体多次对衢州城市进行宣传推介、深度报道，《衢州有礼》《南孔》等大型宣传纪录片相继制作完成。其中，“南孔圣地·衢州有礼”城市品牌营销系列案例荣获第五届博鳌国际旅游奖年度品牌营销唯一金奖。“南孔圣地·衢州有礼”城市品牌影响力不断增强，衢州城市品牌辨识度不断提升。在2021年中国地级市品牌综合影响力指数中，衢州排名第35名，比2020年提升10位。

（三）“一座最有礼的城市”的文明礼治新格局逐渐成型

创新推出“八个一”有礼活动，“车让人、不随地吐痰”等文明习惯深入人心，大力提倡“公筷公勺”，衢州这些做法在全省推广。在全国率先启动“千村修约”行动，将“使用公筷”“垃圾不落地”“不随地吐痰”等写进全市

1582个村(社区)的村规民约。覆盖全市域的文明诚信系统逐步建立,“失礼发现—落地处罚—媒体曝光—抄告通知—诚信记录”的不文明行为惩戒闭环逐渐形成。融合“八个一”的“有礼指数”测评体系顺利实施,衢州“有礼指数”测评结果总体趋势向好(见图1),“一座最有礼的城市”日渐形成。

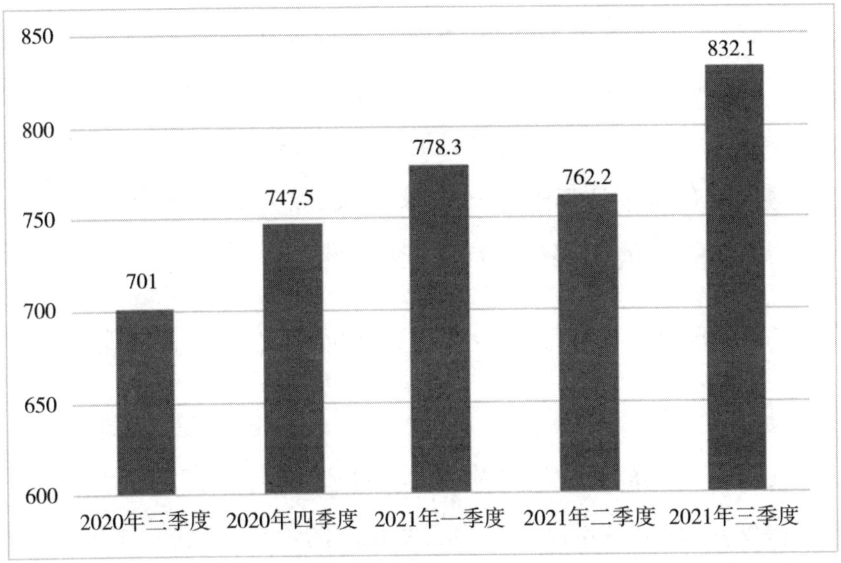

图1　衢州“有礼指数”(CI)测评结果

(数据来源:衢州市文明委、国家统计局衢州调查队)

三、启示前瞻

衢州市按照富有特色和影响力的要求,奋力打造新时代文明生活示范市,在取得初步成效的同时,也积累了一定的经验,获得了一定的启示。这些经验启示,对浙江全省域打造新时代文明生活城市具有引领作用,对浙江高质量发展建设共同富裕示范区具有促进作用。总的来说,可以概括为四句话十六个字,即植根于“文”,着眼于“城”,立足于“人”,用心于“治”。

（一）植根于“文”，以价值引领铸就城市文明生活之魂

坚持以社会主义核心价值观为引领，深刻铸就城市文明生活之魂，是衢州市打造新时代文明生活示范市取得成效的首要因素。在打造新时代文明生活示范市过程中，突出对精神层面的追求，把广大人民群众的心凝聚起来，建设一个秀外慧中、内外兼修的文明城市。高品位打造城市人文魅力和文化内涵，让城市留得住历史，让人们记得住乡愁，让人民的家国情怀不断增强。坚持文化文明融合打通、交相辉映，把新时代文明生活行动全方位融入特色城市品牌塑造，在以文化人、以文化城中系统地推进城市品牌独特作用的发挥，彰显独具特色的人文魅力。

（二）着眼于“城”，以和谐宜居彰显城市文明生活之美

建设和谐宜居城市环境，充分展示城市文明生活之美，是衢州市打造新时代文明生活示范市的重要基础。在打造新时代文明生活示范市过程中，始终坚持把提升城市品质作为文明程度的最直观反映，注重从小处着眼、从细处着手，突出微改造、微提升，实施城市补短板工程，搞好城市的有机更新，开展市场秩序整顿、交通秩序整治、生态环境提升等专项治理，不断优化城市环境，美化市容市貌。

（三）立足于“人”，以共建共享巩固城市文明生活之本

坚持以人民为中心的发展思想，突出共建共享，是衢州市打造新时代文明生活示范市的核心内容。在建设过程中，充分发挥群众在示范市建设中的主体作用，让生活在这座城市中的每一个市民，都能共同建设精神家园，共同构筑文明风尚，共同享有发展成果。依托各级新时代文明实践中心（站、所），广泛发动群众，开展各类群众性主题实践活动，开展惠民便民

利民的志愿服务活动，形成人人参与、人人支持的良好氛围。把市域视作整体，注重市域全域覆盖，把城市文明生活向乡村拓展延伸。坚持问题导向、效果导向，办好一批民生工程、民生实事，切实为群众解决一些小事、实事、难事。

（四）用心于“治”，以协同治理夯实城市文明生活之基

着力构建党建统领的基层治理体系，推动协同治理夯实城市文明生活，是衢州市打造新时代文明生活示范市成效取得的必备要素。注重“三联工程”“红色物业联盟”“三通一智（治）”等特色平台载体的协同应用，充分发挥街道、社区、网格、楼栋、居民五级网络治理体系作用，把推进党建统领基层治理的触角延伸到最基层，把新时代文明生活行动的触手延伸到最末端。统筹运用数字化认知、数字化思维、数字化技术，加快提升整体智治和数字治理水平，加快构建精细化、网格化、智慧化的城市治理体系，推动城市治理能力不断得到新提升。

（金晓伟　朱汉清　季婵燕）

“共创、共有、共富、共享”文旅融合的横店样本

2021年6月，中共中央、国务院发布《关于支持浙江高质量发展建设共同富裕示范区的意见》，赋予浙江重要示范改革任务，先行先试、作出示范，为全国推动共同富裕提供省域范例。东阳市横店镇坚持“共创、共有、共富、共享”的“四共”理念，通过政企合力共建、产城融合发展，探索高质量发展建设共同富裕乡镇的路径，是改革开放以来实现历史性变革、取得历史性成就的一个典型案例。

横店镇位于浙江省金华市东阳市中南部，行政区域面积121平方公里，下辖27个行政村（社区）。改革开放以来，横店在党委、政府的支持下，克服资源受限、交通不便、区位不彰等困难，大力兴办工业，做强做大影视和旅游产业，加强城镇综合整治，带领百姓脱贫致富奔小康，开创共同富裕之路。经历40多年的栉风沐雨，横店从贫穷落后的偏僻小镇，发展成为宜居宜业宜游的影视名城、休闲小镇，被誉为“世界磁都”“江南药谷”“东方好莱坞”，成为全球最大的影视基地、国家AAAAA级旅游景区、全国文明镇，社会和谐稳定、居民安居乐业，实现了从农村到城镇到城市、从农业到工业到文化服务业、从农民到工人到市民的转变与融合。自2011年小城市培育以来，全镇常住人口从10.8万增长到23万，增长了1倍多；镇域内人均年收入从1.6万元增长到6.5万元，增长了3倍多。2020年，全镇实现规模以上工业

产值211亿元，影视文化产业年营收157亿元，旅游收入超200亿元，税收收入41亿元，接待游客近2000万人次，镇域综合实力位列全省第3名、全国第22名。

一、主要做法

（一）工业强镇：多办企业多赚钱，多为百姓办好事

横店集团以企为启蓬勃发展有深厚的历史渊源。1975年，在横店大队党支部书记徐文荣的带领下，横店创办了第一家社办企业——横店缫丝厂。在“多办企业多赚钱，多为百姓办好事”的理念指导下，1978年，横店又创办了针织厂、印染厂、化纤纺织厂等，开始发展轻纺工业。1980年，横店创办了磁性材料厂，开始发展电子元器件产业。1984年，成立横店工业公司（后更名为横店工业总公司）。1987年，横店总产值超亿元，成为浙中地区第一个亿元镇。1987年，横店开发医药中间体产品，开始发展医药产业。1990年，成立浙江横店企业集团公司，成为浙江省首家民营企业集团之一，1993年，改组成立横店集团，成为全国首家大型综合性乡镇企业集团之一。1995年，组建航空俱乐部，开始涉足航空产业。1996年，开始进军影视文化产业。

1998年，横店集团明确企业发展方向和定位，即短期以高科技工业为主，长远以第三产业为主，第三产业重点发展以影视文化为龙头的文化产业，并通过影视文化产业带动文化旅游、商贸和其他服务业。经过20多年的发展，横店形成了以磁性电子、生物医药、影视文化、新材料、木雕红木等为主的多产业集聚发展格局，深耕产品的研发、生产、销售与服务，业务遍及150多个国家和地区。目前，横店共有经济户口2.04万家，其中，企业

3621家，规模以上工业企业82家，年产值超亿元企业24家，上市公司8家，总量位居全国乡镇第2位。

（二）影视兴镇：建设影视基地，发展影视文化产业

1996年，以谢晋导演拍摄电影《鸦片战争》为契机，横店集团投资建设外景拍摄基地“广州街”。20多年来，横店集团陆续投资100多亿元，建起30多座跨越五千年历史、汇聚南北区域特色的影视实景拍摄基地，以及100座大型室内现代化高科技摄影棚，题材涉及古装、现代、当代、科幻等类型。横店成为全球规模最大的影视拍摄基地，被誉为“中国好莱坞”“影视梦工厂”，全国有1/4的电影、1/3的电视剧、2/3的古装剧，累计7万多部(集)的影视剧在这里拍摄，接待剧组累计3200多个。

众多的影视拍摄基地和优惠的政策、专业化的服务，吸引国内众多剧组蜂拥而至，服装、化妆、道具、机器设备等许多相关企业集聚于此，形成极富特色的影视产业集群。不断完善影视拍摄配套服务，从甄选群众演员、拍摄场地到协助完成备案立项、办理拍摄许可证、作品审查、影视产权交易等环节实现一条龙专业服务，完善创作、拍摄、后期制作、交易、衍生品制作等影视全产业链，实现影视剧拍摄“带着剧本来，拿着片子走”。2004年，国家广电总局批准设立浙江横店影视产业实验区，标志着横店从影视拍摄基地向影视产业基地转化。2018年，浙江省委、省政府批准成立横店影视文化产业集聚区，标志着横店影视文化产业步入高质量发展新阶段。横店成为全球规模最大的影视拍摄基地和国内产业链最完整的影视文化产业集聚区。

（三）旅游旺镇：发展影视旅游，繁荣区域经济集聚人气

横店影视文化产业的快速发展，大量游客慕名而至，拍摄基地成为旅

游热地,带动了横店影视旅游市场的火爆发展。横店坚持“影视为表、旅游为里、文化为魂”的经营理念,以影视拍摄基地为依托,以影视文化为内涵,以旅游观光为业态,以休闲娱乐为目的,大力发展影视旅游产业。1999年,横店举办中国首届农民旅游节,打响“影视旅游、农民文化”的品牌。2001年,浙江横店影视城有限公司成立,专业从事影视旅游经营,开发影视主题公园,将大量影视元素注入旅游产品中,增强旅游的互动性和体验性。多年的发展,横店旅游业规模不断扩大,2010年,横店影视城晋级为国家旅游局首批AAAAA级旅游区。

横店影视城是目前中国规模最大的影视体验主题公园,拥有20场大型演艺秀,成为娱乐休闲之都。近年开发的梦外滩影视主题公园,占地面积500亩,总投资约35亿元,集合了影视拍摄、影视主题文化体验、商业休闲、度假酒店等多种业态功能。横店旅游实现了从影视基地向影视旅游主题公园的转变、旅游产品由观光型向休闲体验型转变,增加了游客深度体验影视拍摄、享受度假休闲的乐趣。2020年,接待游客近2000万人次,累计近2亿人次。

(四)合力富镇:共谋发展蓝图,共建和谐美好家园

横店集团是多元化发展的中国特大型民营企业,旗下拥有6家上市公司、200多家生产和服务型企业、5万多名员工。集团自创立以来,以“多办企业多赚钱,多为老百姓办好事”为宗旨,积极参与影视产业发展、新农村建设、城市化发展、社会民生事业,为横店的共同富裕立下汗马功劳。先后投入100多亿元,建设公路、桥梁、隧道,实施南江两岸及支流治理工程,建成横店客运中心、自来水厂、污水处理厂、学校、医院等,惠及全镇及周边20多万人。2021年,横店集团被党中央、国务院授予“全国脱贫攻坚先进集体”称号。

中共横店共创共有共富共享工作委员会(简称横店“四共委”)于2007年成立,坚持以“共创、共有、共富、共享”为宗旨,以“发展文化产业,美化山山水水,造福一方百姓”为目标,以社会团体组织统领横店社会力量参与横店经济社会建设,助力横店城市化建设、和谐社区建设。“演员公会”作为服务于“横漂”的全国唯一一家非营利性群众演员同业公会,为“横漂”提供拍摄机会、代发工资、处理纠纷、帮助维权等全方位保障,使来自全国各地的影视人能够扎根横店,筑梦共富。

二、示范看点

(一)产业兴旺,夯实物质基础

多年的工业化进程,横店产业多元发展,第二、第三产业齐头并进,为横店共同富裕打下坚实的物质基础。2020年,横店镇实现规模以上工业产值211亿元,税收收入41亿元,创造就业岗位5.8万个,职工人均年收入达到8万元。

(二)文旅融合,提供更多创业就业机会

从一条街到一座城,从影视拍摄基地到影视文化产业,从影视基地到影视旅游主题公园,影视、文化、旅游的融合,为新老横店人提供大量的创业就业机会,如今在横店从事第三产业的劳动力约7.5万人,占劳动力就业总数的56%。2020年,横店影视业营收281.1亿元,旅游收入200亿元,直接创造就业岗位近12.3万个;各类主题酒店、民宿1500多家,床位2.87万张,农户出租收入达4.38亿元。

（三）环境宜居，提升居民幸福感获得感

多年的新农村建设和小城市培育，横店城镇环境得到综合整治，城市风貌得到综合提升，镇区设施功能得到改善，实现了“农业工业化、农村城市化、农民市民化”的梦想。2019年，横店城镇人均可支配收入达6.3万元。2019年，中央党校课题组从收入状况、公共服务、人居环境等15个指标对横店进行幸福感调查，满意度高达93%。

（四）引领共富，带动更多人走向共同富裕

横店影视文化产业辐射带动了周边乡镇及邻近县市，周边县市建有306个影视外景拍摄基地，增加了当地群众的就业机会和收入。横店集团帮助中西部贫困地区创造了数万个就业岗位。来自全国各地的1.5万多名剧组人员、6000多名影视行业工匠、7600多名“横漂”演员长期在横店工作生活。

（五）讲好故事，打造精神文明高地

横店成为影视主旋律、正能量、高品质作品的创作生产高地。2004年至今，横店入区企业作品获金鸡奖131部，百花奖、华表奖等273项，拥有30多家影视出口企业，与法国、美国、韩国等多个国家和地区合作，多部影视剧跨出国门，在20多个国家和地区播映。

三、启示前瞻

（一）始终坚持在党委、政府指引指导下有序发展

从创办第一个乡镇企业开始，到横店影视文化产业的发展壮大，横店

始终坚持在党委指引和政府指导下有序发展。浙江省“十四五”规划明确提出“以横店影视文化产业集聚区为龙头打造具有国际影响力的影视文化创新中心”,《浙江省高质量发展建设共同富裕示范区实施方案》提出“支持横店创建国家级影视产业先行示范区,打造具有国际影响力的影视创新中心和数字文化产业集群”,这些战略布局为横店指明了发展方向。党委、政府的高度重视和大力扶持,成为横店推动共同富裕示范区建设、广泛凝聚各方共识的强大动力和坚强保障。

(二)始终坚持共创共富理念带领区域共同富裕

横店始终以“共创、共有、共富、共享”为发展理念,坚持“多办企业多赚钱,多为群众办好事”,让更多的农民“洗脚上田”,使每个人都有机会赚钱致富。横店的共同富裕不仅是当地百姓的富裕,更是使全国各地来到横店就业创业的新横店人与当地百姓一样共享发展成果。横店始终坚持勤劳致富,鼓励劳动者通过诚实劳动、辛勤劳动实现增收致富,坚信“幸福生活都是奋斗出来的,共同富裕要靠勤劳智慧来创造”。

(三)始终坚持系统观念谋划区域发展

横店坚持遵循系统观念的内在规律与实践要求,将系统观念贯穿于经济社会发展全过程各领域。用系统的思想方法发展产业,第二产业壮大以后,大力发展第三产业,再以第二、第三产业反哺农业,实现一二三产业的共同发展。用系统的思想方法推进矛盾解决,注重防范化解重大风险,统筹发展质量和发展效益、发展成果与成果分配、经济发展与社会和谐之间的关系,使共富建设与经济发展阶段相适应、与现代化建设进程相协调,脚踏实地、久久为功。

（四）始终坚持改革创新推进区域发展

从轻纺业起步，到发展成为电气电子、医药健康、影视文旅、现代服务等产业集群，横店产业发展的每一步都是创新的结果，特别是影视文化产业的发展更是从无到有，成就横店创业传奇。坚持以改革为牵引，全面优化服务供给，特别是以数字化改革撬动区域全面改革深化，为产业发展营造优质环境，为群众生活创造更好条件。探索政企合力共建、产城融合发展模式，在发展中保障和改善民生，促进区域经济、文化、社会协调发展。

（五）始终坚持企业的担当和企业家情怀

横店的富裕离不开以横店集团为首的众多企业的担当作为，离不开以徐文荣为代表的企业家们锐意改革、不断进取的富民情怀。横店集团和创始人徐文荣自创业之初就把扎根横店、拥抱世界、做最具社会责任心的企业作为自身的使命与愿景，主动承担起推动横店农村现代化、农民脱贫致富的重任，带动区域产业协调发展，带领大批农民走上致富“快车道”。

（毛秀娟）

文化传承拯救古村落老屋的松阳示范

浙江省松阳县作为丽水最早的一个建制县，至今已有1800多年的历史，历史文化积淀深厚。中部松古平原为浙西南最大的山间平原，曾有“松阳熟、处州足”的美誉，但在工业化、信息化的进程中，又一度沦为贫困县。松阳拥有100多座格局完整的古村落，总量位居浙江首位、全国第五，是华东地区数量最多的县，被《中国国家地理》杂志誉为最后的江南秘境，被清华大学教授赞为古典中国的县域标本。2012年，县委依托自身生态优势，聚力拓宽“绿水青山就是金山银山”转换通道，努力盘活山区房、地、产，助力乡村振兴，提出“开展古村保护行动”目标。2013年，县委、县政府确定了打造“松阳古村落”品牌的实施意见。此后，松阳以拯救老屋为切入点，积极推进乡村振兴的实践。近年来，松阳持续深化“拯救老屋行动”，植入多元业态，激活老屋活化利用；深化混合所有制经济发展体制，建立“农民入股＋保底收益＋按股分红”模式，健全农民分享全产业链增值收益机制，以农民组织化提升带动村集体经济发展。松阳先后被国家部委列为中国传统村落保护发展示范县、全国唯一的传统村落保护利用试验区和“拯救老屋行动”整县推进试点县。

一、主要做法

传统村落是松阳最宝贵的文化资源和最独特的经济资源，县委、县政府把传统村落保护发展工作摆在践行“绿水青山就是金山银山”理念、乡村振兴的战略高度来推进，以传统村落的系统保护发展激活乡村发展动能。

（一）立足自身禀赋，盘活农村资产

在政府主导下，松阳主动摸清家底，致力盘活各类资产，激活农村沉睡的资产，使乡村重新焕发生机与活力。近年来，松阳找准古村落这个发力点，在国家文保部门的支持下展开了一场整县推进的“拯救老屋行动”，对传统村落提出了“活态传承、有机发展”的原则，强化资金保障，探索各类创新机制，呈现多元活化利用场景，并提出了建设“国家传统村落公园”等迭代升级的新理念，特别是在项目安排上坚持价值优先、整体优先、使用优先，在民宿、生态农业、休闲养生等业态植入中体现出多样性和层次感。

探索实施“传统村落＋”发展模式。比如，“传统村落＋工坊”，建成红糖工坊、豆腐工坊、契约博物馆等30余家小而精、小而美、小而特的全县域生态博物馆和特色工坊，生态产业工坊模式被推荐申报第十二届迪拜国际最佳范例奖。又如，“传统村落＋民宿”模式，建成过云山居、云端觅境、鸣珂里等一批精品民宿示范项目，累计建成民宿474家，床位4387张。2020年在新冠肺炎疫情影响下，仍接待游客145.9万人次，实现营业收入1.55亿元，松阳县四都乡入选为浙江省首批民宿助力乡村振兴改革试点。再如，“传统村落＋工作室”模式，实施百名艺术家入驻乡村计划，吸引国际国内拥有较高知名度的艺术家在松阳常态化驻场创作、交流研讨、交易拍卖，实现艺术赋能乡村发展。目前已成功签约艺术家85名，落地艺术家工作室

40个，形成了陈家铺诗人村、沿坑岭头画家村、力溪连环画艺术村等一批特色村。

探索“四权”抵押制度改革。积极推进“林权抵押贷款”，通过林业、财政、法院等部门全力配合，建立起了包含林权确权发证、价值评估、抵押登记、贷款发放、交易流转、司法处置、风险缓释、财政奖励等完善的制度体系，并发展成“林权”“农民住房财产权”“农村土地流转经营权”为主的抵押贷款模式，还在全国首创“茶园抵押贷款”，有效地解决了农民发展生产和创业融资难的问题，农村低效闲置资源得到更有效的开发利用。

（二）致力多产融合，促进富民增收

多年来，松阳立足农业大县实际，出台各类政策措施探索发展富民产业，先后培植了食用菌、茶叶、油茶、香榧等农业主导产业，实现农林牧渔业增加值13.2亿元，增长2.7%，尤其是茶产业在历届政府的大力推进下逐步发展成为松阳的富民产业。从2008年开始，松阳每年举办中国茶商大会，已连续举办了14届。如今，松阳已是“中国名茶之乡”“中国绿茶集散地”“2021年度茶旅融合特色县域”“2021年度茶业百强县”。全县有近10万人从事茶产业，形成了约40%人口从事茶产业、50%农民收入来自茶产业、60%农业产值来源于茶产业的发展格局。茶农从育苗、种植、加工及从事茶配套产业等获得了可观的收入，茶产业也成了松阳拓宽农村就业渠道的有效载体和富民产业。通过农工贸文旅的深度融合，构建“茶＋”多业态发展新模式，加快推动生态产品价值高效转化；开发旅游观光、茶禅康养、生态民宿、运动骑行、摄影写生等增值服务，逐步形成集种植、加工、流通、休闲于一体的茶叶全产业链架构，全链产值超120亿元；依托浙南茶叶市场等大场景，积极培育电商经济、直播经济，已是全国农产品直播带货活跃度最高的县。

具体做法：一是依托古村落特有禀赋大力发展乡村旅游。将村庄纳入旅游组织体系建设，将原本闲置的农房进行改造，同时植入特色餐饮、精品民宿、手工制作、文化体验（如古法造纸研学）等业态，增强集散功能，将其打造成为各类文化活动空间，吸引游客来体验原汁原味的乡村生活。二是依托松阳传统农业县优势全力发展生态农业。将生态农业基地打造成为休闲观光农事体验区，满足游客参与采摘、种植、饲养等农事体验活动的需求，培育复合业态。三是依托工坊积极发展特色手工业，增加农产品的附加值，提升溢价空间。如豆腐工坊至今已带动区域旅游经济收入增长300万元，被评为扶持村级集体经济发展的浙江实践十种模式典型案例之一。

（三）坚持文化引领，实现精神富有

松阳通过文化引领的乡村复兴，促进生态产品价值转换，持续增加农民生态收益及财产性收入，探索走出了一条高品质的绿色发展道路，“绿水青山就是金山银山”的转换通道被更加充分地打开。与此同时，松阳县立足县情，充分分析自身发展优势和短板，以复兴传统村落为切入点，活化利用明清古街，充分挖掘千年古县的文化底蕴，让民俗文化回归生活。一是民俗回归：注重打造“永不落幕”的民俗文化节，先后挖掘复活“竹溪摆祭”“平卿成人礼”等节庆活动60余种。二是展馆建设：探索建设全县域乡村博物馆，采取化整为零的方式，充分利用古民居、祠堂、文化礼堂等，建设具有体验、休闲、展陈体验功能的博物馆，建成契约博物馆、王景纪念馆、茶叶博物馆等一批高品质乡村博物馆。三是“非遗”保护：出台《县域非物质文化遗产保护发展规划》，制定《历史文化街区传统业态的扶持政策》。先后投入非遗保护资金400余万元，培育了一批“非遗”主题小镇和民俗文化村，建立了“老街乡愁”非物质文化遗产保护核心区。四是活态展示：充分利用古民居、祠堂、文化礼堂等，建设兼具展陈、体验功能于一体的活态展示网

络。"看大戏过大年"和"每周剧场"、手工艺体验、"非遗"展览、"非遗"学堂等轮番上演。五是作品开发:与北京师范大学合作,成功举办中青年非物质文化遗产传承人传统节日仪式研讨班;与浙江越剧团合作创编越剧《张玉娘》,获浙江省"五个一工程"奖、浙江省第十三届戏剧节新剧目大奖;与浙江音乐学院合作重编道教音乐《月宫调》,邀请专业导演编排"非遗"精品项目《松古遗芳》、高腔现代小戏《野柿子红了》等。

二、示范看点

通过拯救老屋、"四权"抵押、产业植入以及多产融合等新路径的摸索,盘活了山区房、地、产资源,乡村的人居环境改善了,乡村产业基础扎实了,群众收入增加了,在古与今的碰撞、城与乡的交融、保护与发展的协同中,不断夯实着共同富裕的物质基础和精神基础。

松阳的"拯救老屋行动",留住了最原始生态风貌,让200余幢百年老屋"活"了过来,一大批传统村落迎来了第二春,各类高端优质民宿纷纷入驻,各类新型乡村业态纷至沓来。目前,全县203个行政村60%以上植入了新业态,带动5600余人就地就业。不仅做足"山"字文章,松阳还大力推进"大搬快聚　富民安居"工程和全域土地综合整治,着力推动城乡要素双向流动、高效配置。已累计搬迁12个行政村250个自然村10830余户35536人,并积极为搬迁群众搭建创业、就业平台。2020年,松阳县城乡居民人均可支配收入差为21690元(城镇居民人均可支配收入为42494元,农村居民人均可支配收入为20804元),城乡收入比为2.04(2020年,我国城乡居民人均可支配收入比值为2.56)。松阳下山安置搬迁户户均收入由3万元增加至7.2万元,实现了"搬得出、稳得住、富得起"。特别值得一提的是,2021年,松阳县面对严峻的外部经济环境,奋力开启共同富裕新征程,在"争当跨越式高质量发展建设山区共同富裕美好社会模范生”目标的指引下，逆势实现了收入指标排位的全面进步，其中，全体居民收入增速从2020年的全丽水市第五上升到2021年第二，城镇居民人均可支配收入增速从第三上升到第一，农村居民人均可支配收入增速从第八上升到第三，低收入农户收入增速从第九上升到第七，城乡收入比从2.04缩小到2.01。

三、启示前瞻

（一）党建引领——实现山区共同富裕的政治前提

以党建引领共同富裕，根本是靠党的领导。松阳县委深刻认识到基层党组织的战斗堡垒作用，引领群众发挥潜能，激发创业活力。历届县委紧紧抓牢农村党支部标准化建设工作，提升村级阵地规范化建设水平，强化“两新”组织党建工作。通过结合行政村规模调整，充分发挥党支部龙头和示范带动作用，对软弱涣散村党支部书记集中调整优化；继续深化拓展村干部创业带富能力，提升村党支部书记致富带富能力；加强村干部培训，增强领导的硬实力。

（二）民生导向——实现山区跨越发展的不竭动力

以民生为导向是山区县跨越发展并顺利走向社会主义共同富裕的不竭动力。松阳县通过全面实施低收入农户全面小康计划、深入实施消除集体经济薄弱村三年行动计划等措施，从增加村民与集体收入、注重改善村民生产生活条件和村容村貌、改善基础设施和公共服务、改善村民物质生活和精神文化生活入手，持之以恒地改善乡村民生。村民在乡村振兴过程中体验到了实实在在的获得感，以更加饱满的热情投入建设美丽乡村的伟大工程中来，政府推进各项工作的阻力明显减少，从而在很多重点工作中创造了令人振奋的“松阳速度”，这在很大程度上可以说是在依靠群众的基础上充分开启了民智，使民力得到了有效发挥，为山区县的跨越赶超提供了不竭的动力，有效地促进了经济社会的跨越式发展。因此，在推动山区共同富裕过程中尤其要重视知民情、解民忧、顺民意、得民心。

（三）资源整合——实现山区共同富裕的要素保障

松阳立足于山区的生态、产业、历史文化等特色资源，通过挖掘古街区、古村落的历史价值，聚集各方人才的智慧唤醒沉睡的乡村资源，激活传统产业复兴，吸引外出创业的青年回乡发展，化地域资源为发展资本，构建起山区共同富裕的内生增长机制。充分整合闲置资源和各类项目、资金，以原生态、高品质理念建成百公里“浙江最美绿道”，有效推动村庄、景区等串“珠”成“链”，在丽水市率先创成国家全域旅游示范区。以此促进农业供给侧改革，激活市场与要素，有效吸引城市的资本、资金、技术、人才等要素与农村丰富的资源和劳动力相结合。知名设计师的作品极大地引导了城市消费向农村延伸，使之成为推动乡村振兴的强大动能。同时，松阳县在复兴乡村中坚持对外来工商资本进行有效引导，使外来资本与当地村民或集体形成恰当的利益分配机制，有效促进城乡资源要素双向合理流动。注重新型城镇化与乡村振兴协同发展，创新打造“国家传统村落公园”，带动上山致富。大力推动“大搬快聚富民安居”工程和全域土地综合整治，引导群众下山创业。

（四）“双招双引”——实现发展动能转换的有力抓手

“双招双引”为松阳发展汇聚磅礴伟力、注入澎湃动力，有效实现从“输血强身”到“造血强身”。它既关系到经济增长问题、结构优化问题、自主创新问题，也是财政收入问题和民生改善问题，抓住“双招双引”就是抓住了经济工作的全链条。近年来，松阳把“双招双引”作为经济工作的“第一战场”，抢抓国家支持革命老区振兴、浙江省支持山区县跨越式高质量发展等政策红利，以硬核举措狠抓招商引资、招才引智。2019年，松阳乘着“双招双引”的东风，在立足自身优势的基础上，通过引进新变量、创造新组合、提供新可能、培植新优势，全县工业大项目签约投资额同比增长184%，新引进大学生人数同比增长197%，均创历史新高。“双招双引”已然成为山区县发展动能转换的有力抓手。

当前的松阳正聚力于打造“智能制造新城、中国有机茶乡、全域康养胜地、国家传统村落公园”等独具松阳辨识度的金名片，全力建设高水平生态文明建设和高质量绿色发展“重要窗口示范区”，共建共享“业态多元、生态宜居、整体智治、文化繁荣、创新引领”的幸福乡村，共同为全省乃至全国推动山区共同富裕贡献松阳的乡土经验。

（包冬英）

第六篇

建设共同富裕现代化基本单元

现代化基本单元是高质量发展建设共同富裕示范区的“细胞”，建设好现代化基本单元，既是高质量发展建设共同富裕示范区的必然要求，更是指引未来现代化建设的坐标和基石。浙江省以未来社区和未来乡村为微观抓手，并将其作为推进共同富裕先行先试的基层实践场域，通过增强共同富裕示范区建设顶层设计和基层探索之间的黏性，在逐步实现全民共同富裕中先行探索、率先垂范。在城镇社区方面，全省域推进城镇未来社区建设，深入实施未来社区“三化九场景”推进行动，以未来社区理念实施城市更新改造行动，打造绿色低碳智慧的“有机生命体”、宜居宜业宜游的“生活共同体”、共建共治共享的“社会综合体”。在农村社区方面，全省域推进乡村新社区建设，深化“千村示范、万村整治”工程，升级打造新时代美丽乡村精品村，开展未来乡村建设试点，进一步推动城市公共设施向农村延伸、城市公共服务向农村覆盖、城市文明向农村辐射，形成农民共享现代文明生活的美好家园。

本板块选取的案例，就是近年来绍兴市，杭州市萧山区，宁波市鄞州区、北仑区、奉化区，安吉县，缙云县，遂昌县等地未来社区、未来乡村建设的典型案例。

未来社区建设：协调三对关系，打造省级示范样板

未来社区作为城市社会生活的单元，是城市现代化的重要体现，是城市居民共建、共治、共享美好生活的家园，也是推动共同富裕从宏观到微观落地的重要载体。在2019年浙江省“两会”上，“未来社区”被写入政府工作报告，明确“139”目标，即打造以人的幸福感为中心，以人本化、生态化、数字化为价值指引，以未来邻里、教育、健康、创业、建筑、交通、低碳、服务和治理九大场景为集成创新。2021年6月，浙江省委十四届九次全会进一步明确了浙江高质量发展建设共同富裕示范区的目标任务，再次强调“大力建设共同富裕现代化基本单元”，明确指出推进城市未来社区建设和开展未来乡村建设试点。杭州市萧山区承接省委部署，立足区域实际，积极推进工作，边试点、边研究、边总结，在实干中探索建设路径，力求打造全省示范样板，为其他省（区、市）提供宝贵经验。

一、主要做法

萧山在扎实推进未来社区建设的实践中一直积极探索、开拓创新，努力打造共同富裕示范区的典型样本。

（一）借力萧山城市大脑，走场景整合共融之路

萧山在推进未来社区建设的实践中，充分借力城市大脑技术手段，整合“三化九场景”“五化十场景”。基于萧山城市大脑，利用大数据、人工智能等技术，通过数字化信息化赋能，结合萧山产业大脑、交通小脑等平台和场景探索出“政府导治、村社智治、百姓自治”的和谐村社治理模式。如作为“千万工程”重要起源地的梅林村，运用数字化手段实现对村级共同富裕的“5＋25＋X”指标进行全面的态势监测与可视化分析。又如拥有七彩社区和东灵社区两个未来社区的瓜沥镇，使用“沥家园”线上积分机制与“沥mall”线下兑换点，把十场景融入线上驾驶舱和微信小程序数字化平台，实现镇域全覆盖。再如凤凰村则利用数字技术创建了全国第一个“掌上村志”等。

（二）多元主体共创共享，走精细化基层治理之路

未来社区的前期规划、中期完善都需要政府、企业、居民、开发主体的全过程民主协商和参与。尤其是面对前期的难点政策处理、资金平衡、待方案拍地、全过程咨询、协商等重要问题，需要摸清各方在生产生活、情感、文化、利益等方面的多元诉求和痛点。如凤凰村建立自下而上的协商和决策机制。又如瓜沥七彩未来社区免费开放邻里广场，为社区居民提供社区春晚、大型表演、邻里活动、大型公益活动场所，打造复合型文化中心，整合党、团、工、青、妇以及统战、图书馆等功能，通过公益项目、邻里互助、意见反馈、公共服务、社团活动等形式，孵化出12个大社团、34个社群。通过多元主体参与建设的方式，使未来社区和未来乡村的基层治理精细化、人性化，真正做到共建共享。

（三）突破土地资金人才等要素瓶颈，走可持续发展之路

从长远谋划人流、导流、价值流来实现多平衡，引外力，激活力，盘活要素双循环，实现未来社区和乡村的可持续建设与运营。萧山未来乡村正积极构建“增特色、增活力、引产业、引投入”的“双增双引”机制，激发建设内生动力。如凤凰村坚持“个私经济、集体经济”两条腿走路，成功搬迁企业34家、农户121户，移墓3500多穴，拆除违章建筑8.9万平方米，旧村改造421户，把集约土地改造成机械化农田、集体市场、农户与村集体组建的股份制企业等，投入5300万元持续吸引外来人口，吸引2000多个“新萧山人”，建成杭州市首个外来人口集中居住的建制社区。又如瓜沥七彩未来社区运营管理学院打造了涉及信息技术、护理、临床医学、社会工作、家政服务、物业管理等方面人才培养、课程研发、培训、实践的未来社区产教联盟。

（四）因地制宜凸显县域特色，走阶梯式发展之路

未来社区的建成之路不是一蹴而就、千篇一律的，受各基层硬件和软件条件约束，各镇街平台结合已有人力、物力、财力、信息流等优势和劣势，制定了操作可行、凸显特色、分阶段的发展思路和步骤。同时，部分镇街积极借鉴国外经验，将新加坡市镇规划经验与本地居民生活痛点结合，打造以TOD模式为中心理念的复合型服务空间。如瓜沥七彩未来社区借鉴新加坡社区模式，建成省内首个先行先试示范点。结合瓜沥产业特色，把四个规划区块中的B区块打造成智慧城镇产业园区，把产业和创业、人才引进社区，配套建设人才服务中心、幼托中心，集工作、生活、学习、娱乐于一体。投入运营后，预计将引进人才3800人以上。

二、示范看点

萧山在打造省级示范样板的实践探索中，始终坚持以实现共同富裕为目标，多管齐下，扎实推进，在各方面均取得了长足进展与提升。

（一）未来场景融合，人居环境提升

萧山在推进未来社区建设的实践中，注重打通不同场景，实现多功能场景的集成与融合。根据不同社区、不同乡村的个性特点和群众需求设置场景，打造以设施共享、智慧互联、功能集成、低碳绿色为主要特征的未来场景。在未来社区的“15分钟步行圈”内，“三化九场景”的指标得到基本落实，并增强场景联动通融，如围绕“健康＋低碳”建立颐养中心，打造高品质多类型运动场景；围绕“创业＋服务”开设培训课程，培养管理人才、运营人才，反哺未来社区的建设和服务。未来乡村则以环境生态、设施完善、生活便利为建设定位，通过系统推进农村基础设施项目建设、全域土地综合整治和生态修复、美丽乡村建设等，打造“五化十场景”。充分发挥乡村的生态优势，如凤凰村依托美丽乡村建设和凤凰红色风情小镇规划，努力打造AAA级红色文化旅游景区，让乡村旅游“活”起来，并通过开展“五水共治”、围墙改造、庭院美化、杆线整治等行动，使村庄环境面貌焕然一新。未来场景的融合与完善使得人居环境极大提升，居民对未来生活的幸福感和获得感增加。

（二）数字手段赋能，基层治理提效

数字技术服务于微观民生。萧山在推进未来社区建设的实践中，基于大数据探索出“政府导治、社区智治、居民自治”的和谐基层治理模式。以

数字化为引擎，进一步提升未来社区、未来乡村的治理水平，推动社区居民和村民积极参与。以数字服务、数字生活、智慧治理为建设定位，克服以往低效、滞后、传统生活模式和生活方式等问题，通过系统推进数字平安、数字清廉、数字服务、信息基础设施项目建设等，实现生活智慧化建设目标，进一步体现基层治理的提效。如瓜沥镇七彩未来社区通过“沥家园”平台引导鼓励社区居民自治，赋予社区温度。政府通过数字化治理平台、数字孪生技术来进行“商管、能管、资管”，进行“城市大脑＋未来社区”的数字化社区建设，实现户的全覆盖，极大节省治理成本，提升治理效能。

（三）聚焦服务均等，公共服务提档

萧山在探索共同富裕的实践中，一直致力于实现发展成果的共享，积极推进城乡公共服务均等化。萧山在未来社区和未来乡村建设中，一方面通过完善场景和数字手段为公共服务提供质量保障，另一方面积极推进城乡公共服务均等化。以推进城乡融合发展和建立互促共享城乡融合发展体系为切入点，克服以往城乡发展不平衡、公共服务城乡差距大、重城市轻农村的供给方式等问题，按照户户富裕富足、人人创新创业、个个无忧无虑等民生福祉追求，通过系统推进村社教育、村社医疗卫生、农村社会保障和消费进乡村等，实现服务均等化建设目标，进一步体现未来服务场景。预计在2022年之前，实现农村公办义务教育省标准化学校在全省率先达到100%，社区教育进文化礼堂覆盖率达90%以上，城乡新型名校集团化共建型教共体比例达到100%，规范化村卫生室（社区卫生服务站）实现全覆盖等。

（四）探索新时代文明，区强民富提质

共同富裕除了物质生活的多样富足，还需要精神文明的协同推进。萧

山在打造示范样板、推进共同富裕的实践中，注重建设精神文明高地。聚焦文明现代化，探索新时代社区文化、乡贤文化、乡风文明等。通过完善基层治理机制，以法治、德治、自治、智治“四治融合”为方向，打造党建引领基层治理的村（社区）示范点，探索建立基层治理新文明。结合当地历史文化资源，传承优秀传统文化和挖掘培育文化精神，如梅林村在艰苦奋斗中发扬围垦精神等。在文化礼堂全覆盖的基础上加强网络文化建设和文化载体建设，进一步发挥阵地作用，积极推广“文化管家”社会化服务模式，加强文明新风宣传引导力度。从而系统梳理并拓展创新新时代的萧山文化、村社文明，通过完善体系、丰富资源，激活群众的文化需求，统筹城乡文化供给，提高群众文化获得感。为萧山的强区富民拔高了高度、提升了质量，实现了物质与精神的协同富足。

三、启示前瞻

纵观萧山在打造未来社区省级示范样板、努力实现共同富裕方面采取的主要做法和取得的主要成效，可以说，萧山已经通过积极探索实践揭示出了极具广泛借鉴和推广意义的经验启示：处理好政府与市场、传统与现代、供给与需求的关系是关键。

（一）处理好政府与市场的关系

在未来社区的建设和治理中，政府和市场是两支重要的力量。仅仅依靠政府管制或市场调节，难以实现资源的有效配置。因此需要妥善处理政府与市场的关系，坚持“有为政府”和“有效市场”并重。萧山在打造全省示范样板的实践中，一是充分发挥政府的主导作用，做好顶层设计，研究配套的扶持政策，精准通过制定政策对企业进行补给，为市场提供诸如规划审批、贷款、税收等方面的政策便利。二是充分发挥市场的主体作用，盘活配置资源，鼓励组建未来社区产业联盟，采用联合体方式实施投资，以合理分担投资风险，并充分发挥联合体各方在专业上的优势互补，从而打通激活各领域的资源，保证项目建设和运营的稳定持续，进而拉动投资量级。通过协调处理政府与市场的关系，逐步实现“去地产化”，鼓励引导相关产业发展，培育未来社区和未来乡村的自主造血功能，并拉动区域经济发展，实现良性循环。

（二）处理好传统与现代的关系

未来社区和未来乡村被冠以“未来之名”，代表着共同富裕基本单元的现代化方向。这种现代化并非与传统全然脱节，在治理过程中处理好传统和现代的关系，不仅有助于传承文化、改进现代技术，更有助于促进传统和现代的融合。萧山在推进未来社区和未来乡村建设的实践中，既有对现代数字技术、治理手段的注重，也有对历史文化传统、社区邻里风貌的保护。一方面，将传承传统文化视作实现未来社区、未来乡村高效治理的灵魂，立足可持续发展的理念合理布局，根据地方特色建设好邻里场景、教育场景，并大力开展乡贤文化、乡风建设、家风文明宣传等，避免出现一味追求现代化而阻碍传统元素的继承保留。另一方面，积极探索传统和现代的融合路径，以现代技术创新传统文化的传承方式，塑造新时代传统文化内涵。如通过线上村志、数字家园、云端文化共享等方式，实现传统文化的转型，打造兼具未来科技特色和传统文化特色的未来社区、未来乡村品牌。

（三）处理好供给与需求的关系

无论是未来社区还是未来乡村，归根结底都是共同富裕的现代化基本单元，是以人为中心、围绕着人民群众的需求服务的。现代化村（社区）提供的服务如果不符合居民需求，或是居民不主动参与村（社区）治理，仅仅依靠政府单方面的“剃头挑子一头热”，则会使得未来社区、未来乡村难以为继。萧山在建设未来社区、未来乡村的实践中注重处理供给与需求的关系，协调居民对优质服务的向往与供给的不充分之间的矛盾。一是针对不同人群提升服务质量，完善社会救助和福利服务、便民利民服务、社会化服务、再就业服务和社会保障社会化服务，将服务供给充分覆盖到各种不同需求的人群。二是面向社会公众，融入居民现实需求，积极培育社会资本，调动多方协同治理。从政府、村（社区）、社会资本三个方面施力，落实治理重心下移。通过完善体制机制，加强信息互通和资源共享；设置村社公共活动，完善邻里场景，增强居民的归属感和积极性；融入“资本在场”治理路径，增强社会资本对于“低成本、高覆盖”的服务参与（如养老服务等），在保证供给普惠性的基础上达到盈利拐点，进而推动政、企、民三方共赢，从参与者向承担者逐步转变。随着萧山打造示范样板工作的不断推进，萧山在共同富裕的道路上不断前行，人民群众的获得感、幸福感和安全感正在持续提升，人民群众对美好生活的期盼正在不断实现。

（游潇泓　赵晖）

和谐社区建设：众人划桨共创和谐的“划船样本”

本文以共同富裕下社会和谐和睦为视角，以和谐社区建设为切入口，聚焦宁波市鄞州区百丈街道划船社区的创新治理，通过实地走访调研，探索总结该社区在共同富裕道路上的治理实践和成效，解锁其成功密码，为宁波市乃至全国和谐美好社区建设提供“划船样本”。

划船社区位于宁波城市核心区鄞州区百丈街道，属于典型的老旧小区。小区建于20世纪80年代初，辖区面积0.49平方公里，共有楼群104幢、墙门275个、住户3891户、居民10400余人，多为困难人口、外来人口和老年人口，其中60岁以上的居民占26%。就是在这个老年人口多、困难人口多、外来人口多的“三多”老旧社区，一代代社区工作者坚持党建引领，秉承“众人划船，共建和谐”的社区精神和“有事来找我”的服务理念，以建设“美丽划船，幸福社区”为己任，走出了一条和谐文明社区建设的新路子，涌现了“阳光八号”“七彩人生”等一批特色品牌，百姓安居乐业，社会和谐有序，得到了《人民日报》、中央电视台等多家媒体深度采访和报道。该社区先后获得全国先进基层党组织、全国文明社区、全国民主法治示范社区等70多项省级以上荣誉。2017年，社区党委书记俞复玲作为全国道德模范、社区好干部代表登上春晚向全国人民拜年。2018年，她又登上全国讲堂分享社区创新治理经验，“俞复玲365社区服务工作法”也被评为全国100个优秀社区工作法。2021年10月16日,俞复玲当选为浙江省“十大强基先锋”,为宁波市唯一获奖的基层党建工作者。

一、主要做法

(一)服务型党建:“365社区服务工作法”

多年来,划船社区深入探索独特的为民服务体系,为居民编织精细化、全域化服务网。“俞复玲365社区服务工作法”是创新社区服务管理的典型范例和新时期做好群众工作的有效载体,对于增进人民群众福祉、夯实党在城市基层的执政基础,把社区建设成为和谐美丽新家园具有十分重要的现实意义。该工作法秉承“有事来找我”的宗旨,奉行“最好的服务即是最好的管理”,倡导全年365天时时处处为社区居民提供快速、便捷、精细化服务,内容包括“三联”“六服务”“五机制”三个方面。其中,“三联”指社工联勤、党员联动、志愿联盟;“六服务”指区域党建、综合便民、智慧信息、社会公益、特色精细和共享文化服务;“五机制”指民情收集、分析、处置、反馈和评议机制,涵盖建强服务队伍、创新服务方式、优化服务规程三个方面,为基层社区建设提供范本指南。

同时,坚持党建引领是划船社区的建设核心。2016年,以划船社区为核心,通过整合周边区域党建资源,深化党建领航,成立了百丈(划船)党建综合示范区,形成了一个各领域党建共建共享的“红色联盟”,进一步提升基层党建的政治引领力和组织凝聚力。充分发挥每一个党员的先锋带头作用,“一个党员一面旗”已成为划船社区的红色共识。2006年,一支由百余名党员志愿者组成的队伍,设立“阳光八号”党员奉献日,引导广大党员走进群众,按照每个党员自身的特长,在每月8号定期为居民提供便民服务。“阳光八号”活动已经风雨无阻持续了15年,不仅奉献了爱心,更赢得了民心。

(二)文化赋能:和美墙门文化

习近平总书记指出,“我们说的共同富裕是全体人民共同富裕,是人民群众物质生活和精神生活都富裕”,明确精神富裕是共同富裕的重要内容。促进人民群众精神富裕,要不断满足人民群众多样化、多层次、多方面的精神文化需求。

划船社区地处宁波中心城区,文化底蕴深厚,每条街巷背后都蕴含丰富的文化资源。一方面,将这些文化资源内嵌到社区治理的架构之中,创造和谐文明的“墙门文化”,重现旧时和睦友爱的邻里关系,不断满足居民的精神文化需求。“我觉得,只有文化才是传递情感、凝聚共识的精神内核,”俞复玲意识到文化对促进邻里和谐文明的重要性,“这种文化可以看成是居民们坐下来交流的生活文化。彼此间其乐融融了,还有什么问题不能解决的?”另一方面,社区里一些土生土长的老居民,对这块土地感情深厚,对社区治理获得的成就与成效有较强的荣誉意识、保护意识和参与意识,起到了很好的带头示范作用,从而形成良性循环,营造了美好和谐的社区风气和文化氛围。

“老墙门”曾经是宁波的文化象征。划船社区的275个墙门保留着老宁波的印记,每个都有自己独特的名字和特色活动。比如,“思源楼”取自居民鲍澄文老人的诗句“落其实者思其树,饮其流者怀其源”;同心楼有“吃墙门年夜饭”的传统,从1997年除夕开始,同楼居民共进年夜饭,墙门内每户人家准备两个菜,大家热热闹闹一起吃饭,欢歌笑语迎新春;齐心楼居民齐心协力身体力行尊老爱幼,同楼有老人住院,都会前去探望安慰,对别家的孩子视如己出,父母亲没有回来就代为看护;“联馨楼”取“联结你我、传递温馨”之意,墙门常住居民有报社编辑、退休教师、退休干部、留学生等,大家团结互助,形成了“一家有难众家帮”“亲密团结如一家”的良好墙门互助氛围……有的老人因为眷恋这里温馨和谐的人文环境,宁可独居在没有电梯的旧楼,也不愿搬到子女为他们准备的宽敞明亮的电梯房。划船社区居民们用实际行动诠释着“远亲不如近邻”,创造着和谐温馨的墙门文化,不断深化着精神富裕的内涵、深度和广度。

(三)平台建设:居民参与民主自治

划船社区搭建居民自助服务和自治管理平台,成立“社区邻里中心”,由德高望重热心公益事业的退休居民担任中心组长、副组长。邻里中心以居民自我服务为切入点,通过挖掘社区各类社会组织资源,为居民自我服务提供参与平台,为社区社会组织提供备案、政策咨询、人员培训、培育孵化等服务,并以系列活动为载体,积极营造“远亲不如近邻”的和谐氛围。

居民说事、民主参与的特色阵地推动了法治、德治、自治在划船社区有机融合,实现了政府治理和社会自我调节、居民自治的良性互动。依托社区“民心汇所”等议事阵地,强化居民协商议事机制,创设“小巷公议会”“议事厅”等民主议事载体,让居民充分发表意见,共商对策,自主参与解决车棚违规住人、乱搭乱建等32类涉及居民切身利益的社区事务和难点问题。

同时,社区组建了“墙门自治委员会”,每个楼道选出墙门代表和墙门宣传员、卫生员、安全员、调解员等“一代四员”。邻里之间有小矛盾、婆媳之间有不愉快,都由“墙门自治委员会”委员进行劝说调解,把问题解决在墙门里面,充分发挥居民的主人翁意识。

(四)助老服务:老有所养老有所享

尊老孝老是中华民族的优良传统。2014年,划船社区成立全市首个AAA级社区居家养老服务中心。近年来,为了让居民老有所养,让老年人也共享新时代的改革发展成果，满足老年人日益增长的美好生活需要，社区创新“家院互融”居家养老新模式，提供品牌化、精细化服务，为老人无偿或低价提供日托、上门送餐、医疗保健等八大类54项服务，不断增强老人们的获得感、幸福感和安全感。比如，链接保健资源，邀请知名足浴店的技师每周四下午专门为社区老人提供免费的足浴服务；链接高校资源，邀请大学生为老年人开设智能手机培训班，帮助老人融入数字化时代；链接服务资源，与香格里拉大酒店共设“香里香亲”结对项目，为社区孤寡独居老人提供接地气的长效照护，在大小节日上门慰问并解决生活难题。调研中发现，老人们精神抖擞，谈笑风生，幸福之情溢于言表：“我喜欢这里，舍不得离开这儿”，“生活在这里很幸福，生活在划船社区很自豪”。

（五）助残服务：用心扶起尊严生活

划船社区有一群特殊的居民，患有自闭、智力障碍、肢体残疾等疾病。如何让残疾人有尊严地生活，融入社会，减轻家庭负担，是划船社区工作者一直努力思考的课题。2013年，社区成立“梦工坊助残服务中心”，这是一个倾注了对特殊群体关爱的空间，也是这些特殊人员梦想启航的地方。梦工坊助残服务中心，联系对接相关企业，设立来料加工、花卉超市、“金手指”缝补、“创皂屋”和手工坊五类就业岗位，为具有一定劳动能力的残疾人提供庇护性工作岗位，让他们边工作边疗养，在解决就业问题、增加收入的同时，帮助他们变得更加独立、开朗、自信，为家庭带来欢乐和希望。为了进一步鼓励他们走出家门走进社会，社区组织广场义卖活动，为他们展示自己的手工作品提供平台，展现自我价值。在这里，“面条女孩”邱一楠不仅站起来了，而且结婚生子、生活幸福；自闭症男孩军军走出家门变得自信开朗……同时，为了满足这些特殊群体的精神文化需求，社区根据每个人的特长和爱好，安排特色课程学习才艺，在每年社区国庆晚会中，邀请他们上台表演展示才艺，展示自信、展现自我。

（六）志愿服务：社会组织参与社区治理

社区大力培育社会组织和志愿服务，通过孵化、培育和引导社会组织，实现居民的自我服务和自我管理。目前，划船社区培育发展了26个社会组织，组建了常态型、制度型、体验型、互助型、文化型等多形式的志愿服务队，打造了15个优质公益项目，围绕居民最关心、最现实、最直接的突出问题，零距离送服务到家家户户。目前划船社区共拥有居民志愿者3140人，约占社区居民总数的30%，居民都能在社区里找到自己感兴趣或需要帮助的社会组织，充分践行了“有困难找志愿者，有时间做志愿者”和“我为人人，人人为我”的服务理念。

同时，社区充分利用社会力量，整合、拓展社会资源，把辖区内的企业、学校、专业组织、机构等多方力量纳入组织，为社会组织搭建更大的施展舞台，让社区服务继续朝着精细化、专业化、普惠化、特色化的方向发展。比如，由多名国家二级心理咨询师承接的“心理话聊室”定期对精神病患者、吸毒人员等特殊人群进行心理疏导。又如“春风就业服务队”“爱心超市”“新宁波人之家”“天音矫正工作室”“老娘舅调解室”等特色服务工作室，极大满足了居民的个性化需求。

二、示范看点

（一）探索出独特的为民服务体系

“俞复玲365社区服务工作法”理念新、措施实、易操作，是服务型基层党组织建设的典范，是宁波社区工作先进经验的智慧结晶，具有示范意义。它以“众人划桨开大船”为理念，以“为民服务”“以人民为中心”为核心，坚持“区域化党建、网格化管理、组团式服务”，深化基层服务型党组织建设，夯实党在城市基层的执政基础，破解社区建设诸多难题，把社区建设成为管理有序、服务完善、文明祥和、和谐融洽的城市生活共同体，为基层和谐文明社区建设提供“划船样本”。

（二）培育出功能齐全的社会组织

划船社区通过大力培育各类社会组织和志愿服务项目，多措并举激励社会组织参与社区治理，无形中延长了社区服务的“工作手臂”。社区坚持发挥各类社会组织的协同作用，加强组织间的沟通与合作，秉持社会组织参与社会治理的民间性、公共性和公益性原则，使社会组织充分发挥其功能，提高了服务水平。

（三）创新出老残群体的帮扶机制

助老助残服务是划船社区特色创新的重要领域，尽显社会担当，为老弱病残群体提供共享改革成果的机会。对特殊群体的关爱和帮扶，为社区工作赢得了民心和口碑，居民更加理解社区工作人员的用心和不易，更加积极主动配合社区工作，构成良性循环和双向和谐关系，为创建共同富裕和谐社区奠定了坚实的群众基础。

三、启示前瞻

（一）党建引领，创建社区治理新模式

社区治理作为新时代推进社会治理现代化的重要组成部分，是促进共

同富裕的最前线，是基层党组织政治引领、组织引领、机制引领、能力引领的途径和载体。划船社区以基层党建引领社区治理创新，用贴心服务打破党群干群隔阂之墙，坚持服务至上、民生优先的理念，社区工作者“用服务温暖人心”和“用脚步丈量民生”的浸入式工作作风，深受居民认可和拥护，干群关系和谐和睦，社工的“有事来找我”与居民的“有事你说话”紧密呼应，这也是划船社区从过去一个问题繁杂的老旧社区成为现在示范和谐社区的核心密码。

（二）民主自治，打造社区治理新格局

党的十九大报告指出要打造共建共治共享的社会治理新格局。实行包括居民在内的多元主体共治是实现有效社区治理的重要途径。为促进居民有效参与社区治理，基层政府构筑居民有效参与的平台，法治、德治、自治相结合，发扬民主、问计于民。政府肩负着提供良好外部环境的责任，需要在制度和价值层面提供保障，保证居民参与社区工作的公开、公平，发挥居民的积极性和主动性，居民亦在参与过程中提升了获得感、幸福感、荣誉感。和谐社区建设应充分引导居民参与社区治理，塑造和谐美好的社区共同体，打造减轻政府负担、政民共建共治共享的治理新格局。

（三）整合资源，形成社区治理新合力

社会力量作为联系政府与社会公众的重要桥梁和纽带，具有贴近民生、自愿参与、服务灵活等特点。政府通过健全相关法律法规完善政策，鼓励和支持社会力量参与基层社区治理，促使社会力量成为社区治理中最活跃的因素。积极拓宽社会力量参与渠道，大力培育发展民间社会组织、网格员、志愿者等社会力量，形成治理合力，链接并整合各类社会资源和社会资本，通过公益活动、政府购买服务、项目合作、建立平台等方式，聚集各类

社会力量形成社会治理网络体系，推动建设人人有责、人人尽责、人人享有的和谐美好社区。

（四）人才培养，培育社区治理新精英

人才是社区工作的关键，社区“领头雁”更是关键中的关键。“家长里短”“芝麻绿豆”的社区工作琐碎繁杂，社区工作者不仅要有能力，更要有爱心、有情怀。划船社区治理的成功离不开“掌舵人”俞复玲的辛勤工作和倾心奉献。2020年，俞复玲从划船社区党委书记岗位上退下来后，立刻将工作重心转移到导师传帮带上，成立名师工作室，着力培养更多的优秀社区书记，培育社区治理新精英。至今，俞复玲累计培训学员5000余人次，为社区培养了160多位“一把手”，她的名师工作室也被称为宁波社工界的“黄埔军校”，为美好社区建设提供人才保障。

（施亚波）

工业社区:共建共治共享的集成服务模式

工业社区是承载城市生产生活的重要单元。工业社区集成服务模式引入社区治理理念到产业园区管理之中,以区域化党建为引领,实现了园区多元共治,以较低成本为企业和居民提供了优质公共服务。工业社区在探索产业园区管理模式上有重要创新意义,有利于更好地帮助中小微企业健康发展,促进收入增长和保障就业,并在区域内为员工、居民营造共建共享的高品质生活。宁波市北仑区自2008年开始探索工业社区实践,已建成15个工业社区,服务超过6000家企业和近30万产业工人。2021年3月,《工业集聚区社区化管理和服务规范》省级地方标准正式出台,工业社区相关经验已经在宁波、嘉兴等地的多个工业集聚区加以推广。

充满活力的民营经济是浙江省经济发展的优势特点,而中小微企业在浙江民营经济中又处于举足轻重的地位。产业园区是中小微企业集聚发展的载体,如何为园区内众多企业提供优质公共服务,是决定园区管理水平的重要一环。但在实际工作中,还有许多园区存在服务供给不足、服务平台缺失、服务成本过高等问题,给园区长远发展造成不利影响。因此,园区服务如何持续优化,是值得持续探索解决的现实课题。

宁波市北仑区是浙江省工业强区,2020年规模以上工业总产业规模、增加值总量均居全省县市区第一。全国第一家成立的工业社区——大港工业社区位于宁波市北仑区新碶街道大港工业城。在2008年以前,大港工业城采用“谁招商,谁管理”的条线管理模式,园区建设初期,这种模式比较有利于招商引资和开发建设,但随着企业数量不断增多、项目发展不断成熟,园区建设往往涉及各领域内的众多部门,单靠原招商部门已难以解决,原有管理模式面临挑战。2008年3月,大港工业社区成立,创造性地将居民社区服务应用到工业园区中,取得了显著成效。经过十余年的探索实践,工业社区集成服务模式日趋成熟,为创新园区管理服务提供了宝贵经验,对持续优化营商环境、提供优质服务、促进高质量发展有着积极意义。

一、主要做法

(一)以区域化党建构筑服务组织体系

一方面,强化社区大党委的领导作用。作为区域性党组织,工业社区大党委委员来自辖区内不同的政府机构、企业和群团组织。比如,大港工业社区大党委兼职委员中,就有多位是与园区服务密切关联的政府部门工作人员。通过党建联席会议等机制,来自不同单位的党委委员对园区发展的重大事务一起定期共同商议、共同决策、共同推行。在社区大党委的领导下,逐渐在工业社区内建立健全各片区支部和社区总工会、妇联、科协等群团组织,并进一步培育社会组织。

另一方面,大力发展党建共建联盟。以大港工业社区为例,一类是由不同片区支部组成的“支部联盟”,进行问题共议、事务共商、活动共办、资源共享。比如,针对春节后用工短缺的问题,大港工业社区各支部联盟发出了“以老带新”全员引才倡议书,发动党员老员工去家乡村镇联络招揽劳动力资源,有家企业通过党支部发动了1000多名员工成为兼职HR,帮助填补了400多人的用工缺口。一类是产业党建联盟，如“家电产业党建联盟”“机械产业党建联盟”等，帮助同一产业内的园区企业实现抱团发展，促成供应链、技术、信息等方面的合作。此外，党建联盟还可以扩展到工业社区之外，和高校、金融机构等建立起联系，为企业服务积累了丰富的外部资源。

（二）以现实需求指引服务供给方向

随着经济社会不断发展，园区服务所处环境日趋复杂多变，产业园区运营方越来越难以把握企业的真实需求。工业社区要为企业和职工提供优质服务，必须先明确想要解决哪些问题，主要手段就是走访调查和加强沟通。大港工业社区发现问题的信息来源主要有社工走访、企业网格员、亲清观察员、职工代表提案和区域内的党代表、人大代表、政协委员等。其中，亲清观察员由各企业中党员、志愿者组成，能够将生产生活一线发生的问题迅速传达给社区。对于收集到的问题会立即进行分类处理：一类问题可以当场解决或解答；一类问题汇总到社区，由社区层面在24小时内进行解决；一类问题超出了社区的能力或权限，短时间内无法解决，也会在7天内向服务对象反馈，将情况解释清楚。这已经成为大港工业社区的一项服务承诺。曾经，大港工业社区6名社工用3个月的时间，走访了园区内300多家企业，帮助解决各类问题超过100件。在这一过程中，社区与企业、职工之间加深了相互联系，工作人员之间逐渐熟稔，群众对于社区工作更加认同，也更加愿意参与到社区活动中来。

（三）以社会治理创新服务协作机制

工业社区内不设立类似管委会这样的行政机构，而是设立社区服务中心。社区服务中心并不具备行政权力，不能依靠行政手段来约束企业，这更加凸显了其服务属性。但考虑到社区服务中心非常有限的人力物力，唱独角戏包揽所有事务是不可能的。实践中不难发现，工业社区中并没有一个中心化的管理者，而是呈现多元主体共治的态势，服务机制是基于社会治理形成的。社区服务中心与企业、社会组织、个人等主体之间不是制约关系，而是合作伙伴关系，各个主体既有可能是服务的接受方，也可能成为服务的提供方。

许多公共服务通过社会组织志愿活动得以更好地开展。比如，工业企业的安全生产一直以来是产业园区管理的重点工作，往往需要耗费相关部门大量资源和精力进行督查。大港工业社区服务中心虽然不具备进行安全督查的专业队伍和技术储备，但培育了多支“安全郎中互查队”，成员为各企业安全生产负责人，定期进行企业安全的互相检查、交流点评，互相帮助排查出安全生产隐患。这种在社会组织的推动下企业自发性的安全检查，和安全生产主管部门自上而下的检查形成了互补，能帮助有效避免危害安全生产的疏漏，大港工业社区成立以来未发生过一起重大安全生产事故。

二、示范看点

总体而言，工业社区服务供给充分且涉及面广，日常运转所需的人力、财力、物力不高，社区干部行动明确高效，园区内企业获得感和满意度得到提高，对园区、企业和员工长远发展产生了积极意义。

（一）提高了公共服务整体水平

在传统的园区管理服务模式下，公共服务受到各政府部门职权范围的分割，常常存在碎片化态势。一方面，工业社区给政府部门提供了协作机制，实现了公共服务下沉供应。比如锋领企服队，其成员单位由区内与企业服务相关的党政部门组成，任务是深入企业现场提供各类服务、解决具体问题。锋领企服队下设小分队，配有组长和联络员，需要一周中有三天在工业社区值班。锋领企服队使得工作社区得到了行政资源赋能，显著提升了企业服务能力。比如，在大港工业社区复工复产工作中，锋领企服队就发挥了关键作用，第一时间成立了临时指挥中心，为企业提供政策咨询、计划制订、数据上报、后勤保障等服务，仅用5天时间就帮助265家企业快速开工，在一周内协调车辆接回3万多名员工。

另一方面，社区服务中心能够以更加灵活的方式提供服务，能够帮助政府部门发现盲点、填补空白，实质上扩展了服务的覆盖面，尤其是提高了中小微企业与企业职工对于公共服务的易得性。随着工业社区集成服务模式逐渐成熟，工业社区可以提供"保姆式"的生产性服务，在政策对接、人员招聘、物资协调、员工培训、文化营造、营销活动、对外宣传、安全生产、仓储物流、法律咨询等生产经营各个方面给予企业帮助。同时，工业社区也是园区内所有职工的"大管家"，可以提供生活性服务，保护园区环境卫生，维护园区治安稳定，开展业余文化、休闲、娱乐活动和亲子、婚恋、社交等集体活动。比如，大港工业社区为帮助青年员工举办婚礼，策划了"车间婚礼"项目，由企业党组织协调组织起婚纱制作组、化妆组、摄影组、礼仪组等义工服务团队，为有需要的员工夫妻提供免费的婚礼一条龙服务。

（二）减少了园区管理运营成本

目前，我国各类产业园区的运营方主要有四类：一是管委会；二是园区所在街道办或乡镇；三是进行招商工作的各政府部门，对各自引进的企业分别负责；四是企业，进行市场化运营。除市场化运营外，大多数产业园区运转主要依靠地方政府或地方政府的派出机构，在园区内形成了较为集中的权威,有利于通过行政命令约束企业和职工,但往往需要消耗大量行政资源,且侧重点在于统筹管理而非微观服务。

工业社区不是一级地方政府,也不在工业社区内设置行政机构,社区服务中心仅配备一些社工,日常运营支出较少。此外,工业社区各项服务中有相当大部分是通过志愿服务完成的,无须消耗社区经费支出。比如,大港工业社区活动中心晚间对外开放,却不用配备专职管理人员驻守,而是由企业职工义务轮流值班;社区摄影协会承担起了各项集体活动的拍摄任务;书法协会每年春节都义务为员工写春联;企业联合会每年举办“慈善拍卖会”,以帮扶慰问困难职工;等等。大港工业社区以仅仅10名社工和每年100万元的经费,就服务了园区内600多家企业和10万名职工,企业对社区的服务满意率高达99%。

(三)实现了多元主体共同治理

在一些园区中,企业、职工仅仅将园区单纯视为工作场所和临时性住所,对于园区内公共事务漠不关心,是否参与公共服务主要取决于经济效益而非社会价值,当园区管理者不在场的情况下处于一盘散沙的状态。而在工业社区中,企业、职工、社会组织、第三方服务机构积极投身服务活动,将更多社会资源投入到公共服务供应中。工业社区之所以能够充分调动各方力量,是因为依靠上下联动的多层级党组织体系,协调带动各个政府部门、企业和社会组织,以党员骨干带动企业员工。

同时,工业社区也在培育更多治理主体,承担各领域公共服务项目。社会组织在大港工业社区服务中就发挥了重要作用。大港工业社区拥有超过40支社会组织,有“大港人讲师团”“安全郎中互查队”等专业服务组织,“暖心衣站”“公益爬梯”等公益组织,“大港人职工艺术团”“肖松吉他社”等文娱组织,“企业家联谊会”“女企业家联谊会”等联谊组织。这些社会组织在各自领域联结起社区共同体,是工业社区组织公共服务的重要抓手。

三、启示前瞻

工业社区集成服务模式具有较大的创新性和示范性,为探索园区管理服务创新提供了新思路和宝贵经验。

(一)要坚持用党建工作引领工业社区服务体制

工业社区集成服务模式的核心在于党建引领。一个工业社区能不能发展好,取决于当地区域化党建工作有没有做好。其一,在规划设立工业社区时,除了产业集聚和园区建设因素,还要兼顾到党建工作因素,再综合考虑人口、区位、服务半径等因素,布局建设社区服务中心。其二,建强社区大党委,成立各片区支部,在有条件的企业内部单独成立党支部,使得党组织在园区内实现全覆盖,使园区党组织工作不会因某一企业变动而受影响。其三,在党委领导下成立各种群团组织,组建片区支部联盟和产业支部联盟,并成立各类社会组织和志愿服务队。之后,工业社区中的其他活动,都可以通过党组织加以推动,以组织体系构建起服务体系,贯穿起社区建设的方方面面。

(二)要充分激发工业社区多元治理主体的主动性

工业社区是以社会治理形式促成公共服务供应,而善治如何成为可能,决定于治理主体之间的协作效果。其一,公共服务中心本身应具备高度的回应性。当工业社区处于初创期时,企业、职工对于这种新模式可能处于观望态度,不一定能积极参与到公共服务中来。公共服务中心必须迈出第一步,主动地快速反应,建立起一套成闭环的信息搜集、问题发现、需求评估、方案设计和落地执行工作机制，先为企业和员工解决一些疑难问题、紧急问题，赢得大家的信任与好感，为后续工作打下基础。其二，要形成具有高度互动性的服务机制。开展公共服务项目时，要尽可能多地联系到相关企业、社会组织和个人，建立起平等开放的协商议事机制、资源共享机制、信息沟通机制等，让大家有渠道、有方法、有反馈地表达观点和贡献力量，真正发挥作为整体的优势。其三，各方参与者要树立高度的主体意识。不论是企业还是员工个人，都应该明白建设好工业社区能给自身带来切实的利益，为工业社区内的其他人服务实际上也是为自己服务。工业社区发展成熟后，企业和员工能主动提出需求，运用现成的服务机制寻找解决方案，甚至自发地进行服务创新，使得公共服务更加精准。

（三）要持续推进工业社区集成服务模式的标准化

从宁波市北仑区的实践上看，虽然各工业社区在空间局部、重点产业和开发时间等方面存在差异，但整体上已经形成了成体系的标准和规范。以大港工业社区为例，一直以来重视总结工作方法，执行了基于“整理、素养、服务、满意、效率、坚持”的“6S”社区标准化服务体系，提高了大港工业社区服务的规范性，并且以这套体系培养了一大批专业化的社工，向其他社区输出了社区主任10名、副主任9名。

《工业集聚区社区化管理和服务规范》浙江省地方标准的正式发布，是宁波市北仑区工业社区实践的又一标志性成果，对社区服务中心各方面建设、服务机制、园区治理、各类服务内容进行了系统性梳理总结。工业社区集成服务模式不断标准化，有利于保证服务质量长期稳定，也使各项工作更加可操作、可复制和可推广，将把工业社区工作推向一个新的高度。

（黄之珙）

滕头模式："三位一体"拓宽乡村振兴的共富之路

随着全面建成小康社会的第一个百年奋斗目标顺利实现，我国已开启全面建设社会主义现代化国家的新征程，重点以解决地区差距、城乡差距和收入差距为主攻方向，向实现共同富裕的远景目标而奋斗。促进共同富裕，最繁重最艰巨的任务在农村。农村一些地区产业发展后劲不足，各类资源匮乏，社会建设滞后。留在村里的农民，大多素质不高、年龄偏大、收入来源少、致富渠道窄。农村共同富裕的路上还有许多坡要爬、许多坎要过。宁波市奉化区滕头村爬坡过坎，在共同富裕路上作出了坚持不懈的努力探索。

滕头村，位于宁波市奉化区萧王庙街道，区域面积不到2平方公里，现有村民354户891人。村党委下设1个党总支和25个党支部，有正式党员276名。自1993年获联合国"全球生态500佳"以来，滕头村相继获得全国先进基层党组织、世界十佳和谐乡村、国家AAAAA级旅游景区、首批全国文明村、全国模范村委会、全国爱国主义教育基地等70多项世界级、国家级荣誉，是全球唯一入选上海世博会"城市最佳实践区"的乡村。滕头村在推进乡村振兴实现共同富裕的大背景下，以奋斗致富、联盟带富、赋能促富的"三位一体"模式拓宽共同富裕之路。

一、主要做法

（一）奋斗致富

改革开放以来，滕头村历任党组织一直把共同富裕作为追求目标。一是在旧村改造中提升民生共富指数。滕头村原是一个远近闻名的穷村，滕头村党组织从基础设施、人居环境改造到公共服务中心建设再到现代乡村生活综合体建成，为村民着力打造高质高效、宜居宜业的美好生活环境，形成以公共服务提升促进村民共同富裕的格局。二是在“三产融合”中构建共同富裕体系。滕头村党组织始终秉承“绿水青山就是金山银山”的绿色生态发展理念，结合资源特色，不断调整并优化农业产业结构，基本形成集精品、高效、创汇、生态、观光农业于一体的发展格局，实现休闲农业发展方式由粗放向集约、产品服务由低端向高端的转变。滕头村党组织探索“景区＋村庄”“生态＋文化”的乡村旅游新格局，把整个村庄打造成全国首家AAAAA级乡村旅游景区。滕头村在发展园林绿化、房地产等产业后，又拓展了较大的发展空间。滕头园林公司被建设部评为园林资质一级企业，绿化业务拓展到北京、上海、福建等全国20多个省市。三是在优化产业布局中实现共同富裕目标。滕头村整合所属大大小小50余家企业，形成滕头控股、爱伊美、滕头园林、滕兴公司、高科技、全域旅游、自主创业七大产业体系，并以滕头集团为主导，爱伊美公司开展服装、金融、医院等多元化经营，滕头控股布局高科技、新材料、农村金融等领域，滕头园林深耕园林绿化产业，滕兴公司开拓绿色生态产业，着力促进经济发展壮大、村民富裕富足。四是在推进项目建设中推动共同富裕。滕头村加强同中国航天五院、中国国能、开投蓝城等大型企业合作，着力发挥项目带动作用，建立循环经济产业园区，搭建起废纸回收—原纸贸易—纸板加工—纸箱制作为主的闭环运作产业链。当前，又以数字化发力环境整治、生态修复、设施完善、生活便利等为目标的“未来乡村”建设项目，努力把共富梦想变成现实。

（二）联盟带富

滕头村党委聚焦农村发展问题，综合考虑区域特点、村情民情、产业基础等情况，牵头成立“桃李芬芳·康美常青”党建引领共同富裕联盟。“桃李芬芳·康美常青”党建联盟成立于2015年初，联盟坚持不改变行政区划、不增加管理层级、不违背各村意愿以及有内在动力、有管理幅度、有地域关联、有发展纽带的“三不四有”原则，选择滕头、青云、傅家岙、肖桥头、塘湾五个村，通过充分发挥滕头村的龙头辐射和示范带动作用，通过组织联建、民生联动、治理联手、规划联定、产业联兴等联合共建，促进区域各村和谐稳定、融合发展，使滕头村惠民辐射面进一步提升。2018年初，在取得初步成效的基础上，进一步扩大联盟范围，将周边的林家、陈家岙两村和区域范围内的浙江医药高等专科学校纳入，联盟区域面积达到17平方公里，农户2078户5639人，农村党员297名。党建联盟积极构建“党建强、发展强，一村富、共同富”的新农村示范群，着力打造以滕头村为“龙头”，以共强基层组织、共促区域发展、共优公共服务为“助推器”的党建引领共同富裕新模式。一是搭建“区域党建大平台”。党建联盟以滕头村书记为召集人，其余书记为成员，定期召开商议区域大事的党建工作联席会议，加强各村组织共建；建立区域统一的党员教育管理制度，组织各村联合开展主题党日等活动，整体规范党内政治生活。二是实现“区域发展大联合”。党建联盟为推动规划并联，制定联盟总体规划，推进区域内村镇建设、交通路网、产业布局、休闲旅游等方面的融合发展，联合实施订单农业、旅游观光等项目开发。三是建立“区域服务大集群”。党建联盟发挥滕头村阵地优势，建设起一站式中心服务区，作为辐射区域各村的综合服务窗口，通过挖掘区域服务资源，布局功能性特色服务点，整合镇村人力资源，组建治安、环卫、家政等区域服务团队，为各村村民提供人性化服务。

（三）赋能促富

滕头村党委早就以“一村富不是富，共同富才是真的富”的主动赋能姿态扛起“先富带后富”的社会责任。一是“输血式”扶贫和“造血式”扶贫相结合。先后在福建三明、安徽安庆、江西上高等十多个省市的贫困地区建立10万亩苗圃基地，促进集体经济发展。在与吉林省安图县红旗村结对帮扶时，滕头村出资20万元建设旅游度假区，通过派专业旅游骨干实地指导、把滕头灯光秀金字招牌“搬”过去等举措，推动红旗村休闲旅游产业升级蝶变。在与河北阜平村级集体经济年收入几乎为零的店房村结对帮扶时，滕头村党委考虑到店房村的山泉水质好、水资源丰富，因此投入300万元援建山泉水厂，给苦于无法致富的店房村找到了奔富路径。二是依托滕头乡村振兴学院赋能。2019年初，滕头小乡村办起了“大学院”——乡村振兴学院，并在新疆、吉林等地建设6所滕头乡村振兴学院分院，通过这一方式向全国推广滕头共同富裕模式，向贫困地区的农村干部、产业带头人传授乡村振兴的滕头经验。合计承办全国12个省市131个培训班，推动扶贫扶智项目30个。2020年新冠肺炎疫情期间，滕头乡村振兴学院创新线上自学模式，制作推出系列线上课程，线上学习超过4万人次。2021年10月23日下午，“雪窦山全球智库论坛”在滕头乡村振兴学院举行。这一论坛以共同富裕为主题，探索共同富裕的背景、路径、科学推进方法。论坛通过举办主题演讲、圆桌对话、专家研讨等系列活动，为加快建设共同富裕示范区提供智力支撑及地方案例。三是打造教育平台赋能。滕头村建立学生社会实践基地、滕头展览馆、世博滕头馆、新时代文明实践站等一批具有题材优势和地方特色的教育平台，与乡村振兴学院一起形成了爱国教育“大平台”、培训交流“大课堂”、理论研究“集散地”、致富发展“指导站”等多位一体的全域化教育基地。2021年，滕头村共接待参观学习人员86万人次。

二、示范看点

（一）实现了滕头村民的致富梦想

滕头村曾经是宁波地区最贫穷的村庄之一，当时有民谣：“田不平，路不平，亩产只有二百零，有囡不嫁滕头人。”为摆脱贫穷，奔向富裕，滕头村历任党组织一年接着一年干、一任接着一任干，创造了一个又一个保障共同富裕的不凡业绩。滕头村依托高效的立体农业和优美的生态环境，把村庄建成“生态大花园”，成功创建全国首个村域AAAAA级景区。绿色产业占滕头村经济总量的80%，实现了经济持续、快速、健康增长。2021年，滕头村实现生产总值125.69亿元，上缴利税12.37亿元；村民人均收入7.5万元，比宁波市农村居民人均可支配收入（39132元）高出92%，比奉化区（34945元）高出115%，是浙江省农村居民可支配收入的2倍、全国的4倍。滕头村每月向每位村民发放1500元的福利金，老年人都享有每人每月3500—5500元的退休金；每年对当年度考上博士、硕士、大学的本村学生进行奖励，33年来共表彰130多人，发放奖金150多万元，如今全村有博士研究生2人、硕士研究生23人、大学生100多人。滕头“二轮攀高”新征程迈出了坚实步伐，实现了村民的致富梦想，为浙江乃至全国共同富裕示范区建设作出了有益探索。

（二）彰显了党建联盟的带富活力

滕头党建联盟以构建区域“命运共同体”为最终目标，通过加快土地、资金、阵地、人才等资源的优化配置，实现基层党组织协同对区域党建资源和公共服务资源的统一调配，形成了先富带后富的党建统领机制，因地制宜地推进联盟各村发展各类产业。目前，联盟各村集体经济和村容村貌实现了双飞跃。如党建联盟内的青云村，有民国古村旅游资源，但一直没做大，滕头帮助制定并实施“新村＋古村”联动发展规划，古村旅游呈井喷态势。又如党建联盟内的塘湾村，书记新上任，党建引领能力相对薄弱，滕头、塘湾两村结对，通过师徒领学，塘湾村书记较快进入角色，两村干部经常一起研究村庄发展规划，为塘湾村发展增添更大活力。近年来，以滕头党建联盟为模板的区域党建联盟在宁波市奉化区全面铺开。宁波市奉化区激活区域党建联盟动能、推动乡村“抱团”全面振兴工作开展以来，全区建立的党建联盟中，基层党组织星级评定为四星级以上的行政村党组织增加94个，增幅达156%，村级集体经济收入增长80%以上，村级集体经济年经营性收入20万元以上的村增长56.7%。

（三）推广了共同富裕的滕头模式

滕头乡村振兴学院创办两年多来，多次开展“书记开讲”“书记沙龙”等教学活动，面对面传授基层“治理经”“致富经”。同时在河北阜平、吉林珲春、新疆库车等地设立滕头乡村振兴学院分院，运用云授课、云指导等多种教学形式精准帮扶，解决发展难题。滕头乡村振兴学院的做法被新华社、中央电视台和《光明日报》等广泛宣传，其中中央电视台《新闻联播》以《小乡村办起大学院》为题，用2分35秒单条播发。累计有8000余人次的全国各地基层干部到学院“游学”“取经”。其中有来自湖南省新田县的乌下村干部，他们带着村内发展的困惑来到学院，进行为期两个月的跟班学习。通过专家集中会诊和导师跟踪帮扶，乌下村借鉴滕头产业发展模式，成立了农业产业合作社，利用富硒资源，陆续建成覆盖蔬菜水果生产、包装、物流、营销一体化的产业链，新增集体经济收入20万元。另外，滕头村与千里之外的河北阜平店房村、安图红旗村结对帮扶，既解决了当地的就业问题，也为结对村增强了造血功能，滕头模式已生根发芽。

三、启示前瞻

（一）加强基层党建是实现共同富裕的根本

基层党组织是贯彻落实党中央决策部署的“最后一公里”，是确保共同富裕决策贯彻落实的基础，与农民群众面对面，直接联系群众、服务群众、凝聚群众，是党联系和团结群众的“最先一公里”。滕头村党组织一任接着一任干，把“最后一公里”“最先一公里”的各项任务落到实处。滕头村之所以率先建成高水平全面小康示范村，打造出让高端企业和人才助力滕头的环境氛围，关键在于矢志不渝地将共同富裕的发展目标作为基层党建的中心工作，实现村经济效益、社会效益和生态效益的增长，形成以提升组织力、增强凝聚力为重点的基层组织建设的实践路径。

（二）壮大集体经济是实现共同富裕的基础

壮大集体经济是实施乡村振兴战略与实现共同富裕的基础工作和重要支撑。滕头村历任党组织始终把发展壮大村级集体经济作为一项重大而紧迫的任务来抓，以产业兴旺加快村集体经济的发展壮大。滕头村历经改土造田美环境、立体农业增效益、绿色产业优结构三个阶段，始终聚力发展有活力、有潜力、可持续发展的生态农业、观光旅游、园林绿化、新能源新材料等七大领域绿色产业，成功走出一条以绿色产业促集体经济发展之路，不断促进乡村旅游型集体经济的发展壮大。当下的滕头村又以数字化、智慧化铺就乡村集体经济的发展路径，夯实共同富裕的基础。

（三）坚持共建共享是实现共同富裕的法宝

滕头村历任党组织坚持共建共享的原则，不断激发区域内干部群众干事创业的内在动力。如依托联席会议、产业联盟等平台，把有共同愿景、内在需求、发展纽带的党组织联结起来，逐步形成党组织互促共进、合作共赢的长效机制，构建“一村富、村村富”的共同富裕目标。又如依照“发挥长处、规避弱势”的原则，将区域各类优势产业捆绑包装，以规模化效应吸引价值较高、较成熟的项目进驻，按照“谁共建，谁共享”的原则进行效益分配。同时着力推广先富带后富做法，帮扶欠发达地区的低收入乡村，为结对帮扶村找到致富路径，提升幸福指数，共享经济社会发展成果。

（四）秉持改革创新是实现共同富裕的动力

滕头村在乡镇企业陷入低迷时期，率先进行了股份制改革，让乡村企业又重新焕发生机；在面临滕头地域狭小的短板中，不断创新“连锁滕头”发展模式，取得了“滕头飞地”模式在奉化以外乃至浙江以外的成功；在当前乡村产业同质化现象的情况下，又探索“形态、文化、产业、治理”四位一体的建设，破解农村经济社会发展中的难点，推动未来乡村建设，先人一步探索农业发展现代化、乡村治理智慧化之路。滕头村党组织正是依靠改革创新才在共同富裕探索中赢得了发展先机，走在了时代前列，为实现由农业社会向“未来乡村”美好社会的转变注入了不竭活力，提供了强劲动力。

（邬志坚　傅娜　裘曙洁）

同向同行:从绿色发展的标杆迈向未来社区的示范

2005年8月15日,习近平同志到安吉余村考察,首次提出“绿水青山就是金山银山”的理念。这些年来,余村遵照“绿水青山就是金山银山”理念的指引,坚持绿色发展、和谐发展,打造了美丽乡村建设金名片,形成了新时代乡村治理“余村经验”,成为全国生态文明和乡村振兴的样板,走出了一条生态美、产业兴、百姓富的高质量绿色发展之路,为率先实现共同富裕打下了坚实基础。2020年3月30日,习近平总书记时隔15年再次来到余村视察,对余村的发展提出了“再接再厉、顺势而为、乘胜前进”的新指示新期望。为落实习近平总书记的期待和要求,余村正在以“乡村版未来社区”为主抓手,全方位、系统性重塑生产生活生态系统,加快建设“村强、民富、景美、人和”的共同富裕现代化基本单元。

中共中央、国务院发出的《关于支持浙江高质量发展建设共同富裕示范区的意见》,赋予浙江高质量发展建设共同富裕示范区的光荣使命。浙江省委十四届九次全会对高质量发展建设共同富裕示范区进行全面部署,为全省各地加快推动共同富裕指明了前进方向、提供了根本遵循和行动指南。安吉作为“绿水青山就是金山银山”理念诞生地,当前正以新时代“绿水青山就是金山银山”试验区为战略支撑,加快打造共同富裕安吉样本。作为全省共同富裕现代化基本单元的试点,余村有着独特的优势和潜力,与本身作为绿色发展“重要窗口”的内在逻辑和未来预期高度契合。

一、主要做法

余村打造共同富裕现代化基本单元拥有未来社区试点的协同优势，两者在创建目标和时间节点上同向同行、高度契合。省委、省政府把未来社区作为浙江高质量发展、高品质生活新平台与坚持以人民为中心、实现社会全面进步和人的全面发展的“重要窗口”。据此，在高质量发展建设共同富裕示范区方案中，余村提出将示范区建设目标任务转化为未来社区、未来乡村的功能场景，把未来社区和未来乡村打造成共同富裕示范区的基本单元。

（一）聚焦以人为本，探索共富模式下的变革性力量

搭建共富新平台。在2017年成立的“绿水青山就是金山银山”示范区基础上，以余村为核心，由天荒坪镇余村村、山河村、银坑村、横路村和马吉村（各按20%认缴）出资1000万元成立安吉余村共同富裕联合体（五子联兴实业有限公司），搭建资本共出、资源共享、资产共用的大平台，带动天荒坪集镇及周边四个村共同发展。通过公司实体化运营，挖掘整合地方特色资源，抱团联合开发建设，推进资源要素合理化配置，突出村与村之间的差异互补发展，加快集体资产股份合作制改革，推进收益“二次分配”，提升集体经济运营效益，推动农民拿租金、挣薪金、分股金，实现集体利益和村民收入双增收，实现乡村经济效益、社会效益和生态效益同增长，强村惠民力度和辐射面进一步提升。

系紧合作新纽带。通过深化农村产权制度和要素市场化配置改革，探索形成农民利益联结新机制。构建“公司＋集体＋农场＋农户”“村集体资

源+社会资本”“飞地抱团”等多种利益联结机制,实现资源变资产、资产变资本、农民变股东,提高村民薪金、租金、股金收入,进一步缩小收入差距。

突出受益“全人群”。余村新社区的打造以每一个余村人的获得感、幸福感、安全感以及工作生活体验为目标。通过深入实施农村创业创新带头人培育行动,促进农民就地就近就业。实施新时代“绿水青山就是金山银山”工匠培育工程,培育一批乡村工匠能手。完善农业继续教育服务体系,大力培育新型农民,加强对农村转移劳动力等重点群体和新业态新模式从业人员的精准培训,推动“电商+现代农业+乡村旅游”创业就业融合发展,全面提升村民的就业创业能力。

(二)聚焦数字赋能,一体化推进幸福乡村与数字乡村融合发展

创新整合新旧资源。通过“利旧,集成,再创新”充分整合余村现有的数字化资源,打造一套当前技术领先、未来可持续迭代的数字化系统,涵盖生活、生态、生产、治理等多领域,满足村民、游客、治理者等多对象多主体的不同需求。

搭建智慧服务平台。新社区先后整合卫健、农业农村、农商银行等多单位力量,联动智慧服务平台,实现跨部门数据共享。已完成包括“绿水青山就是金山银山服务”“绿水青山就是金山银山生态”“绿水青山就是金山银山治理”“绿水青山就是金山银山实践”四大板块188项数据项的智慧服务平台的建设,以数字赋能乡里文化、乡里生活、乡里产业发展,推进生态基底、绿色乡建、循环经济提升,为村民、游客提供全链条、全周期的社会服务,为社会治理者提供系统、及时、高效的管理支撑。

精心谋划应用场景。紧扣“幼有所育、学有所教、劳有所得、住有所居、文有所化、体有所健、游有所乐、病有所医、老有所养、弱有所扶、行有所畅、事有所便”12个领域,谋划构建“绿水青山就是金山银山服务”“绿水青山就

是金山银山生态”“绿水青山就是金山银山治理”“绿水青山就是金山银山实践”四大板块N个场景，在探索场景落地的过程中，充分结合村庄发展实际和特色，同时符合未来乡村的场景需求推出“余村经验”“生态保护”“绿水青山就是金山银山银行”“绿色金融”“智慧旅游”等既满足未来社区九大场景要素需求又体现余村特色的创新场景。

（三）聚焦共建共治，实现全生命周期公共服务优质共享

以生态的高要求塑造生活的新形态。围绕生态基底，建立乡村生态指标体系，提升生态文明建设水平。通过探索建立全体村民文明素养星级评估机制，进一步形成以“生态环境保护、生态资源转化、生态价值输出”为核心的生态文化体系。通过实施蓝天、碧水、净土、清废“四大工程”，深化垃圾、厕所、污水、围墙“四大革命”，推动环境持续提升，凝聚山水林田湖草的生命共同体意识。通过落实“垃圾分类＋禁限塑”处置闭环机制，推进无废民宿创建，完成无废乡镇验收。创建近零碳排放社区试点，提升生态系统碳汇能力，率先实现碳达峰、碳中和的目标。

以服务的高品质追求“三感”的高体验。通过全面实施微改造行动，优化教育、卫生、文化等公共服务设施布局，推进公共服务集中集约。在交通、停车、物流等全方位构建“点、线、面”乡村绿色交通网络，设置微公交线路，完善余村绿道网建设，打造慢行节点、慢行线路和慢行村域。围绕绿色乡建，提出五星级农居标准，对公共设施和民房民居开展绿色低碳改造，降低能源消耗，提升居住品质，最终让余村的新社区建设得更绿色、更智能、更美好、更有温度。

二、示范看点

在前期余村“绿水青山就是金山银山”示范区和未来社区试点工作的有力推动下,余村共同富裕现代化基本单元坚持以乡村美好生活向往地为中心,以全域生活圈、乡村共同体为核心目标,努力打造未来社区乡村版示范,引领乡村未来社区创新发展,已经取得了阶段性成效。

(一)在镇村组团发展的模式下构建了乡村整体富裕的新格局

余村在共同富裕的实践中,积极探索构建村庄利益联结机制和收入再分配机制,加速“扩中”、全面“提低”,探索村与村、人与人之间收入差距进一步缩小的路径。余村充分发挥“绿水青山就是金山银山”示范区的核心带动作用,搭建资本共出、资源共享、资产共用的大平台,着力破除地理和行政边界壁垒,对标省市县委所需、余村所能、农民所盼、未来所向,探索形成了组织共建、服务共用、品牌共创、产业共兴、利益共惠、区域共治的发展格局。通过公司实体化运营,挖掘整合地方特色资源,抱团联合开发建设,推进统筹调配、产业互补、联动发展,实现区域内资源互补和利益最优化,促进生产要素双向流动和公共资源合理配置,形成镇域各村抱团协作新模式,实现了各村之间资源共享、优势互补,实现企业、农民、村集体多方共赢。

(二)在深化生产要素的集成改革中拓宽了富民增收的新通道

余村充分利用安吉农业“标准地”首创效应,加快推动农村承包地、农村宅基地和农业“标准地”“三块地”联动集成改革。通过天荒坪镇“绿水青山就是金山银山银行”运行机制,积极引导村集体经济组织和广大农户,统筹闲置低效资源资产,推进资源高效集聚利用和项目有序开发。通过加快以农田、竹林为主的全域股份合作社改革，探索竹林碳汇交易，推动生态产品价值高水平转化，实现GEP和GDP协同增长。通过实施新时代"绿水青山就是金山银山"工匠培育工程和完善农业继续教育服务体系，培育了一批乡村工匠能手，加强了对农村转移劳动力等重点群体和新业态新模式从业人员的精准培训，推动了"电商＋现代农业＋乡村旅游"创业就业融合发展，全面提升劳动者就业创业能力。

（三）在高品质打造全域花园的愿景里彰显了生态建设的新魅力

余村作为全省首批村庄规划编制与建设试点村，坚持"一张蓝图绘到底"，以规划引领落实源头管控，做好余村保护、发展、留白三篇文章。在共同富裕和未来社区建设的带动下，余村重新调整了"绿水青山就是金山银山"示范区总体规划，进一步推进国土空间规划、村庄规划、产业规划、景观规划等"多规融合"，深入推进余村美丽花园建设，完善美丽宜居区、绿色产业区和生态保育区基础设施，加快形成"一环一带两园三区"发展格局，努力将余村建设成为文旅融合、绿色发展、幸福产业"三颗亮珠"。推动落实"三线三度三性"全域美丽空间管控机制，严格制定余村村庄规划技术规范和指标参数，实现了村庄风貌连贯有序、村庄色彩和谐素雅、村庄环境协调美丽，打造具有安吉特色、江南韵味的新浙派民居村落。

（四）在借力数字化改革的东风里增添了优化乡村治理的新动能

余村坚持以人民为主体、以数字化改革为牵引，谋划建设具有安吉特色、契合未来需求的现代化乡村新社区。先后整合卫健、农业农村、农商银行等多家单位力量，联动智慧服务平台，实现了跨部门数据共享。完成智慧服务平台"绿水青山就是金山银山服务""绿水青山就是金山银山生态"

“绿水青山就是金山银山治理”“绿水青山就是金山银山实践”四大板块188项数据项的建设工作，科学统筹、重点打造了四大板块应用场景，涵盖生活、生态、生产、治理等多领域，加快了城乡数字一体化建设，加速了数字乡村迭代升级，推动城乡“同网同速”，为实现乡村未来高质量发展，持续缩小城乡数字代际差异，为打造无差别城乡注入了强大生命力。

三、启示前瞻

余村已经成为中国新时代绿色发展的一面旗帜，是习近平生态文明思想尤其是“绿水青山就是金山银山”理念的鲜活样本，是“绿水青山”和“金山银山”融合的提前演示。多年来，余村坚定呵护绿水青山，持续推进污染防治，主动关停矿山、水泥厂，大力发展生态农业、生态旅游，美丽乡村先发优势更加明显，生态文明建设理念深入人心，高质量绿色发展之路越走越广。2021年7月6日，余村成为中国共产党与世界政党领导人峰会全国五个分会场之一，这是对一个普通山区村庄坚定不移地选择绿色发展道路，不断创新实践并取得累累硕果的充分肯定。

（一）以人为本，把握乡村共同富裕基本单元的家园属性

余村不管是深入践行“绿水青山就是金山银山”理念还是建设共同富裕现代化基本单元的过程中，始终遵循“以人为本”的根本原则，深刻认识到“人”才是发展的核心和归属。正是基于这一理念，余村将乡村新社区的打造作为农村美好生活向往地的主要阵地。通过政府、村民、市场等多元力量共同参与，从政策协同、资源整合、科学布局、统筹推进公益服务和商业运营发展等方面突出高效高质，充分释放乡村新社区的家园属性，从整体上推动人的全生命周期优质公共服务优质共享，促进人的全面发展和社

会全面进步,真正让乡村新社区成为美好生活之地。

(二)面向未来,把握乡村共同富裕基本单元的现代化属性

近年来,余村突破政策、资源要素的制约瓶颈,借助改革创新的集聚集成。以突出生态治理带动乡村建设、经济结构转型和社会系统治理,以基层治理推动县域治理,以乡村治理促进乡村社会全面进步的经验具有鲜明的时代特色和借鉴意义。乡村共同富裕基本单元的现代化属性是区别于传统乡村的特征。集约高效的全域发展模式,是乡村新社区走向现代化发展的必选之路。构建社区智慧服务平台,夯实韧性社区、智慧社区的设施基础和数字基底,共同富裕借助乡村数字化改革逐步实现了从宏观设计到微观落地。

(三)迭代升级,推动"蓝图愿景"与落地实践"高效转化"

余村"由治而美—由美而富—由富而谐"的发展轨迹,是安吉良好自然生态、政治生态和社会生态综合作用的结果,也让余村形成了人人参与、人人监督、人人享有的全民参与的浓厚氛围。政府将乡村新社区建设作为共同富裕现代化基本单元的实现载体,将是否符合村情民意作为"蓝图愿景"的设计及是否实现高效转化的重要考核指标。政府与村民的共同参与和共同努力使乡村新社区蓝图远景高效落地不再是乡村新社区建设的终点,而是共同富裕现代化基本单元建设的起点。让乡村新社区持续具备迭代升级的能力,具备满足人不断变化的生活、生产需求变化的应对能力,为该区域的全人群提供全链条、全周期的多样、均等、便捷的社会服务,能让社区全人群切实享受到乡村新社区数字社会的便利,才是乡村新社区的最核心使命。

(楼成　曹雯堯)

“城乡一体”与“新旧并举”：全域未来社区建设的绍兴实践

2021年7月底，浙江省公布了共同富裕示范区建设首批试点名单，绍兴“全域未来社区建设”被选为建设共同富裕现代化基本单元领域的典型案例，成为绍兴市共同富裕现代化基本单元领域试点的重要切入点和突破口，也是绍兴提升“三大品质”的重要抓手之一，在绍兴打造浙江高质量发展建设共同富裕示范区市域范例的进程中具有举足轻重的作用。

截至2021年10月底，浙江省已三次发布未来社区试点名单，绍兴市共入选10个试点。第一批试点的上虞区鸿雁社区已于2020年12月开工，截至2021年9月，已完成总进度的41%，其中展示中心已完工。第二批试点的越城区薛渎社区、柯桥区福全金三角社区、嵊州市白莲塘社区和滨海新区沧海社区正在稳步推进，其中沧海社区的科创园改造区块已于2021年5月开工，完成产值2600万元、形象进度30%。第三批试点(创建)的越城区外滩社区、柯桥区大渡社区、上虞区南丰社区、诸暨市袁家社区和新昌县新民社区进展顺利，其中，整合提升类3个社区(外滩社区、大渡社区和南丰社区)的实施方案已于2021年9月底通过区级和市级评审，并顺利提交省级备案；外滩社区的智慧服务数字平台中，邻里、教育、服务、文化、党建5个场景已开发完成；大渡社区数字化建设推进完成50%；南丰社区中心已完成，社区CIM平台正在推进二期BIM实施，智慧服务平台完成项目总体设计。

除重点实施的10个未来社区项目以外,绍兴市持续推进“古城项目群”建设,迭代升级“数智古城”场景应用,打造传承历史、面向现代、具有文化辨识度和国际影响力的绍兴“未来古城”,加快推进未来社区建设扩面提质,持续推动“三化九场景”落地,全市域计划累计建成20个左右的省级未来社区,并以未来社区建设引领城市更新和乡村振兴,着力将共同富裕美好图景转化为未来社区的功能场景。经过全面摸排,全市现共有7个项目申报创建浙江省第四批城镇未来社区。其中,诸暨市的东盛社区入选浙江省第四批未来社区创建一体化评审名单。

一、主要做法

绍兴市围绕“全市域打造共同富裕示范区现代化基本单元,为全省提供全域未来社区建设可复制可推广的绍兴样板”的目标,以绍兴古城全域未来社区建设为切入点和突破口,坚持试点先行、典型引路、以点带面,加快推进未来社区试点项目建设,探索古城全域未来社区规划,切实推动未来社区建设扩面提档升级,引领老旧小区改造、城市有机更新、公共服务优质共享和乡村全面振兴,已基本形成“城乡一体”“新旧并举”的工作格局。

(一)城乡一体

打造全域未来社区,要统筹推进城乡区域协调共建。绍兴全域未来社区建设是城乡一体化的建设,按照“省级统筹、市级中坚、县级主抓”的总体要求,坚持问题导向、强化责任落实,通过建立城乡风貌整治提升(未来社区建设)工作专班,项目进度月报制度,省市层面、县级牵头部门与项目实施主体三级督查机制,统筹推进城乡未来社区建设工作。

城镇未来社区建设初见成效。根据省市未来社区建设的方案与要求，围绕“三化九场景”顶层设计，着力打造有归属感、舒适感和未来感的新型城市功能单元，已经初步形成了一些可复制、可推广的经验做法。如绍兴市上虞区鸿雁社区探索数字赋能建设新模式，充分利用城市全信息数字化平台（CIM），实行三维化规划设计，开展全过程精准管控，推进数字化质量管理，大幅度降低开发建设成本，全方位提升管控效率；绍兴市上虞区南丰社区探索党建引领基层社会智治新模式，构建“一体两翼多细胞”治理体系，“以区域大党委为主体、综合服务和联勤管理为两翼、小区‘红色管家’为末梢细胞”，结合数字治理新技术，有效提升了基层的治理效能。

乡村未来社区建设加速布局。按照省市共同富裕示范区建设与未来社区建设的相关要求，持续深化“千村示范、万村整治”工程，推进农村基础设施、公共服务核心功能配套标准化建设，迭代升级未来邻里、现代产业、公共服务、乡村文化、特色风貌、绿色低碳、乡村善治等场景，着力建成引领品质生活体验、呈现未来元素、彰显江南韵味和古城风貌的市域乡村未来社区。2021年，绍兴共摸排9个未来乡村，其中7个被列入省未来乡村建设试点村推荐名单，分别为新昌县澄潭街道梅渚村、柯桥区漓渚镇棠棣村、上虞区岭南乡东澄村、柯桥区湖塘街道香林村、诸暨市枫桥镇杜黄新村、越城区鉴湖街道坡塘村、嵊州市崇仁镇温泉湖村。

（二）新旧并举

打造全域未来社区，既要解决好“增量怎么建”的问题，也要解决好“存量怎么改”的问题。绍兴全域未来社区建设是新旧并举式的建设，按照省市未来社区的建设要求，结合实际情况，统筹考虑规划新建和改造更新两大类型，以改造更新类为主，分类施策，因地制宜，推动未来社区模式多样化、差异化、特色化，形成百花齐放的新格局。

绍兴市第一、第二批未来社区省级试点项目以规划新建类为主,第三批与第四批试点(创建)项目以改造更新类为主。对于新建类社区,侧重从规划层面进行总体管控。突破传统的地块规划模式,打造全新的指标规划模式,即先按照未来社区的建设要求构建功能性指标,如绿化率标准、5分钟生活圈等,再根据具体的指标形成规划方案、落实地块,最终构建以九大未来场景创新为重点的系统供给方案,为绍兴人居环境高质量发展提供原创性、系统性和可操作的未来社区样板。

鉴于老旧小区空间有限、公共设施和配套服务严重短缺等因素,旧改类社区主要围绕"一个中心"或"一个中心、多个子中心"规划布局,运用"整体化的思路、渐进式的方式、微更新的手法",试点先行、以点带面地推动存量社区改造。目前主要形成三种改造模式。

第一,"快阁苑社区"模式。此类模式适用于老旧小区综合改造提升,以越城区快阁苑社区为代表。即在老旧小区选择一个规模较大、建设年代在2000年前后、房屋总体结构相对良好、物理空间基础相对良好的对象,因地制宜地植入九大场景,推进"未来社区化"改造提升,并在此基础上,以该小区为中心,辐射带动周边小区未来场景建设。此类模式不要求九大场景的完备性,而是优先把该小区群众的关键性需求场景做好、做优、做强,最终实现可复制、可推广。

第二,"青藤社区"模式。此类模式适用于以片区为基本实施单元,片区化地推进未来社区建设。即在划定片区的基础上,以片区为基本实施单元,按照未来社区的建设要求,统筹配置存量资源,布局补充相应的配套设施,实现跨小区的空间共享、资源共享,辐射服务于周边多个老旧小区。重点是在保证居民家门口基本、便捷的公共服务配套设施健全的基础上,将不同能级的公共服务配套设施布局在不同的点位,从而实现因地制宜建设未来场景、高效共享配套设施。目前计划将绍兴古城划分为十个片区,实现一个社区至少规划一个邻里中心，较大的社区规划两个邻里中心，确保每一个片区都达到未来社区建设要求。

第三，"大渡社区"模式。此类模式适用于次新小区的未来社区建设。即基于近年来基础配套较为齐全、物理空间相对充裕的次新小区，对原本碎片化的配套设施和公共服务进行整合提升，打造未来场景，增设统一的智慧化管理平台，提升居民生活品质。

二、示范看点

（一）有效提升基层治理水平

基层治理力量分散、功能不全、效率不高、末梢不畅等问题是制约社区基层治理的主要问题，南丰未来社区通过探索党建引领多元智治新模式，提升了社区整体的治理水平，成效显著。

第一，完善区域党建新架构。成立南丰社区中心大党委，统领周边6个社区党总支和1个功能性党组织，启动实体化运作。由街道党工委副书记兼任社区中心党委书记，辖区内各社区党组织、社区中心功能性党组织、共建单位党组织负责人代表为委员，设专职党委副书记负责日常事务。深入落实"支部建在小区网格上"，在6个社区建立27个小区（网格）党支部，构建"社区中心大党委—社区党总支—小区（网格）党支部—楼道党小组"四级党建架构。

第二，探索契约化共建2.0机制。优化完善社区党建"契约化"制度，规范"五约"基本流程，深化党建联建、资源联享、工作联做、活动联搞、人才联育、"五星"联创等新"七联"工程，全面推进推行为民服务、资源、责任、个性"四项清单"制度，落实1家共建单位1名共建指导员的制度，专门召开南丰社区中心共建大会,辖区内6个社区与13家单位现场电子签约,营造了浓厚的契约化共建氛围。

第三,整合资源,一站式服务。在社区中心设立幸福聊吧、爱心驿站、义警之家、物管之家等17个服务功能区块,设置综合服务办事大厅,将原先由各社区承担的便民服务、行政管理等职能和部分街道承担的管理服务职能统一整合入驻,实现群众办事"最近家门口"。推行党群服务、便民服务、文化服务、生活服务、公益服务和个性化服务的"5+X"服务清单,分类形成服务清单,由大党委根据现实需求统一调配,有效实现了治理资源跨社区统筹、事项跨社区通办。

(二)着力打造美好生活幸福社区

未来社区建设归根结底要让老百姓过上更高质量的幸福生活,鸿雁社区、薛渎社区等坚持"三化九场景"总体要求,打造社区居民向往的美好生活,构建居民期盼的幸福社区。

第一,构建贴近百姓的新场景,增强群众获得感、幸福感和安全感。鸿雁社区设置总面积2.94万平方米的双创彩盒、双创服务大厅、灵感孵化中心、创客学院、共享办公等"双创"空间,以及共享厨房、餐厅、书吧和健身吧等生活空间,引入专业化运营团队,实现"共享办公+共享服务+人才公寓"一站式服务和"创业+投资+孵化+展示"一体式链动。另一方面,鸿雁社区发挥"孝德文化之乡"传统文化优势,在社区建设中营造浸入式孝德文化体验,打造"远亲不如近邻"邻里互助生活共同体。围绕"孝德"文化主题,建设社区"四时云廊"慢行系统、文化小品标识、主题公园等特色载体。

第二,以百姓需求为导向,提出配套服务和人居环境供给的方向。薛渎社区在前期进行深度摸底调研,充分了解居民需求。在社区服务设施的需求方面,超过40%的居民对共享图书馆、艺术爱好培训、老年活动中心、健康咨询等文化养老设施需求强烈，规划中重点落实了城市图书馆、社区共享书房、老年活动中心、“非遗”展示中心、社区礼堂、吴越戏亭、文化公园、幸福学堂等配套设施，实现家门口10分钟生活圈的创建。在出行等交通配套方面，超过47%的居民迫切希望建设智能停车系统，31%的居民希望推广共享停车，40%的居民希望增设或优化公交线路等，规划中以TOD的开发模式，配套建设公交首末站，组织社区公交线网，协同周边绍兴北站、地铁站以及“最后一公里”的共享单车系统，建设公交化宜步行的社区交通体系，同时搭建了智能化的停车系统，实现效能最优。

第三，多部门协同，打造全方位场景体验项目。南丰社区在健康场景上做实做细，所推出的健康小屋由绍兴市上虞区大数据管理局联合多部门共同打造，后交由百官街道卫生院管理，并委托第三方机构运营维护，具备骨密度检测仪、血压检测仪、血糖检测仪等多类型智能健康体检设备，只需要扫描支付宝中的智慧康养即可使用，测试结果也实现一键推送。此外，共建单位绍兴市上虞区卫健局的医护人员也会定期为社区居民提供免费健康检测与咨询。养老中心由共建单位区民政局负责，主要由社区养老和农村养老组成，通过政府购买服务方式，委托大通养老承接区、镇（乡、街道）、村三级养老服务，定期开展入户走访、家政服务、精神慰藉等服务，并设有心理咨询室、康复训练室、活动中心以及智慧养老，特别是智慧养老大屏显示上虞全区老年人年龄、地域、性别分布等信息，可实时监测老年人情况。

三、启示前瞻

（一）健全党的组织，充分发挥党建引领作用

习近平总书记强调，要把加强基层党的建设、巩固党的执政基础作为贯穿社会治理和基层建设的一条红线。基层作为国家治理的最末端、服务群众的最前沿，是国家治理的基础和重心。基层治理，必须始终强化党建引领，确保基层治理保持正确方向。通过搭建“社区中心大党委—社区党总支—小区（网格）党支部—楼道党小组”四级党建架构、培育“红色物业”“红色管家”，实现党组织的全面覆盖，为推进基层治理体系和治理能力现代化提供了坚强组织保障。

（二）立足社区，打通基层社会治理“最后一公里”

习近平总书记强调，社会治理的重心必须落实到城乡社区。城市社区是城市社会治理的基本单元，是人民群众安居乐业的家园，是党和国家许多政策措施落实的“最后一公里”。社区成立区域党工委，既体现了党建的引领作用，又发挥了区域内6个社区的主动性，通过契约化共建融合部门力量，将各类部门、社会组织资源、管理和服务工作下沉到基层，让下沉的职能和资源能够在社区层面“接得住、发挥好”，形成工作合力，更好地解决服务群众“最后一公里”难题。

（三）坚持人民为中心，将“被动管理”转变为“积极治理”

坚持以人民为中心，是新时代中国特色社会主义发展的价值导向。在推进基层治理过程中，把服务居民、造福居民作为社区治理的出发点和落

脚点，做到“群众有所呼、政府有所应”，实现人民群众对美好生活的向往。社区中心面对老百姓的需求，设置了幸福聊吧、爱心驿站、义警之家、物管之家、图书馆等服务区块，针对不同人群、顺应居民生活需求的物业服务，真正做到从“被动管理”到“积极治理”的转变，实现政府公共产品和公共服务的供给与人民群众最关心、最直接、最现实的利益诉求相匹配，建立以人民满意度为主要衡量标准的社区治理评价体系和评价结果公开机制，有效增进民生福祉。

（王麒麟　惠佩瑶）

“五个一”原则：按下山水花园城市建设快进键

“人民对美好生活的向往，就是我们的奋斗目标。”2006年7月，习近平同志第7次调研丽水时强调，丽水城市建设“要突出个性，讲求特色”，并嘱咐丽水“把完善城市功能与优化人居环境结合起来，真正体现山水城市的特色”。自2018年5月《浙江省大湾区建设行动计划》提出创建未来社区以来，省委书记袁家军多次强调，未来社区是以人为核心的城市现代化、高质量发展、高品质生活的新平台，是“让老百姓幸福”的新平台，要将未来社区打造成为共同富裕现代化基本单元。对此，丽水市莲都区坚决贯彻落实习近平总书记和浙江省委书记袁家军指示精神，积极争取“未来社区和乡村新社区建设试点”，全力打造新时代山水花园城市。2019年9月4日，浙江省发改委印发《关于公布首批未来社区试点创建项目名单的通知》，确定24个社区为浙江省首批未来社区试点创建，丽水市莲都区灵山社区位列其中。

丽水市莲都区灵山社区项目位于丽水市区东侧，距丽水高铁站车程约10分钟。规划面积1500亩，实施单元约330.24亩，总建筑面积83.4万平方米，总投资63.72亿元。主要建设住宅、人才公寓、公寓式酒店、综合型邻里中心、医养综合体、幼儿园和托育所等。项目于2020年3月20日全面开工建设，计划于2023年3月完工，建成后直接受益（回迁）居民3850人，引进各类人才3428人。立足丽水地域文化和大花园最美核心区绿色生态优势，灵山社区引山入水、融区于林,勾画美好未来生活,全力构建园林与水系辉映、城市与森林交融、美丽宜居、绿色集约、智慧共享的美丽花园未来社区。目前灵山未来社区33幢住宅楼已全部结顶,部分已开始内部装修;配套项目中的医养综合体、托育所和幼儿园、北邻里中心已结顶,其他配套项目即将结顶。

一、主要做法

自2019年9月灵山未来社区被列入首批试点以来,丽水市紧扣试点建设要求,坚持"一个工作专班推进、一个实施主体运作、一宗地整体出让、一份履约协议监管、一站式审批项目"原则,大胆创新、先行先试,全力推进灵山未来社区项目建设,探索出一条符合丽水实际的未来社区试点建设的路子,为全省后续未来社区建设提供有益探索。

(一)坚持一个工作专班推进

为加强对未来社区建设工作的统筹协调,在市政府的统一领导下,在灵山未来社区被正式列入首批试点后,由丽水市发改委牵头,第一时间组建了由市自然资源局、市建设局、市民政局、市大数据局、市区城中村改造指挥部、市城投公司、全过程咨询团队等多单位多部门骨干组成的未来社区建设试点工作专班。工作专班聚焦项目全生命周期,通过每周会商协调机制,就项目建设过程中产生的情况作对接交流,并针对产生的问题展开讨论,研究解决方法,以此统筹协调推动未来社区试点项目有序推进。工作专班实行清单管理,每周初制订过审事项计划清单和动态问题交办清单,每周末对账销号,形成对账报表。每周报市委、市政府主要领导及相关方面,确保项目问题"周周清"。工作专班先后攻克"硬问题""新课题"近20

个，协调解决问题30多个，极大地加快了规划许可、施工图设计、施工许可、临时道路施工、杆线迁移等进程。

（二）坚持一个实施主体运作

确保规划设计、建设施工、交付运营等工作有机统一是保证未来社区“139”理念有效落地的关键环节。为此，工作专班认真分析借鉴国内外成功经验，围绕整体由平台公司投资建设或平台公司牵头相关社会方投资建设、整体向社会资本公开出让、“划拨＋出让”组合建设方式等模式开展充分探讨、对比，最终确定灵山社区土地“带建筑设计方案和建设运营特别约定协议”整体公开出让，受让方作为一个实施主体一体化运作，让项目各个环节紧密相连，形成全生命周期的质量管理体系。

（三）坚持一宗地整体出让

为减少“囤地”等行为，商品住宅用地每宗地出让面积设有上限。丽水作为中等城市，商品住宅用地宗地出让面积不能超过14公顷（210亩），而未来社区项目实施单元面积一般不少于20公顷（300亩）。要实现灵山社区实施单元一宗地整体出让，需要在政策规定下创新提出合理化路径。为此，工作专班多方求索、合力攻坚，通过灵活定性部分人才公寓为商业用地，以土地混合开发出让方式突破“中等城市商品住宅用地出让面积上限不超过210亩”的限制。历经5个月攻坚，2019年12月，灵山社区实施单元全部330亩土地“带方案”一次性成功出让。

（四）坚持一份履约协议监管

灵山社区土地“带方案”出让合约与一般合约相比，最大的差别在于以附件形式增加未来社区履约监管协议。协议明确规定了土地受让方须按照评审通过的《丽水莲都灵山社区建筑设计方案》投资、建设并运营灵山社区的细则，对项目建设、质量安全、场景落地、委托配建、运营验收等方面设置了相应要求，明确违约责任并进行风险提示说明，有力确保未来社区“139”理念落地，切实强化土地受让方履约力度。

（五）坚持一站式项目审批

灵山未来社区项目取得用地以后，市建设局积极主动对接，加快项目审批速度。一是提供管家服务。组建建设审批核心团队，强化对企业投资项目审批的支持协助和监督指导。通过提前介入服务、专人负责跟踪项目审批流程等方式，实行“项目动态管理”，实现窗口前移、服务前移，并一对一做好网上申报辅导，快速响应企业需求，破解“优质高效”审批难题。对于重要项目，还开通了工程建设项目审批“绿色通道”，推出“容缺办理”制度。二是优化审批流程。全面启动施工图自审备案制，积极探索并完善“诚信规范、审批高效、监管完善”的告知承诺审批模式，同时开展“多合一”审批，规划许可阶段即提前告知并审核企业施工许可阶段所需资料，并指导企业先行网上申报，提前录入保存项目信息，待企业申报的建设工程用地、规划许可证一经获批，即可提交施工许可“多合一”办理申请，两个事项办结只需1天时间。三是实行线上办理。新冠肺炎疫情期间，借用互联网，积极协调设计团队居家运用视频会议等手段高效开展施工图设计；依托投资项目在线审批监管3.0平台，开展“不见面”审批，线上办理了民用建筑节能审查和超限高层建筑工程抗震设防审批事项。同时，全面梳理投资项目建设审批事项出具文件结果，校对各事项要素并统一拟文模板，通过电子印章，变“面对面”为“屏对屏”，把“现场”变成“云端”。

二、示范看点

灵山社区是一座被轻放于山水之间的未来社区，不仅重新定义了未来人居生活方式，同时还真实映照了一代丽水人敢试敢闯的精神风貌，创造了全省多个“首个”和“首创”。

（一）全省首个全面开工建设的未来社区

灵山未来社区建设项目依托一站式项目专项审批服务，使项目审批跑出了前所未有的新速度，实现了土地拍卖后5天签订出让合同、合同签订3天进场举行开工仪式、53个工作日取得施工许可，较原计划提前了两个多月，成为全省首个全面开工建设的未来社区。

（二）首创“住宅空中花园阳台”立体绿化方案

为破解城市绿化不足问题，灵山社区工作专班推进方案创新，破除惯性思维、路径依赖，以“一盘棋统筹模式”，专项攻坚实施方案招标及编制，提出“住宅空中花园阳台”立体绿化方案，聚焦生态化价值坐标，全面落实未来社区建设场景指标要求。创新空间集成利用和功能集成，打造近10米的全通花园大阳台，相邻上下层的花园在位置上全部或部分错开，营造出多层花园空间。且平面形式打破了传统阳台的长方形，呈L形、多边形，使得立面造型更加丰富，营造“艺术与风貌交融”的未来建设场景，为全省提供了有益探索，得到省政府相关领导、省发改委、省自然资源厅等各方面的充分肯定。“空中花园阳台的绿化部分不计入住宅面积和容积率”还被写入特别监管协议。

（三）首创"带方案"整体出让土地及附带建设运营协议

灵山社区通过土地混合开发方式，使实施单元按一宗地整体出让，保障高标准落实未来社区"139"理念，充分调动市场主体积极性。针对项目建设过程中现实图景与规划愿景不相符问题，灵山社区通过附带履约监管协议方式，将未来社区约束性指标及建设运营要求转化为协议条款。同时，约束土地受让人全面落实九大场景，并根据创建相关要求进行运营情况验收，若未能通过验收，受让人存在终止协议无条件退出运营，并作为不良记录杯列入省、市公共信用平台的风险。由此强化土地出让履约管理约定，保障全流程高品质运行。灵山未来社区建设工作获2020年省政府办公厅督查激励。

（四）成立首个"未来社区工作委员会"，创新社区基层治理

灵山社区积极探索社区居委会、业委会、物业公司"三位一体"、科学高效的社区治理架构，2019年12月29日，在灵山未来社区取得用地许可证的同时就授牌成立浙江省首个"未来社区工作委员会"——灵山社区工作委员会。灵山社区工作委员会依托社区数字精益管理平台，促进"基层治理四平台"整合优化提升，构建"全科网络＋集成服务"的"一平台、一窗、一人"全能社工服务新局面，开启"互联网＋"治理新模式。在社区邻里中心设有社区行政服务中心，提供"一站式"市民行政服务，设置社保综合办理，医保综合、交通违停、综合服务、市民卡等服务专区及线上线下办理平台，实现居民办事不出社区。社区还设置一站式矛盾纠纷多元化解中心——"信访超市"，对群众上访做到"一站式接收、一揽子调处、全链条解决"，坚持替上访群众着想，做到"方便群众说明、矛盾不出社区"。与此同时，积极构建社区民主议事会等居民自治载体，建设服务性、公益性、互助性社区社

会组织和志愿者队伍。开展社区自治,探索创新线上和线下相结合的参事议事模式,建立邻里贡献积分机制,构建积分换服务、换社区公共资源的激励机制,提高居民自治参与度。以丽水“绿谷分”为基础,基于居民公约,建设社区居民个人信用档案,开发“信用码”,助力社区实现全过程信用链精细化管理。设立“时间银行”,居民通过平台注册成为“时间银行”的志愿者就可以将自己参与志愿服务的时间存进“时间银行”账户,当自己需要帮助时,可以从中支取“被服务时间”。同时,存进“时间银行”的积分也可为家人兑换服务,实现服务时间在全区通存通兑。2021年2月7日,在全省未来社区试点建设工作座谈会上,灵山未来社区“探索未来社区治理新模式”受到省委书记袁家军的点赞。

三、启示前瞻

创建未来社区,是浙江省委、省政府忠实践行“八八战略”、奋力打造“重要窗口”、构建以人为核心的现代化生活空间,以满足人民对美好生活的向往,在全国率先提出的重大举措和实践创新,也是推动共同富裕从宏观理念到微观落地的重要载体。丽水市莲都区灵山社区在建设过程中打破常规,“变不可能为可能”,一举成为全省第一个整体落地、第一个全面开工的项目,以实际行动诠释了“丽水之干”,吸引60余批次同行赴丽水调研交流。其做法具有一定的启示和前瞻意义。

(一)领导重视、完善机制是基础

任何一项重要工作要快速推进,领导重视并形成一套完善的工作机制是基础。为加强未来社区试点工作的推进,丽水市政府成立领导小组,由市长任组长,常务副市长、分管城建副市长任副组长。市政府主要领导多次调研项目,现场协调问题,全程指导服务项目推进。将未来社区项目纳入市领导领办范围,切实形成“一个项目、一名领导、一套班子、一抓到底”的工作机制。同时组建灵山未来社区试点工作专班,按照“两手硬、两战赢”决策部署,合力完善领导领办、挂图作战、“立功竞赛”及“五干五比五好”到班组等项目推进机制,这些工作和推进机制有力地保证了灵山未来社区建设项目的推进,使丽水市莲都区灵山未来社区成为全省首个整体落地的试点项目。

(二)统筹谋划、集成推进是根本

丽水灵山未来社区创造了全省多个“首个”和“首创”,跟项目建设时各部门统筹谋划、集成推进分不开。一是统筹谋划部署灵山未来社区项目的前期建设和建成后的运营。为了确保灵山未来社区建设项目的质量和“三化九场景”有效落地,由土地受让方作为实施主体一体化运作,有序开展规划设计、建设施工、交付运营等工作。同时聚焦履约协议落实、房价管控、可持续运营等,将未来社区约束性指标及建设运营全生命周期要求转化为协议条款,约束土地受让方严格落实,确保群众“搬得进、住得起、过得好”。二是集成推进灵山未来社区的项目建设和社区治理。2019年12月29日,在灵山未来社区取得用地许可后,就开始积极探索社区居委会、业委会、物业公司三位一体、科学高效的社区治理架构,组建“未来社区工作委员会”,以党建引领协调各方关系,形成治理合力。开创居民“先培训后入住”模式,制定通俗易懂、简单好记的18条社区公约。建立“社区信用积分”,设立个人积分银行,以信用积分兑换共享服务、抵扣物业费、兑换入户保洁、上门维修等增值服务。打通“社区信用积分”与丽水“绿谷分”信用体系,不断拓展“社区信用积分”使用场景,以小积分撬动居民自治大热情;设立“时间银行”,倡导邻里之间互帮互助。

（三）攻坚克难、大胆创新是关键

灵山未来社区能一举成为全省第一个整体落地、第一个全面开工的项目，离不开专班工作人员勇攻坚、敢创新、善作为。在2019年8月首批试点公布后，未来社区建设试点工作专班紧扣试点建设要求，全天候作战，攻坚克难，敢于创新，“百日攻坚”完成所有任务。在项目审批上，打破僵化的办事理念，创新高效的办事流程。依托自审备案制，在实现工程企业提前拿到了施工许可后1天内即办理施工许可，并在核发施工许可证后1个月内完成了项目施工图设计文件审查，跑出了项目审批新速度。在方案设计上，破除惯性思维、路径依赖，专项攻坚实施方案招标及编制，首创“住宅空中花园阳台”立体绿化方案，全面落实未来社区九大场景指标要求，多形式打造住宅全通花园大阳台，形成有地域特色、有辨识度的“立体绿化”体系。为破解“中等城市商品住宅一宗地整体出让面积不超过210亩的上限”的限制，发改、自然资源等部门解放思想，大胆创新，灵活定性部分人才公寓用地为商业用地，以土地混合开发实现一宗地整体出让，实现首个建筑设计方案通过省级审查，首创整体土地“带方案”出让模式。

（帅丽芳　孙佳　潘晓文）

解锁“水韵”仁岸破茧化蝶的生态密码

当前，很多地方农村普遍成为空心村。缙云县却有一个仁岸村，有95%的居民在家创业。过去的仁岸村为了创收，建厂房、搭鸭棚，家家户户上山砍树，碾成木屑种香菇，废料就近倒在溪水里。粗放经营导致河道窄了，污水多了，村子连续多年被评为环境最差村庄，光是镇长道歉就上了两次电视。这样一个名不见经传的小山村，如今山峦青翠、绿水穿林，成了村民宜居、宜业的一方乐土，成了浙江省乃至全国的一个“网红”村。在小康社会建设道路上，仁岸村实现了华丽转身和美丽的蝶变，获得全国改善农村人居环境示范村、全国第一批绿色村庄、浙江省文明村等30多个国家级、省级、市级荣誉。

他们是如何做到的，有什么特有的经验？带着这些问题，调研组走进了慕名已久的仁岸村，以期解开“水韵”仁岸破茧化蝶的生态密码。追梦“绿富美”的仁岸模式以打造特色产业、特色品牌为有力抓手，融合产业兴旺、生态宜居、乡风文明、治理有效、生活富裕全部内容，有效地提升了当地农民就近增收致富能力，得到了当地群众的充分认可。仁岸村走出的一条乡村振兴的独特路子，成为乡村产业振兴有益探索，其经验和启示为与之类似的农村实现绿色生态跨越发展，为村民更好地共享发展红利提供了可借鉴可复制可推广的成功经验，具有强大的生命力。

一、主要做法

盘点仁岸村从“绿色村庄”到“绿色经济”的蝶变,始终在“绿水青山就是金山银山”理念指引下,不等、不靠、不要,自力更生,以干得助,想方设法盘活资产、资源、资金。

(一)以土地换林木,获绿色

“绿水青山就是金山银山”,如何让山河染绿,仁岸村可谓是别出心裁出奇招。在没有钱绿化的初始阶段,通过“以土地换林木”的方式解决了绿化问题。村里将河边、路边、山脚边的土地打包,无偿提供给缺土地的苗木公司,允许苗木公司不付租金种上苗木,村里请有关中介机构对种入的苗木计价,并签订未来购买合同:如果两年后村里有钱了,就以刚种时的价格把林木购回;如果没购回,两年后苗木公司可自己出售,但不用付土地租金。这一招双赢,以时间换空间,村里不用出钱,提早两年让村里变绿了。后来,村里花了80万元把苗木买了下来。这就是经典的以地换林。

(二)以资源换资产,获资金

仁岸村加快推进招商引资项目——大佑云梯农业旅游开发工程建设,加快建设农村综合改革集成示范区项目——彩虹湾七彩沙滩艺术乐园工程建设。还把亲水的28户小洋楼打造成民宿项目,吸引在外经商的村民回村投资,成功引进上海大千影业有限公司落地仁岸。在清理村庄当中,把小洋房以统一规格设计,按“一户一宅”的要求,以抽签的形式分配房子,盘活资金1000多万元。

（三）以环境换品牌，获名气

仁岸村积极开展各种节庆和竞技活动，进一步推进乡村文旅产业协同发展，带动经济消费，打造知名文旅乡村品牌，扩宽仁岸旅游文化影响力。投资5000余万元，完成农耕园、亲水平台、“水韵·夜仁岸”、3D油画石头动物园、景观亭、旅游服务中心、旅游公厕、旅游标识牌、道路交通标识等30余个建设项目，进一步做好文明村建设工作，抓宣传、抓教育，提素质、树新风。

（四）以公心换民心，获支持

村党委班子，一心为公，全心为民，示范带头，取得村民的信任，百姓深信不疑。村班子队伍建立长效管理机制，落实各项村务工作的责任。书记何伟峰既是火车头，又是一位美丽乡村设计师。村民心中的何书记，就是这样的人——永远把村里的建设发展放在第一位。“何书记是我们村的主心骨！”村民们坚定地认为。村民对他的支持，是发自内心的。

二、示范看点

人们都有着对美好生活向往的目标，但其实现的路径总各有不同。仁岸村坚持走靠山吃山、靠水吃水，立足优势、因地制宜的发展路子，充分地利用现有的资源条件，实现了追梦“绿富美”的“水韵”仁岸发展目标。

（一）做足“杨梅产业”，让村民“创绿”

1991年，缙云县推行发展“一村一品”特色产业，仁岸村引入果型好、品质佳的东魁杨梅。在2008年第一届浙江农业吉尼斯杨梅擂台赛上，仁岸杨梅一举拿下甜度第一,创东魁杨梅甜度之最,获得浙江农业吉尼斯杨梅擂台赛东魁杨梅金奖。此后,每年6月,舒洪镇仁岸村的“杨梅节”,镇村联动、节庆搭台、产业唱戏,吸引客人纷至沓来,形成“以一村发展一品、以一品打响一店、以一店联动一片”的生态产业发展模式。在新冠肺炎疫情期间,更是以“直播+助农+电商”的新模式将杨梅节搬到了“线上”,网红主播直播带货,线上杨梅节把仁岸杨梅打造成“网红地标产品”。全村仅杨梅一项就为农民增收5000多万元,“享山水之美、品杨梅之乐”,东魁杨梅已然成为仁岸村的“幸福果”。目前,仁岸村家家户户都有杨梅这一绿色农产品,村里的杨梅种植面积成倍增长,漫山遍野,郁郁葱葱,总面积突破5000亩,盛产面积超3000亩。仁岸村先后被评为农业部杨梅标准示范园、浙江省无公害绿色食品基地、浙江省林业食品基地、丽水市农业标准化推广示范基地等。

(二)写好“亲水文章”,让村民“创富”

水是仁岸的“灵”与“魂”。盘溪、贞溪、章溪三溪交汇于仁岸村,可谓“绿草苍苍,在水一方”。做好水的文章,仁岸首先从清理溪流沿岸的建筑垃圾和生活垃圾入手,开始了治水“长征”的第一步。仁岸村在对河道清淤疏浚的基础上,建起了洪水期能泄洪防涝、旱时能蓄水保农田灌溉的自动翻水坝,并形成了一个不同深浅的天然游泳池,水质达到Ⅰ类水的天然游泳河道闻名十里八乡。依托“最美河道”,仁岸村不仅承办龙舟、游泳、垂钓等水上项目,发展赛事经济,更做起了水上岸边游乐项目的文章,建立了水上娱乐、自行车骑行等娱乐设施。有的村民投资开发水上乐园,有的村民围绕缙云烧饼、缙云爽面打起美食牌,有的还别出心裁地推出桥洞咖啡屋,村里的农家乐也次第开出,不少村民发了“旅游财”。“舒洪镇仁岸村,变化发展方向大;办公大楼又建上,群众人人夸;仁岸村有个大溪滩,经过整治大变样;清清河水溪中流,村头还有条铁索桥……”村民自编自演的一段快板说出了大家的心声。“水韵”让仁岸实现了从“美丽生态”到“美丽经济”的演进。由此，浙江省森林康养示范村、丽水最美河道等荣誉也归仁岸所有。

（三）改善“人居环境”，让村民“创美”

仁岸村是个古村落，村里有潘天寿客居旧址等一批文化遗产。杨梅产业已经顺风顺水，亲水乐园也已起步，与之相形见绌的是村庄环境整治。“晴天一身灰，雨天一脚泥；垃圾满地堆，蚊蝇漫天飞”是旧时仁岸村的真实写照。针对村里的环境卫生，村里成立以党员干部带头的“治污办”，党员干部群策群力，挨家挨户做农户思想工作，鼓励拆除猪圈，并在拆除地块上建起了上可避雨、下可坐人聊天、前有小桥流水的文化走廊。既解决了环境问题，又展示了仁岸村的文化。对生活污水纳管集中处理，改造提升村庄道路，安装村内路灯，全面修缮富有文化底蕴的何浩宗祠，修复水力发电站旧址，建起景观宣传窗、公厕、停车场、休闲观光道及九曲桥、石亭、村内仿木护栏、西门楼、北门楼等，仁岸村庄面貌焕然一新。“村庄即是景区，农房即是民宿，村民即是导游”，仁岸走的正是“村美民富，自然和谐”之路。仁岸村被评为浙江省卫生村、浙江省善治示范村，成为AAA级景区村庄。

（四）打造“童话世界”，让村民“创梦”

美丽乡村建设中，仁岸村再出奇招，将形态各异的废弃石头通过画家精妙绝伦的艺术创作，成功打造三维油画石头“动物园”，一举成为远近闻名的“网红”打卡点。一个个姿态各异、栩栩如生的“动物”，呈现给大家的是一个美丽的“童话世界”。活灵活现的石头“动物园”不仅给人们提供了一个休闲娱乐场所，更吸引了游客慕名而来，助力仁岸旅游经济发展，带动群众创收。2021年，杨梅节开始短短3个小时内，抖音、淘宝、微信几个平台累计总观看数达到93万余人次，售出2万多箱杨梅，带来了400多万元的销售额。当下，仁岸村正在下一盘更大的棋，在成功创成国家AAA级景区村的基础上，以“生态果园＋农家乐”为底色，全力推进清井湾漂流、百亩溪滩、大佑山“天空之堡”等项目落地实施，进一步将“绿水青山”转变成“金山银山”，提高村民收入和村集体收入，让村民有更多的获得感和幸福感，这就是该村在“绿水青山就是金山银山”发展路径中描绘的“童话世界”。

三、启示前瞻

在全面建成小康社会的道路上的每一个村庄，犹如千千万万的蚂蚁雄兵。仁岸村因势利导，点燃百姓创业热情，焕发万众创新激情，呈现星火燎原之势，成为富一方百姓的乡村先行者，有很多值得总结的经验及启示。

（一）村级班子是关键

追梦“绿富美”，谋划产业要依托本地比较优势，这是一种潜在的优势，要使这种潜在的优势真正转化为现实的经济优势，关键是培育、创造并维持区域的竞争优势。对很多像仁岸一样的村庄，都有着各自的比较优势，只有想办法把这种优势转化为区域竞争优势，才能使它真正为当地经济发展服务，而这都需要一个强大的团队去落实。基层党组织是乡村建设的桥头堡，要增强凝聚力、战斗力，更好地服务农业、农村、农民。要改变乡村的面貌，使它成为“绿富美”，不是光喊口号、光承诺就行，关键是要实干。何伟峰身先士卒，以实干的精神汇聚起齐心协力的力量，这就是班长的力量。

（二）政府推动是保障

追梦“绿富美”，政府坚持具体抓、抓具体，对农村发展产业一业一策精准发力，造就了大众创业的良好氛围。没有政府的推动，就不可能有当下产业振兴。政府的着力点在谋规划、定政策、抓服务和营造公平竞争的市场环境上,并以“一笔写到底”的精神,让乡村小产业真正撬动大产业,开创大事业,融入大网络,铸就大品牌。

(三)群众认同是根本

追梦“绿富美”,产业的酝酿和选择与老百姓的切身利益密切相关。选得好,百姓得益;选不好,百姓遭损。因此,在酝酿和选择产业时一定要真正把群众当主人,切实了解老百姓的想法,认真听听老百姓的意见,把老百姓的支持作为产业发展的动力。通过广泛的调研走访,耐心听取老百姓的意见建议,认真总结老百姓的好做法好经验,产业选择得民心、顺民意,制定的举措精准有力,得到老百姓的广泛拥护。

(四)特色产业是基础

追梦“绿富美”,品牌引领不可或缺。十分注重品牌的建设与维护,比如仁岸的“最甜杨梅”品牌创造,大家精心维护、倾力运营,依靠品牌的力量把产业做大做强。文化是灵魂。无论是肯德基还是麦当劳,都非常注重发挥文化的作用。一个没有文化支撑的产业,是无法做大做强的,就算一时兴起,也如同昙花一现,得不到长远发展。因此,在发展产业过程中要充分挖掘文化品牌,这样的发展才如鱼得水、活力无限。

(丁益东)

“未来乡村”建设撬动山区县“三生共融”

遂昌地处浙江省西南山区，总面积2539平方公里，人口23万，是浙江省山区26县之一。遂昌生态环境得天独厚，全县森林覆盖率82.3%，出境水质常年达Ⅱ类以上，历来有“九山半水半分田”之说。

2020年9月，遂昌县在省农业农村厅的指导以及省标准化研究院的支持下，出台了《未来乡村建设导则》，成为首个地方性县域未来乡村建设标准。遂昌的“未来乡村”按照“人本化、数字化、融合化”的价值导向，以乡容、乡愁、乡风“三乡共建”，科创、文创、农创“三创共融”，智治、智能、智联“三智共享”为基本特征，对乡村生态空间、产业发展、人居环境、基础设施和乡村治理重塑，积极构建未来田园、未来产业、未来居所、未来建筑、未来交通、未来治理等场景，构建生态、生产、生活“三生共同体”。以《未来乡村建设导则》为指引，遂昌选择了珠村畈、大田和蕉川三个村作为试点率先展开了实践探索。

“未来乡村”建设以城乡面貌提升助力生态文明建设先行示范，以乡村经济产业增值助力城乡区域协调发展先行示范，以数字技术应用助力公共服务优质共享先行示范，从而为农民带来了切切实实的利益，有效缩小了城乡差距，推动了城乡共同富裕。

“未来乡村”是绿色乡村：“洁净乡村”“仙侠湖湖面整治”等专项环境整

治行动擦亮生态底色，进一步提升城乡风貌；GDP和GEP（生态系统生产总值）双核算的模式让遂昌的绿水青山有了实实在在的“身价”，为进一步实现生态产品价值转化、拓宽“绿水青山就是金山银山”转化路径打下了坚实基础。“未来乡村”是数字乡村：数字化技术改变了传统乡村的面貌，“一杆农业眼”等现代农业技术让农业生产更加智能便捷；以“天工之城·数字绿谷”为代表的数字科创新平台给当地带来了大量的经济效益。“未来乡村”是智慧乡村：“大搬快聚”富民安居工程促进人口集聚，提高城镇化率，有效推进城乡居民基本公共服务均等化；借助数字技术，打造“i遂昌”等民生服务智能平台，老百姓足不出户也可以办理诸多事项；信用治理和智慧治理的结合有效推动了遂昌基层治理体系和治理能力现代化。

一、主要做法

（一）绿色乡村助推生态产品价值实现

“洁净乡村”行动擦亮生态底色。2010年3月，遂昌在全县开展“洁净乡村”行动，旨在打造中国最洁净乡村，掀起了一场生活方式的全新革命。“屋头鲜树蜕鸣蛩，池上沟泉凿石通。香老蒲花春洞影，凉生槲叶午窗风。”诗人王冕诗中的悠闲田园是洁净乡村行动发源地——湖山乡珠村畈村。珠村畈村向全国游客发出“免费吃大餐帖”：谁在村里找到三个烟头，便可免费到农家乐吃一顿大餐。凭此，珠村畈村摇身一变成为“史上最牛农家乐”，前来参观的游客络绎不绝。2021年3月，遂昌县开展了“打造洁净乡村升级版　擦亮花园数字乡村底色”环境综合整治大评比行动，未来村庄、花园数字乡村重点村以及沿线村庄均被列入环境综合整治重点区域。

“仙侠湖湖面整治”项目推进生态旅游。2021年，遂昌县仙侠湖流域生态环境导向开发(EOD)项目入选国家试点,是浙江省三个入选试点项目之一。2021年以来,湖山乡政府累计开展“两违”巡查30余次,拆除违法建筑85处、面积25185平方米;拆除网箱面积17.91万平方米,浮排面积8574平方米,湖面网箱泛滥、船舶乱行等现象得到有效缓解。随着环湖绿道的修建和区域生态环境的优化,仙侠湖流域大力发展户外生活、户外运动、户外休闲业态,加快推进温泉养生岛、国际赛艇中心等绿色产业项目,全力打造长三角户外休闲运动生活目的地。2021年4月,数字绿谷·遂昌仙侠湖首届半程马拉松赛举办,吸引了来自全国18个省市近1200人。

GDP、GEP双核算开启生态产品价值转化。大田以茶闻名,全村共有茶叶加工作坊120余家,每年产茶1300余吨,全村茶产值达1.3亿余元。近年来,大田村依托得天独厚的生态资源,大力开发茶叶种植,提档升级温泉疗养,积极拓展生态系统价值与经济价值双转化实现路径,走出了一条村级经济绿色、可持续发展之路。2018年,大田村实现GDP 8858万元,区域经济特色明显。经初步计算,2018年,大田村生态产品及相关产业增加值6479万元,占大田村GDP的比重为73.1%。2019年,大田村成为全国首个村级GEP核算试点村:大田的GEP达1.6亿元。这份评估报告让大田村的绿水青山有了实实在在的“身价”,也带来了蝴蝶效应:银行将GEP纳入授信的参考指标,农民自家的土地就可以拿来进行抵押贷款,利率更低,为大田的发展提供了资金保障。随着GEP核算第一村的名气越来越响,游客纷至沓来,大田的茶品牌和茶文化有了更多的消费群体。随游客而来的还有投资者,“90后”返乡创业大学生王周敏注册了“柘里薯香”品牌,销售生态番薯干:番薯干单日产量可达8000斤,年销售额可达500万元。现在的大田围绕“云梦茶香,净心大田”主题,计划投资1080万元推动村茶文化一条街、荷塘餐厅、云上茶歇“一亩茶园”等重点项目建设。在不久的将来,大田茶园将成为种茶、采茶、制茶、赏茶、品茶一条龙体验的基地。

（二）数字乡村推动山区跨越式发展

数字经济是浙江省的“一号工程”。抢抓数字经济风口，抢占数字经济蓝海是遂昌实现换道超车和跨越式发展的独特路径。在最美的地方，发展数字经济；以向往的生活，聚集有趣的人。近年来，遂昌探索实践以湖山为中心的“天工之城·数字绿谷”新平台，引进了包括阿里云、网易、中电海康等20多家头部数字经济企业，多点位推进研发中心、创新中心、培训中心等项目落地。2021年，“天工之城·数字绿谷”项目入选省重大产业项目名单。

“一杆农业眼”赋能农业现代化。遂昌县新路湾镇是浙江省最大的杂交稻制种基地，新路湾镇的蕉川村是遂昌县最大的行政村，主要产业以杂交稻制种和茶叶为主。2021年，水稻制种田内安装上了新科技“一杆农业眼”，通过空气温湿度传感器等实时监测区域内的数据和指标。其配备的土壤盐碱度分析仪也可以为农业种植提供指导依据，进行科学种植与管理，最终实现增产增收的目标。

“数字驾驶舱”推动服务现代化。“未来村庄”试点蕉川村的“数字驾驶舱”，位于正中心的电子屏幕上，全面展示蕉川村整村的整体风貌，涵盖党建引领、乡村治理、产业布局、3D民房等，实现了产业端、治理端和服务端的全覆盖。目前，遂昌县数字乡村平台已建成并在蕉川、大柘试运行，下一步将扩面至48个村推广应用。

“数字物流”打通配送“最后一公里”。为破解农村物流配送中的快递进村和农产品上行变现问题，中国邮政遂昌县分公司引入“数字物流”概念，率先建成了浙江省首个数字乡村物流中心，实现县、乡、村三级物流体系共配。借由数字乡村物流中心快递入村、农产品出村，将给遂昌本地农产品销售带来巨大便利，促进农民增收致富。

（三）智慧乡村破解社会服务覆盖难题

受制于地形因素，遂昌乡村较为分散，离县城最远的西畈乡离遂昌县城需要3个多小时车程，且山路崎岖，交通不便。极为分散的乡村分布一方面制约着遂昌的城镇化，另一方面也给偏远地区的村民带来生活上的诸多不便。

“大搬快聚”工程推动城乡一体化。2019年9月，遂昌实施“大搬快聚”富民安居工程，让老百姓“搬得下，稳得住，富得起”。截至2021年12月，实现搬迁2714户9716人，补贴总金额超过6亿元。“大搬快聚”农户选到了自己心仪的新房，“以前，每天只有一班客车，从乡里到县城得花大半天时间。现在骑上电动车很快就到了城区，买菜、看病都很方便”。村民的生活品质不断提升的同时，也能享受到包括教育、医疗等在内的更为优质便捷的公共服务。对于遂昌县城城区来说，新聚集的人口也带来新的劳动力、新的消费市场、新的发展动力。“大搬快聚”不仅打开了城市空间、缩短了城乡距离，更有助于盘活人才资源，系统性地重塑人与空间关系，推动城乡共荣共富。

“i遂昌”实现民生服务城乡共享。直接面向村民的“i遂昌”门户和“百姓通”应用开始逐步推广，村民可一键查询惠农资金、涉农补贴、公交信息等，也可以一键办理社保、民政、公安、医疗等服务事项。考虑到年老的村民群体，该应用还推出了电视端。

“MMC”推动智慧医疗城乡共享。遂昌乡村的老龄化趋势明显，因此，高质量便捷的医疗服务是民众关切的重点问题之一。遂昌县中医院率全省县级中医院之先引入并成立国家标准化代谢性疾病诊疗中心遂昌分中心（MMC），蕉川、大田的“未来乡村”“慢病管理＋智慧医疗”是其重要的子系统之一。智慧医疗、未来医疗是“未来乡村”的重要组成部分，拥有数据监控、健康教育、线上诊疗、线上续方等众多功能，既是患者实现自我健康管理的重要举措，也是医生诊疗触手可及的重要平台。

“遂心分”成为基层治理新模式。遂昌县是全省唯一“信用+乡村治理”场景试点。遂昌以新路湾镇蕉川村为试点先行探索，利用“遂心分”作为媒介打造信用治理的新模式。“遂心分”的分值是由省自然人公共信用分和基层治理赋分组成，其中基层治理赋分由村评分组委会根据个人道德、家庭美德、社会公德、特色赋分四大维度进行考量，并通过加减分数的方式来决定村民们信用等级的高低。通过确定“遂心分”以及应用范围和奖惩机制，无形中对村民形成正面激励导向和负面惩戒警示，村民从“被管理者”成为基层治理的积极参与者。

二、示范看点

2021年，遂昌GDP 153亿元，比上一年增长12%，增幅居浙江山区26县首位、全市第一，一般公共预算收入增长14.1%，城乡常住居民人均可支配收入分别增长10.5%和12.7%。在乡村振兴方面，农林牧渔业增加值13.4亿元，增长4.5%；茶产业产量增长17.1%，产值增长25.2%；旅游总人数增长58%，总收入增长61%；被评为浙江省数字乡村建设试点县和新时代美丽乡村建设优胜县。

聚焦环境保护助推践行生态产品价值实现。2021年，仙侠湖成功入选全国生态环境导向的开发（EOD）模式试点项目；大田完成全国首个村级GDP、GEP双核算；遂昌建立运营“绿水青山就是金山银山基金”，成立“绿水青山就是金山银山银行”，在全省率先争取到国家开发银行22亿元“生态产品价值实现”专项贷款。

聚焦数字经济一号工程推动经济跨越式发展。以湖山为核心的“天工之城·数字绿谷"科创平台新增市场主体606家,社会资本合同投资额近80亿元,已落地实施逾14亿元。成功举办"阿里云创峰会·遂昌专场""天池大赛·2021全国数字生态创新大赛"等活动。遂昌入选全省数字经济创新发展试验区,获省财政数字生活新服务样板县专项激励,高新技术产业增长值连续两年保持两位数增长。

聚焦公共服务优化提升居民幸福感。伴随"大搬快聚"的推进,遂昌城镇化率稳步提升。2020年,遂昌城镇化率为55.03%,比上年提升了1.23个百分点。医疗卫生人才"省属县用"以及慢性病管理中心的铺设,让老百姓在家门口就可以享受高质量医疗服务。信用治理和智慧治理的结合则推动了遂昌基层治理体系和治理能力现代化。"信用村"治理获"中国十大社会治理创新典范",连续三年创成省"无信访积案县",2020年群众安全感综合满意率居全省第一。

三、启示前瞻

(一)立足人民需求,以人为本、主客互动

人是乡村的魂。"未来乡村"发展的本质是"以人为本",也是为了实现人民群众的共同富裕。要在发展的过程中,更多关注人的需求,使发展始终为人民服务。环境整治实现了城乡面貌的改变,提升了人居环境;产业的蓬勃发展提升了村民收入,实现了创收致富;"数字物流""i遂昌"等惠民平台给村民的生活带来了极大的便利。

遂昌"未来乡村"的目标是打造"城市的第二居所",在服务本地居民的同时,要注重实现主客间的共有共建共享。"不求常住,但求常往","天工之城·数字绿谷"分时经济的发展模式以及不断优化的人才新政成为遂昌引

进外来人才和产业的新尝试。要让这些新居民与村民一起,共同营造良好发展环境,建立社区共同体,共同推进“未来乡村”向纵深发展。

(二) 立足基层实践,因地制宜,打造特色场景

针对乡村本身特色进行量身定制,因地制宜,打造特色场景。茶园村“泥坯房”独具特色,拥有浙江省非物质文化遗产“茶园武术”“全国生态文化村”两块金字招牌。在此基础上茶园村进行原味改造,打造“思念乡村、寻求乡愁”的旅居生态村。引进社会资本,打造“旗山侠影”特色民宿,巧妙融入了金庸武侠文化。大田的茶文化源远流长,茶叶的种植、加工是大田村经济的主心骨。因此,大田的发展围绕“云梦茶香,净心大田”的主题,做好茶文化的文章。蕉川是农业大镇,以“千年粮仓,常乐蕉川”为品牌,推动乡村历史、文化、民俗等与现代艺术、产业融合。

(三) 立足县域县情,有进有退、差序推进

遂昌分散的乡村布局意味着如果要实现所有乡村同步同质发展必然是难上加难,许多乡村地处偏远,交通不便,人口稀少,空心化严重,甚至某些地区已经不适宜人群集聚。基于此,遂昌积极实施“大搬快聚”富民安居工程,对西畈、黄沙腰、柘岱口等部分地区的村民实行进城安置,实施“乡村退化”。这一举动让更多“散居的村民”变成“集聚的市民”,统筹城乡发展,优化人口和生产力布局,为城乡共同富裕奠定基础。另一方面,针对有发展基础的村镇科学谋篇布局,发挥地域特色,借助数字驱动,推动其生态、生产和生活全方位协同发展。遂昌的“未来乡村”是绿色乡村、数字乡村、智能乡村,同时也是富裕乡村、便捷乡村、幸福乡村,是未来都市人心中的“诗和远方”。

(吴慧慧)

后　记

共同富裕是中华民族千百年来孜孜以求的社会理想，在中国特色社会主义新时代，更是一道关乎国家前途命运、牵动社会神经、顺应时势人心的时代必答题。时代课题总是在不断演化，随着全面建成小康社会的目标实现，中国开启了实现共同富裕的新征程。高质量发展建设共同富裕示范区“落子”浙江，是国家的战略安排，是习近平总书记、党中央赋予浙江的重大政治责任和历史担当。浙江省在地区平衡发展指标、城乡差距指标，以及公共服务、基础设施、富裕程度等方面，都走在全国前列，是一名优势比较明显的“模范生”，具备了在全国先行探索高质量发展建设共同富裕示范区，为推进共同富裕提供省域范例的条件。

开创性事业没有太多的经验可以参考借鉴，省委书记袁家军说，“浙江要坚决扛起探路者责任，边学、边谋、边干，立柱架梁、夯基垒台”。一年来，浙江一手抓顶层设计，明确共同富裕示范区建设的方向、目标、重点任务、路径方法和政策措施；一手抓实践创新，建立起重点工作体系和重大改革体系，步稳蹄疾扎实推进。一年来，全省上下深入践行“五个坚持”，忠实践行“八八战略”、奋力打造“重要窗口”，在高质量发展建设共同富裕示范区中勇扛使命、勇闯新路、勇当先锋，探索实践共同富裕的体制机制和制度体系，形成了一批可复制可推广的模式机制和创新举措。

在浙江省高质量发展建设共同富裕示范区一周年之际，中共浙江省委党校响应社科赋能，发挥智库作用，选编共同富裕先行案例，就是为了总结各地的实践探索，形成可复制可推广的经验。这项工作得到了省委宣传部、省社科联、省发展改革委的重视和大力支持，省委宣传部的领导审定了书稿初稿并提出具体修改意见。省委党校校委十分重视共同富裕先行案例的选编工作，多次指导要求深入开展共同富裕研究。浙江省党校系统和社科联向全省各市、县(市、区)党校发布选题征集通知后，全省各级党校积极响应，主动与当地党委、政府部门对接，充分论证、拟定选题，共上报了166个案例研究项目。经过严格评审、筛选，49个案例被列为2021年度"高质量发展建设共同富裕示范区典型案例"重点专项课题。

本案例集由浙江省习近平新时代中国特色社会主义思想研究中心省委党校研究基地、省委党校共同富裕研究中心共同负责组织编写。省委宣传部理论处进行了具体指导并做了大量协调工作，省委党校科研处负责项目策划并组织实施。省委党校浙江发展战略研究院王立军教授负责统稿并撰写前言。俞国军、郭江江、马文娟、徐依婷、王甲、陈抒妤、徐东涛、张震、范森凯、潘敏、孙菊红、陈亚妮等人参加编辑。在此一并致以衷心感谢！